ITINERA

Lateinisches Unterrichtswerk

Teil 2
Cursus grammaticus
Lesevokabular

Dieter Kolschöwsky
Hermann Tischleder
Klaus Weddigen

Ernst Klett Schulbuchverlag Leipzig
Leipzig Stuttgart Düsseldorf

ITINERA

Lateinisches Unterrichtswerk

für Latein als 3. Fremdsprache

**Teil 2:   Cursus grammaticus
            Lesevokabular**

Das Werk wurde erarbeitet von

StD Dieter Kolschöwsky, Bad Segeberg
Dr. Angela Steinmeyer, Filderstadt
OStR Hermann Tischleder, Trier
StD Klaus Weddigen, Herford

Beratende Mitarbeit: OStR Walter Siewert, Neunkirchen/Saar

Dieses Werk folgt der reformierten Rechtschreibung und Zeichensetzung. Ausnahmen bilden Texte, bei denen künstlerische, philologische oder lizenzrechtliche Gründe einer Änderung entgegenstehen.

Umschlagbild:
Wanderer und Magierin vor einer Hütte. Fresko aus Pompeji (Casa dei Dioscuri)

2. Auflage 2 $^{9\ 8\ 7\ 6\ 5}$ | 2009 2008 2007 2006 2005
Alle Drucke dieser und der 1. Auflage können im Unterricht nebeneinander benutzt werden, sie sind bis auf Fehlerberichtigungen untereinander unverändert. Die letzte Zahl bezeichnet das Jahr dieses Druckes.
© Ernst Klett Schulbuchverlag Leipzig GmbH, Leipzig 1997.
Alle Rechte vorbehalten.
Internetadresse: http://www.klett-verlag.de

Redaktion: Dr. Helmut Schareika, Regine Becker

Einbandgestaltung: Manfred Muraro, Stuttgart
Satz: Ernst Klett Schulbuchverlag Leipzig GmbH, Leipzig; Fotosatz Kaufmann, Stuttgart
Druck: W. Wirtz, Speyer

ISBN: 3-12-626120-5

Inhalt

Cursus grammaticus I – XV 3
Tipps zur Texterschließung 70
Das Lexikon –
Hilfsmittel bei der Texterschließung 76
Tabellen zur Formenlehre 81
Übersicht über die Funktionen
der Satzglieder und ihre Füllungsarten 98
Stammformen wichtiger Verben 99

Lesevokabular: Texte 105
                Übungen 138

Register zum Cursus grammaticus 159

Erklärung der verwendeten Symbole:

| Tabelle | Verweis auf den Tabellenteil S. 81–97

Die Abschnitte, die mit einem hellgrauen Winkel am inneren Rand versehen sind, enthalten Aufbauwissen, das bei Konzentration auf das Wichtigste übergangen werden kann.

Cursus grammaticus ━━━━━━━━━━━━━━━━━━━━━━━━━━━━━━ **Einführung**

Wort – Satz – Text – Grammatik

Zur Einführung

Sätze und ihre Bestandteile

Wir lernen eine Sprache, um uns in ihr zu verständigen oder mit ihren Texten zu beschäftigen. Auch wenn wir Texte lesen, treten wir in ein Gespräch ein – mit dem Textverfasser, der seinen Lesern etwas sagen will. Dabei lesen wir Sätze – einen nach dem andern, so sind Texte aufgebaut.

Sätze stehen also (normalerweise) in einem inneren Zusammenhang miteinander: Diesen nennen wir **Kontext**.

Der Zusammenhang, in dem Sätze stehen, geht aber noch über den Text hinaus: Texte werden gesprochen oder geschrieben, um einen Hörer oder Leser über erdachte oder reale Wirklichkeit zu informieren. Das heißt: **Texte bilden einen Ausschnitt der gesamten Welt.**

Damit Texte verstanden werden können, haben Sprachen eine Grammatik: Sie regelt, wie Wörter zu Sätzen und Sätze zu Texten kombiniert werden können. Grammatik dient also dazu, dass sinnvolle Äußerungen über einen Ausschnitt der Welt zustande kommen. Dieser Sinn ist die Aussageabsicht eines Textes und seiner Sätze.

Der *Cursus grammaticus* von ITINERA stellt die lateinische Sprache so dar, dass diese Aufgabe der Grammatik deutlich wird.

Satztypen

Sätze haben (normalerweise) mindestens zwei Bestandteile: Der eine bildet das, worüber gesprochen wird: das **Subjekt**; der andere das, was darüber ausgesagt wird: das **Prädikat**.

Satztyp I: In diesem Satztyp wird etwas ausgesagt, was sich auf das Subjekt selbst bezieht:

Die Blume ist blau.
Der Hund schläft.
Die Brücke wird gebaut!

Satztyp II: In diesem Satztyp wird das Subjekt in Beziehung zu jemand/ etwas anderem gesetzt; diese Beziehung beschreibt das Prädikat:

Die Bauern bearbeiten den Acker.

Prädikat und Objekt bilden zusammen eine *Sinneinheit:* Die Bedeutung des Verbs und des Objektworts müssen zueinander passen.

Aber genauso muss die Bedeutung des Subjektworts zur Bedeutung des Verbs stimmen, desgleichen muss das Objektwort zum Subjektwort passen.

Das bedeutet für die Übersetzung: Achte darauf, welche Aussagen *im Zusammenhang eines Textes* überhaupt möglich sein können!

Ergänzungen der Satzbasis

Die beiden Satztypen bilden in der vorgeführten Form in der Regel nur ein *Grundgerüst*, die **Basis** eines echten Satzes. Normalerweise finden sich in Sätzen **Erweiterungen** dieser Basis:

> **Satzbasis:** Die Spieler schossen das Tor.

> **Satz mit Erweiterungen:**
> Die gegnerischen Spieler schossen in der zweiten Halbzeit das entscheidende Tor.

Erst mit diesen Erweiterungen der Satzbasis entstehen (in der Regel) Sätze mit vollständigen Informationen. In einem Text enthalten diese „Erweiterungen" oft die wichtigsten Nachrichten!

Bei den Erweiterungen handelt es sich um **Attribute** (hier: *gegnerisch, entscheidend, zweite*) und **adverbiale Bestimmungen** (hier: *in der – zweiten – Halbzeit*).

- Attribute sind Teile eines Satzgliedes (hier: *Spieler, Halbzeit, Tor*),
- eine adverbiale Bestimmung gibt eine nähere Erläuterung zum Inhalt des Prädikats und damit zum ganzen Satz (hier: eine *Zeitangabe*).

Das vollständige „Satzgerüst"

Ein vollständiges Satzgerüst könnte also etwa folgendermaßen aussehen:

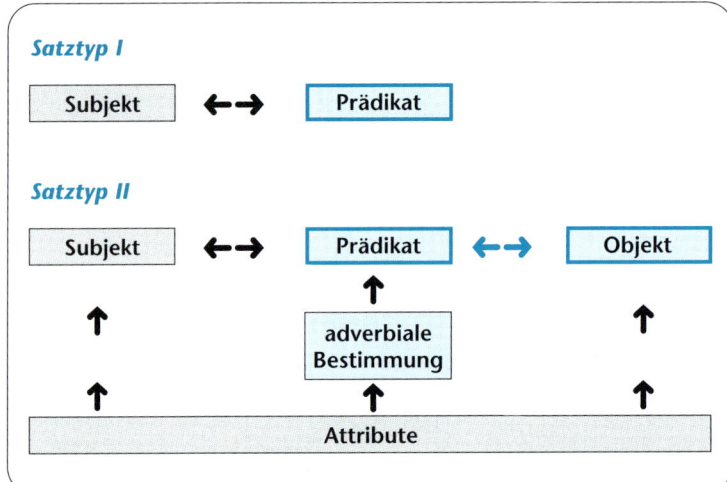

Cursus grammaticus ━━━━━━━━━━━━━━━━━━━━━━━━━━━━━━ **Einführung**

Füllungsarten des Satzes

Sprachen sind vielfältig: Sie verfügen über ganz verschiedene Möglichkeiten etwas Gemeintes auszudrücken; z. B. kann man statt „gestern früh" (Adverb) sagen: „als gestern die Sonne noch nicht ganz aufgegangen war" (adverbialer Gliedsatz). Beide Ausdrucksweisen können die **Position** einer adverbialen Bestimmung einnehmen, es sind verschiedene **Füllungsarten** eines Satzgliedes. Auch hierüber erfährst du alles Wichtige in dieser Grammatik, eine *Übersicht über die Funktionen der Satzglieder und ihre Füllungsarten* findest du am Ende des *Cursus grammaticus* (S. 98).

Thema und Rhema

Wer Sätze spricht oder Texte schreibt, will jemandem (normalerweise) etwas Neues, Interessantes mitteilen, er hat ein *Text-Thema*. Zu diesem Thema trägt jeder Satz etwas bei, Stück für Stück wird eine neue Information zum Text-Thema übermittelt.

Damit das in verständlicher Weise geschieht, enthalten Sätze stets eine *dem Hörer/Leser* **bekannte Information** (Thema) und eine darauf aufbauende **neue Information** (Rhema; griechisch „Aussage").

Bei der Übersetzung kannst du also davon ausgehen, dass jeder Satz (manchmal auch eine Satzgruppe) auf diese Weise mit dem folgenden Satz (oder der folgenden Satzgruppe) verknüpft ist – das bedeutet „Text", nämlich „Gewebe". Dieses Gewebe ist aber kein Teppich, sondern ein Band, an dem man der Reihe nach entlanggeht. Dabei muss man aber auch stets zurückschauen, zur Seite blicken und „vorausdenken".

Wenn du übersetzt, frag dich also immer: Was wurde gerade gesagt, was könnte jetzt sinnvollerweise folgen?

Bei alledem hilft dir auch die Grammatik: Wenn du ihre Signale beachtest, fällt es dir leichter, dem Thema eines Textes und seiner Entfaltung in den einzelnen Sätzen zu folgen.

Übersetzen heißt demnach immer: mitdenken, sich erinnern, was gesagt wurde, und gut überlegen, ob das Verstandene auch dem *Sinn* nach zusammenpasst. Die Grammatik ermöglicht es dir dabei, das Verstandene zu kontrollieren: Sinn und Grammatik müssen natürlich zusammenstimmen.

Alphabet und Aussprache des Lateinischen

Das Alphabet der Römer

Mit folgenden Buchstaben kamen die Römer zunächst aus:

A B C D E F H I K L M N O P Q R S T V X

Später wurde durch Hinzufügen eines Häkchens zum C (das C bezeichnet [k] und [g]) das G dazugebildet und für griechische Wörter oder Namen benutzte man zusätzlich Z und Y. K wurde bald als überflüssig empfunden und blieb nur in ganz wenigen Wörtern erhalten, da C zur Bezeichnung des K-Lautes ausreichte. V wurde für u und v (gesprochen wie engl. w) geschrieben.

Inschrift auf einem Grabmal

Das vollständige Alphabet der Römer sah also schließlich so aus:

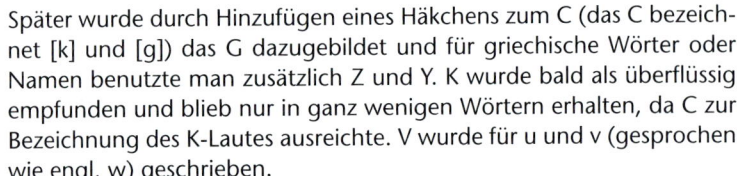

Es gab nur Großbuchstaben – je nach Schreib- und Beschriftungsmaterial eckig oder kursiv geschrieben. Eine Worttrennung war unbekannt bzw. wurde nur unzureichend durchgeführt.

Aussprachregeln

① Grundregel: Man spricht, wie man schreibt.
② c bezeichnet im Lateinischen *immer* den Laut [k], ebenso das in wenigen Wörtern auftauchende ch (also schola = [skola]).
③ s ist *immer* stimmlos zu sprechen (wie ß), also auch s-t/s-p.
④ -ti- wird *immer* wie -t-i- gesprochen (also *nicht* [tsi]).
⑤ Das Zeichen i/I wird im Anlaut vor Vokal wie j gesprochen. Manchmal steht im Silbenanlaut einfaches i für [ji].
⑥ Das V wird heute je nach Lautung durch v oder u wiedergegeben. V wird dabei wie w gesprochen (in der Antike wie engl. [w]). Nach ng, q und s sprechen wir u wie engl. [w] aus.
⑦ Die Diphthonge ae und oe werden in Deutschland meist wie ä und ö ausgesprochen, lauteten aber etwa wie [ai] und [oi].
⑧ Der Diphthong eu wird immer wie e-u gesprochen.
⑨ ph wurde wie [pʰ] gesprochen: triumphus = [triumpʰus], physica = [pʰysica].

Zur Betonung

In lateinischen Wörtern können nur die vor- und die drittletzte Silbe eines Wortes betont sein. Ist die vorletzte Silbe lang, wird sie betont; ist sie kurz, wird die drittletzte betont.
Silben sind lang, wenn sie einen langen Vokal oder Diphthong haben oder wenn ein kurzer Vokal vor einem Doppelkonsonanten steht (sog. Positionslänge; ein r an zweiter Stelle bewirkt dabei aber keine Positionslänge). Also:

Eurōpă = E-urópa
Āfrĭcă = Áfrika
Tărĕntŭm = Taréntum   Aber: Clĕŏpătră, tĕnĕbrae

Cicerō = [kikero]
pulcher = [pulker]
s immer wie „ß"
Lātium = [latium]
iam = [jam]

vīvere = [wiwere]

ae = [ai] *oder* [ä]
oe = [oi] *oder* [ö]
neutrum = [ne-utrum]

Zweisilbige Wörter:

x́	x

drei- und mehrsilbige Wörter

x	x́	x		x	x	x́	x
x́	x̆	x		x	x́	x̆	x

1.1–1.2 Cursus grammaticus

Caput prīmum

1.1 Bedeutungsteile und Signalteile

Lateinische **Vollwörter** (Nomina, Verben, Adjektive, viele Adverbien) setzen sich wie deutsche aus zwei Grundbestandteilen zusammen, nämlich aus

- einem **bedeutungstragenden** Teil (**Bedeutungsteil**[1]) und
- einem **grammatischen Signal** (**Endung** oder **Ausgang**), das die **Funktion des Wortes im Satz** signalisiert (**Signalteil**[2]).

Bedeutungsteil	Signalteil
Simyl-	us
labōr-a-	t
arbeit-e-	t

Der Signalteil ist wie im Deutschen veränderlich, doch sind die grammatischen Morpheme ungleich vielfältiger als im Deutschen:

Lūcius Gāium petit.	Gāius Lūcium petit.
Lucius sucht Gaius auf.	*Gaius sucht Lucius auf.*
Lūcius et Gāius amīcī magistrum petunt.	
Die Freunde Lucius und Gaius suchen den Lehrer auf.	

In diesen **Beispielen** signalisieren

-us	den Nom. Sg.	**-ī**	den Nom. Pl.
-um	den Akk. Sg.		
-t	die 3. P. Sg.	**-nt**	die 3. P. Pl.

1.2 Verbformen

Personensignale des Verbs (Präsens Aktiv)

	Singular	*Plural*
1. P.	-ō/-m	-mus
2. P.	-s	-tis
3. P.	-t	-nt

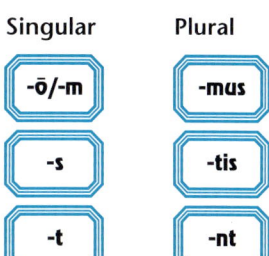

Im Unterschied zum Deutschen, wo zu den Verbformen in der Regel zusätzlich noch die Personalpronomina gesetzt werden, genügt im Lateinischen die Personalendung des Verbs, um die gemeinte Person zu kennzeichnen:

labōr-**ō**	*ich arbeite*	su-**m**	*ich bin*
rīdē-**s**	*du lachst*		
věni-**t**	*(er/sie/es: ← Kontext) kommt*		
ag-i-**mus**	*wir handeln*		
aspic-i-**tis**	*ihr erblickt*		
veni-u-**nt**	*(sie: ← Kontext) kommen*		

---
[1] anderer Begriff: Sinnmorphem oder Lexem
[2] anderer Begriff: grammatisches Morphem

Cursus grammaticus 1.3–1.6

1.3 Konjugationsklassen des Verbums

Bei den lateinischen Verben unterscheidet man nach dem (verschiedenen) Auslaut des Bedeutungsteils im Präsens fünf Konjugationsklassen:

a-Konjugation:	labōrā-re	1. P. Sg.: labōr-ō (< labora-o)
e-Konjugation:	terrē-re	1. P. Sg.: terre-ō
i-Konjugation:	audī-re	1. P. Sg.: audi-ō
konsonantische Konjugation:	ag-e-re	1. P. Sg.: ag-ō
gemischte Konjugation: (auch kons. Konj. mit i-Erweiterung genannt)	cap-e-re	1. P. Sg.: capi-ō (Stamm: cap- / capi-, vor **r** cape-)*

Wortstamm	Kennvokal	Zwischenvokal	Endung
labor-	ā-		re
terr-	ē-		re
aud-	ī-		re
cap-	ĕ-*		re
ag-		-e-	re

* Kurzes i wird vor r zu kurzem e.

1.4 Der Imperativ

Signale:

- im **Singular** der bloße Bedeutungsteil bzw. **-e**:
labōrā! leg**e**!   arbeite! lies!
- im **Plural -te** bzw. **i-te**:
labōrā**te**! leg**ite**!   arbeitet! lest!

`V 1.2, V 1.1`   `-/-e`   `-te`

1.5 Der Infinitiv der Gleichzeitigkeit (Aktiv)

Signal: **-re**

Beispiele: ambulā-**re**   gehen
            vidē-**re**   sehen

aber: es-**se**   sein
        pos-**se**   können

Anm.: -re ist aus -se entstanden (vgl. dt. Frost – frieren).

`V 1.1, V 1.2`   `-re` Infinitiv

1.6 Die Nominalformen – das Substantiv

Das Lateinische unterscheidet nach den verschiedenen Stammauslauten der Substantive **fünf Deklinationsgruppen**:

1. Deklination:	**a-Deklination**
2. Deklination:	**o-Deklination**
3. Deklination:	**Stämme auf Konsonant und auf i**
4. Deklination:	**u-Deklination**
5. Deklination:	**e-Deklination**

1.6.1–1.6.2 Cursus grammaticus I

1.6.1 Kasussignale des Nominativs

Der Nominativ der bisher bekannten Substantive wird durch unterschiedliche Wortausgänge signalisiert:

Singular	-us (aus -os)	-r	-a	-um (aus -om)	-s, -is
Plural	-ī	-ī	-ae	-a	-ēs

Andere Nominativausgänge lernst du ab Caput VI kennen.

✘ Beachte: Manche Wörter haben kein Signal, das den Nominativ Singular kennzeichnet!

	Singular	Plural
	-us/-r	-i
	-a	-ae
	-um	-a
	-s/-is	-ēs

Beispiele:

	Singular		Plural	
a-Dekl.	cas-**a**	(die / eine) Hütte	cas-**ae**	(die) Hütten
o-Dekl.	hort-**us***	(der / ein) Garten	hort-**ī**	(die) Gärten
	age**r**	(der / ein) Acker	agr-**ī**	(die) Äcker
	stabul-**um***	(der / ein) Stall	stabul-**a**	(die) Ställe
3. Dekl.	adulēscēn-**s**	(der / ein) junger Mann	adulēscen-**tēs**	(die) junge(n) Männer
	can-**is**	(der / ein) Hund	can-**ēs**	(die) Hunde
	labor	(die / eine) Arbeit	labōr-**ēs**	(die) Arbeiten
	homō	(der / ein) Mensch	homin-**ēs**	(die) Menschen

* das Stamm-u (< o) + -s bzw. -m bilden den **Wort-Ausgang**

✘ Das Lateinische kennt **keinen Artikel**. Für die Wiedergabe ins Deutsche – Bestimmtheit oder Unbestimmtheit (*der, die, das; einer, eine, ein*) – ist der **Kontext** entscheidend (d. h. ist der/das Genannte bekannt bzw. schon vorher erwähnt?).

1.6.2 Die Kasussignale des Akkusativs

Singular	(m./f./n.):	-m	
Plural	(m./f.):	-s	(n.): -a

Beim **Neutrum** gilt immer: Akkusativ = Nominativ

	Singular	Plural
o-Dekl.	hort-um	hort-ōs
	agr-um	agr-ōs
	stabul-um	stabul-a
a-Dekl.	cas-am	cas-ās
3. Dekl.	can-em	can-ēs

Akk. Sg. | Akk. Pl.

 **-e** Vokativ Sg. Mask.

Namen auf -ius:
Vokativ auf -ī
Polybius – Polўbī

N 3.6

1.6.3 Der Vokativ

Im Lateinischen gibt es bei Wörtern mit maskuliner Singularform auf -us (o-Dekl.) eine **besondere Form der Anrede/des Aufrufs**: den **Vokativ**. Sein grammatisches Signal ist **-ĕ** (aber: -ī + ĕ >ī):

(Heus) servĕ!	He, Sklave!
(Heus) servī!	He, Sklaven!
Lūcī filī!	Mein Sohn Lucius!

1.7 Das Personalpronomen

1. Person	Singular		Plural	
Nom.	**egō**	ich	**nōs**	wir
Akk.	**mē**	mich	**nōs**	uns
2. Person				
Nom.	**tū**	du	**vōs**	ihr
Akk.	**tē**	dich	**vōs**	euch
3. Person				
Nom.	**is, ea, id**	er, sie, es	**iī, eae, ea**	sie
Akk.	**eum, eam, id**	ihn, sie, es	**eōs, eās, ea**	sie

✘ is, ea, id hat eine weitere Funktion als adjektivischer Verweiser: inter eōs hominēs – unter diesen Menschen (↗ CG 6.3.1).

Wenn das **Personalpronomen im Nominativ** gebraucht wird, weist es meist auf die betreffende Person **in besonders betonter Weise** hin.

1.8 Das Genus

Im Lateinischen gibt es wie im Deutschen **drei grammatische Genera** (Geschlechter; Singular: Genus): **Maskulinum (m.), Femininum (f.), Neutrum (n.)**.

Außerhalb des biologischen Geschlechts gibt es im Lateinischen (wie auch in anderen Sprachen) keine erkennbare Ordnung in der Zuweisung eines Wortes zu einem Geschlecht:

labor *m.* die Arbeit
aqua *f.* das Wasser
vīnum *n.* der Wein

Lebewesen:

grammatisches
=
biologisches
Geschlecht

Bei Personen ist das grammatische Geschlecht immer gleich dem biologischen Geschlecht:

pater *m.* der Vater
soror *f.* die Schwester

1.8–1.9.1 Cursus grammaticus

Bei vielen Nomina wird das grammatische Geschlecht von der Endung signalisiert; so steht z. B. in vielen (aber nicht allen!) Fällen im Nom. Sg. die Endung

- **-us** für ein **Maskulinum**: hortus
  oder ein **Neutrum**: opus
- **-a** für ein **Femininum**: casa
- **-um** für ein **Neutrum**: frūmentum

1.9 Das Adjektiv

Wie die Substantive zeigen im Lateinischen auch die Adjektive grammatische Signale für **Kasus**, **Numerus** und **Genus (KNG)**, z. B. in der o/a-Deklination:

Nom. Sg. Mask.	parv-**us**/pulcher
Nom. Sg. Fem.	parv-**a**/pulchr-**a**
Nom. Sg. Neutr.	parv-**um**/pulchr-**um**

N 1.1 b

1.9.1 Kongruenz des adjektivischen Attributs

Attribute beschreiben ein Substantiv näher: Sie dienen entweder einer zum Verständnis unbedingt notwendigen Information *(restriktives Attribut)* oder einer zusätzlichen, z. B. schmückenden Ausmalung des Substantivs *(additives Attribut)*.

Die Zuordnung des Adjektivs zu seinem substantivischen Bezugswort wird gewöhnlich schon durch den **Sinnzusammenhang im Kontext**, zusätzlich (wie im Deutschen) durch die Übereinstimmung in **K**asus, **N**umerus und **G**enus sichtbar: KNG-Kongruenz.

Kasus
Numerus } Kongruenz
Genus

Die KNG-Kongruenz wird an den „kongruenten", d. h. „übereinstimmenden" Endungen der Bezugswörter sichtbar. Kongruent heißt aber nicht, dass die zusammengehörigen Wörter auch äußerlich gleiche Endungen haben:

cas**a** parv**a**	cas**ae** parv**ae**
hort**us** fēcund**us**	hort**ī** fēcund**ī**
vīn**um** bon**um**	vīn**a** bon**a**

aber:

sor**or** m**ea**	sorōr**ēs** m**eae**
can**is** valid**us**	can**ēs** valid**ī**
agmen māgn**um**	

Wie im Deutschen bestimmt auch der Numerus (d. h. Singular oder Plural) des Subjekts den Numerus des Prädikats **(Numeruskongruenz)**:

Rūsticus labōra**t**.
Rūstic**ī** labōra**nt**.
Rūsticus **et** servus labōra**nt**.

Subjekt- } Kongruenz
Prädikat-

Cursus grammaticus 1.10–2.1

1.10 Die Wortstellung

Die lateinische Wortstellung im Satz ist weitgehend **grundsätzlich frei**: Jedes Satzglied ist in der Regel durch die Kombination von

① Wortbedeutung und Wortartsignalen,
② entsprechenden Signalteilen (Endungen)

in seiner Funktion im Satz deutlich gekennzeichnet und kann somit an (fast) **jeder beliebigen Stelle im Satz** stehen. Dabei stehen (außer in der Dichtung) Wörter, die miteinander eine Sinneinheit bilden, in der Regel zusammen.
Die Wortstellung bestimmt der Sprecher zur **Verdeutlichung der beabsichtigten Gedankenfolge.** Die betontesten Stellen im Satz sind **Satzanfang und Satzende**:
Casa parva est; **eam incolunt** colōnī, līberī quattuor ancillaque nigra, sed nōn **possident. Dominus** enim et casam et hortum et agrum possidet.

1.11 esse mit Prädikatsnomen

Wie im Deutschen können **Substantive, Adjektive** und auch **Adverbien** zusammen mit einer **Form von esse** *(sein)* das Prädikat bilden **(Prädikatsnomen)**:

Lȳdia est **serva**.   *Lydia ist (**eine**) Sklavin.*
Casa **parva** est.   *Die Hütte ist **klein**.*
Māne est.   *Es ist **früh am Morgen**.*
Ibī est Simylus.   ***Dort** ist Simylus.*

✘ Achtung:
Servī servaeque
　　　　dēfessī sunt.
mask. + fem. ➡ *mask.*

In solchen *Gleichsetzungssätzen* richtet sich das adjektivische Prädikatsnomen in **Kasus, Numerus, Genus** nach dem Subjekt: **KNG-Kongruenz** (↗ CG 1.9.1).

Caput secundum

2.1 Der Akkusativ mit Infinitiv (AcI)

Wie im Deutschen kann nach Verben, nach denen ein **Inhaltssatz (Objektsatz)** zu erwarten ist, an dessen Stelle ein **Akkusativobjekt mit Infinitiv (AcI)** stehen. **Allerdings gibt es im Lateinischen weit mehr Verben, die einen solchen AcI auslösen:**

Ich sehe (➡ *was?*),	*(Inhalt des Sehens)* **dass der Freund kommt (Objektsatz).**
Ich sehe (➡ *was?*)	**den Freund kommen.**
Videō	**amīcum venīre.**
Māter iubet	**fīliās surgere.**
Die Mutter fordert	**die Töchter** auf **aufzustehen.**
Die Mutter verlangt,	**dass die Töchter aufstehen.**

2.1 Cursus grammaticus

Die letzte Übersetzung zeigt:

> ❶ Der AcI ist eine **satzwertige Konstruktion**, d. h. **ein Satz im Satz**, in welcher der Akkusativ (fīliās) das **Subjekt** (AcI-Subjekt) und der Infinitiv (surgere) das **Prädikat** (AcI-Prädikat) vertritt;
> ❷ im Deutschen entspricht der AcI einem **Inhaltssatz** mit der Konjunktion „dass".

Inhaltssatz
Konnektor: **dass**

Lateinische „AcI-Auslöser" – Übersicht

❶ **Wahrnehmungsverben** (audīre, vidēre, legere usw.)
❷ **Aussage-/Meinungsverben** (dīcere, nārrāre, nuntiāre, putāre usw.)
❸ **Verben des Gefühlsausdrucks** (gaudēre, dolēre usw.)
❹ **Verben des Begehrens** (iubēre, vetāre *(verbieten)*, sinere, cupere usw.)
❺ **Unpersönliche Redewendungen** wie **cōnstat, necesse est** usw.

Beispiel: Lūcium beātum esse **cōnstat**.
***Dass** Lucius glücklich ist,* **steht fest.**

AcI-Auslöser:
① Wahrnehmungsverben
② Aussageverben
③ Aussage über Freude/Leid
④ Aufforderung/Verbot
⑤ Aussagen nach unpersönlichen Ausdrücken

Nach solchen unpersönlichen Wendungen nimmt der AcI die Satzposition des **Subjekts** ein.

Da der AcI **ein Satz im Satz** ist, können die einzelnen Glieder des AcI **erweitert** bzw. **ergänzt** werden:

- das AcI-Subjekt durch **Attribute**;
- das AcI-Prädikat durch **Objekte und adverbiale Bestimmungen**.

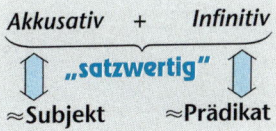

Multōs colōnōs saepe vītam miseram agere appāret.

*Dass **viele** Bauern **oft ein armseliges Leben** führen, ist offensichtlich.*

In der Regel werden diese Erweiterungen und Ergänzungen durch die beiden Glieder des AcI (Akkusativ ... Infinitiv) eingerahmt (Klammerstellung).

Das **Reflexivpronomen** (Akk. sē) **im AcI** bezeichnet das (handelnde oder betroffene) Subjekt des AcI-Auslösers:

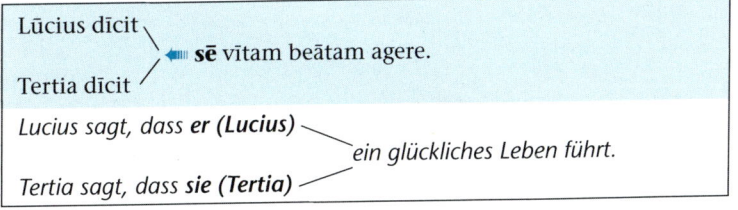

lat. AcI: sē

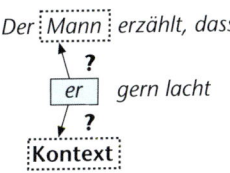

lat. AcI: eum

2.2 Der Dativ

Dat. Sg.

Dat. Pl.

-īs

-ibus

2.2.1 Die Kasussignale des Dativs

	Singular	Plural
3. Dekl.:	-ī	-ibus
a-Dekl.:	-ae (aus -ai)	-īs
o-Dekl.:	-ō (aus -oi)	-īs
Pronomina	-ī	-īs, -ibus

Beispiele: a) Substantive

3. Dekl.	a-Dekl.	o-Dekl.
Singular		
labōrī adulēscentī canī	casae	hortō agrō stabulō
Plural		
labōribus adulēscentibus canibus	casīs	hortīs agrīs stabulīs

b) Pronomina:

1. P.	2. P.	3. P.
Singular		
mihĭ *mir*	tibĭ *dir*	eī sibĭ *(refl.)* *ihm/ihr sich*
Plural		
nōbīs *uns*	vōbīs *euch*	eīs sibĭ *(refl.)* *ihnen sich*

c) Auszug aus der Deklinationstabelle

Singular					
	o-Dekl.			a-Dekl.	3. Dekl.
Nom. Dat. Akk.	hortus hort-ō hortum	ager agrō agrum	stabulum stabulō stabulum	casa casae casam	labor labōrī labōrem

Plural					
	o-Dekl.			a-Dekl.	3. Dekl.
Nom. Dat. Akk.	hortī hortīs hortōs	agrī agrīs agrōs	stabula stabulīs stabula	casae casīs casās	labōrēs labōribus labōrēs

2.1 Cursus grammaticus II

Die letzte Übersetzung zeigt:

> ❶ Der AcI ist eine **satzwertige Konstruktion**, d. h. **ein Satz im Satz**, in welcher der Akkusativ (fīliās) das **Subjekt** (AcI-Subjekt) und der Infinitiv (surgere) das **Prädikat** (AcI-Prädikat) vertritt;
> ❷ im Deutschen entspricht der AcI einem **Inhaltssatz** mit der Konjunktion „dass".

Inhaltssatz
⟨K⟩onnektor: **dass**

Lateinische „AcI-Auslöser" – Übersicht

❶ **Wahrnehmungsverben** (audīre, vidēre, legere usw.)
❷ **Aussage-/Meinungsverben** (dīcere, nārrāre, nuntiāre, putāre usw.)
❸ **Verben des Gefühlsausdrucks** (gaudēre, dolēre usw.)
❹ **Verben des Begehrens** (iubēre, vetāre *(verbieten)*, sinere, cupere usw.)
❺ **Unpersönliche Redewendungen** wie **cōnstat, necesse est** usw.

Beispiel: Lūcium beātum esse cōnstat.
Dass Lucius glücklich ist, **steht fest.**

Nach solchen unpersönlichen Wendungen nimmt der AcI die Satzposition des **Subjekts** ein.

AcI-Auslöser:
① Wahrnehmungs-
  verben
② Aussageverben
③ Aussage über
  Freude/Leid
④ Aufforderung/Verbot
⑤ Aussagen nach
  unpersönlichen
  Ausdrücken

Da der AcI **ein Satz im Satz** ist, können die einzelnen Glieder des AcI **erweitert** bzw. **ergänzt** werden:

- das AcI-Subjekt durch **Attribute**;
- das AcI-Prädikat durch **Objekte und adverbiale Bestimmungen**.

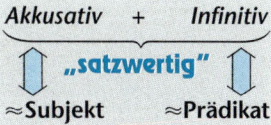

| Multōs | colōnōs | saepe vītam miseram | agere | appāret.

Dass **viele** *Bauern* **oft ein armseliges Leben** *führen, ist offensichtlich.*

In der Regel werden diese Erweiterungen und Ergänzungen durch die beiden Glieder des AcI (Akkusativ … Infinitiv) eingerahmt (Klammerstellung).

Das **Reflexivpronomen** (Akk. sē) **im AcI** bezeichnet das (handelnde oder betroffene) Subjekt des AcI-Auslösers:

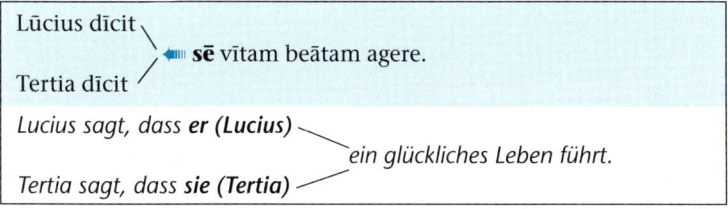

lat. AcI: sē

Der Mann *erzählt, dass*
  ?
  er *gern lacht*
  ?
  Kontext

lat. AcI: eum

2.2 Der Dativ

Dat. Sg.

-ō

-ae

-ī

Dat. Pl.

-īs

-ibus

2.2.1 Die Kasussignale des Dativs

	Singular	Plural
3. Dekl.:	-ī	-ibus
a-Dekl.:	-ae (aus -ai)	-īs
o-Dekl.:	-ō (aus -oi)	-īs
Pronomina	-ī	-īs, -ibus

Beispiele: a) Substantive

3. Dekl.	a-Dekl.	o-Dekl.
Singular		
labōrī adulēscentī canī	casae	hortō agrō stabulō
Plural		
labōr**ibus** adulēscent**ibus** can**ibus**	cas**īs**	hort**īs** agr**īs** stabul**īs**

b) Pronomina:

1. P.	2. P.	3. P.	
Singular			
mihĭ mir	tibĭ dir	eī ihm/ihr	sibĭ *(refl.)* sich
Plural			
nōbīs uns	vōbīs euch	eīs ihnen	sibĭ *(refl.)* sich

c) Auszug aus der Deklinationstabelle

Singular					
	o-Dekl.			a-Dekl.	3. Dekl.
Nom. Dat. Akk.	hortus hort-**ō** hort**um**	ager agrō agr**um**	stabulum stabulō stabul**um**	casa cas**ae** cas**am**	labor labōrī labōr**em**

Plural					
	o-Dekl.			a-Dekl.	3. Dekl.
Nom. Dat. Akk.	hortī hortīs hortōs	agrī agrīs agrōs	stabula stabulīs stabula	casae casīs casās	labōrēs labōr**ibus** labōrēs

2.2.2–3.1.1 Cursus grammaticus   III

2.2.2 Die Funktionen des Dativs

Gegenüber dem deutschen Dativgebrauch (Dativ**objekt** auf die **Frage: Wem?**) bezeichnet der Dativ im Lateinischen **zusätzlich** den

> Dativobjekt:
> **wem?**

① **Besitzer (Dativus possessivus):** Er wird im Deutschen mit „haben/besitzen" wiedergegeben:

Patrī meō casa parva **est.**
Meinem Vater gehört ein kleines Häuschen.
Mein Vater hat/besitzt ein kleines Häuschen.

✗ Eine Wendung aus esse + Dativ ist im Lateinischen die „normale" Ausdrucksweise für „haben"!

② **Nutznießer** bzw. **Benachteiligten** einer Handlung/eines Vorgangs, Frage: „Für wen? Wofür?"

> **für wen?**
> **wofür?**

Servī **dominō** labōrant.
*Die Sklaven arbeiten **für** den Herrn.*

③ Zweck oder Wirkung einer Handlung (**Dativus finalis**), Frage: „Wozu?"

> Dativus finalis:
> **wozu?**

Vīta varia mihi **gaudiō** est.
Ein abwechslungsreiches Leben „gereicht mir zum Spaß"/macht mir Spaß.

Agrum colere rūsticō **cūrae** est.
Die Sorge des Bauern gilt der Bestellung des Ackers.

Caput tertium

3.1 Der Relativsatz

3.1.1 Das Relativpronomen **qui, quae, quod** (der, die, das; welcher, welche, welches)

Formenübersicht

	Singular			Plural		
Nom.	quī	quae	quod	quī	quae	quae
Gen.	cuius			quōrum	quārum	quōrum
Dat.	cui				quibus	
Akk.	quem	quam	quod	quōs	quās	quae

Tabelle
N 3.2

Beachte:
• Gen. Sg.: **-ius**
• Dat. Sg.: **-i**
• Ntr. Pl.: **-ae**

✗ Im **Neutrum** Nom./Akk. tritt (wie auch bei anderen Pronomina) anstelle des Singulars **häufig der Plural** auf: **quae** statt **quod**. Er wird im Deutschen durch den **Singular** wiedergegeben:

Quae nārrās, nōn crēdō.   *Was du erzählst, glaube ich nicht.*

3.1.2 Die Funktion des Relativpronomens im Satz

① Einleitung eines attributiven Relativsatzes (wie im Deutschen):

Adeste, deī, **filiō** meō, **quī** nunc sē in viam dat!
Ihr Götter, steht meinem Sohn bei, der sich nun auf den Weg macht!

② Einleitung eines *Substantivsatzes* (Subjekt- oder Objektsatzes) anstelle eines Substantivs (wie im Deutschen):

Quī nimium bibunt, stultī fīunt tamquam asinī.
Die *zu viel trinken, werden dumm wie die Esel.*

Bis dat, **quī** citō dat.   *Doppelt gibt,* ***wer*** *schnell gibt.*
Quae dīcis, nōn probō.   *Was du sagst, finde ich nicht gut.*

③ Relativischer Anschluss: siehe 3.2

3.2 Der sog. Relativische Anschluss

Ein Relativpronomen kann am **Anfang eines Satzes** (d. h. nach einem Punkt oder einem Strichpunkt) die Aufgabe eines Demonstrativpronomens (z. B. is, ea, id) übernehmen; es wird dann **demonstrativisch übersetzt**:

Tertius āmūlētum in sarcinam impōnit; **quod** cum Aristoxenus animadvertit, ei illūdit.
Tertius steckt ein Amulett ins Gepäck; als ***dies*** *Aristoxenus bemerkt, verspottet er ihn.*

Ein Relativsatz dieser Art ist kein eigentliches Attribut, sondern enthält einen weiterführenden Gedanken, den der Sprecher so scheinbar „unauffälliger" mit dem Vorhergehenden verknüpft. Vergleiche deutsch: „Anika knallte wütend die Tür zu. Was er nicht erwartet hatte." Der **relativische Anschluss** ermöglicht so eine engere und glattere Verbindung zweier Sätze.

3.3 Der Genitiv

3.3.1 Die Kasussignale des Genitivs

	Singular	Plural
3. Dekl.:	-**is**	-**um**/-**ium**
a-Dekl.:	-**ae** (aus -ai)	-**ārum**
o-Dekl.:	-**ī** (aus -oi)	-**ōrum**
Pronomina	-**ius**	-**ōrum**/-**ārum**

Gen. Sg.: -ī, -ae, -is

Gen. Pl.: -ōrum, -ārum, -um/-ium

3.3.1–3.3.2 Cursus grammaticus — III

Beispiele:

a) Substantive

	3. Dekl.	a-Dekl.	o-Dekl.
Sing.	labōr**is** adulēscent**is** can**is**	cas**ae**	hort**ī** agr**ī** stabul**ī**
Plural	labōr**um** adulēscent**ium** can**um**	cas**ārum**	hort**ōrum** agr**ōrum** stabul**ōrum**

b) Das Pronomen **is, ea, id**

	Singular			Plural		
	m.	f.	n.	m.	f.	n.
Gen.	ē**ius**			e**ōrum**	e**ārum**	e**ōrum**

c) Auszug aus der Deklinationstabelle

Singular

	o-Dekl.			a-Dekl.	3. Dekl.
Nom.	hortus	ager	stabulum	casa	labor
Gen.	hort**ī**	agr**ī**	stabul**ī**	cas**ae**	labōr**is**
Dat.	hort**ō**	agr**ō**	stabul**ō**	cas**ae**	labōr**ī**
Akk.	hort**um**	agr**um**	stabul**um**	cas**am**	labōr**em**

Plural

	o-Dekl.			a-Dekl.	3. Dekl.
Nom.	hort**ī**	agr**ī**	stabul**a**	cas**ae**	labōr**ēs**
Gen.	hort**ōrum**	agr**ōrum**	stabul**ōrum**	cas**ārum**	labōr**um**
Dat.	hort**īs**	agr**īs**	stabul**īs**	cas**īs**	labōr**ibus**
Akk.	hort**ōs**	agr**ōs**	stabul**a**	cas**ās**	labōr**ēs**

3.3.2 Das Genitivattribut

Der Genitiv als **Attribut** benennt den **Bereich**, zu dem jemand/etwas gehört oder dem jemand/etwas zugeordnet wird.

Übersetzung durch:

① Eine Genitivform: amīcus **Lūciī**   *ein Freund des Lucius*
② Eine Präposition: māgna cōpia **pānis**   *ein großer Vorrat an/ von Brot*
③ Zusammensetzung: multitūdō **hominum**   *eine Menschenmenge*
                   pater **deōrum**   *der Göttervater*

Genitiv
Beziehungswort
≈ **Bereich**

Cursus grammaticus 3.3.2–3.4

Im Einzelnen lassen sich folgende Genitivfunktionen unterscheiden:

Genitivus possessivus
wessen? von wem?

❶ Der Genitiv des Besitzers (**Genitivus possessivus**, wie im Deutschen):

Ecce canem Simylī! — *Sieh dort Simylus' Hund!*

Pater magistrum visitat.
K
Magister filium eius docet.

✗ Die Genitivformen von is, ea, id *(ēius, eōrum/eārum)* dienen wie ein Possessivpronomen der Besitzangabe:
Simylus colōnus est. — *Simylus ist Pächter.*
Illīc vidēs casa eius. — *Dort siehst du seine Hütte.*

> Die Formen ēius, eōrum/eārum bezeichnen nicht den eigenen Besitz, sondern verweisen auf den Besitz von jemand anderem. Den eigenen Besitz bezeichnet das **reflexive Possessivpronomen suus, -a, -um:**
> Simylus videt casam suam. — *Simylus sieht seine (eigene) Hütte.*
> Megilla videt casam suam. — *Megilla sieht ihre (eigene) Hütte.*

Genitivus qualitatis
von welcher Art?

❷ Der Genitiv der Eigenschaft (**Genitivus qualitatis**) bezeichnet ein Merkmal einer Person/Sache:

ōrātor **māgnī ingeniī** — *ein Redner **von großer Begabung***
equitēs **māgnae audāciae** — *Reiter **von großer Verwegenheit**/**sehr verwegene** Reiter*

Vergleiche deutsch: *Ein Sportler erster Klasse!*

Genitivus partitivus
(ein Teil)
wovon?

❸ Der Teilungsgenitiv (**Genitivus partitivus**) bezeichnet ein **Ganzes**/eine **Gesamtmenge**, zu dem/zu der ein **Teil** gehört:

māgna cōpia **liberōrum et mulierum** — *eine große Menge Kinder und Frauen*

Iupiter est summus **omnium deōrum** — *Jupiter ist der höchste aller Götter*

✗ tantum **aquae** — *soviel Wasser*

❹ Der Genitiv steht auch als Ergänzung bei einigen **Adjektiven**, z. B.:

cupidus, -a pecūniae — *gierig auf/nach Geld, geldgierig*

taberna **plēna** nautārum — *eine Kneipe voll von Seeleuten, voller Seeleute*

3.4 Die Adjektive der 3. Deklination

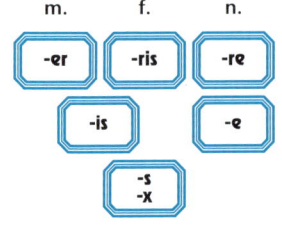

Adjektive gehören im Lateinischen teils der a-/o-Deklination (↗ CG 1.9), teils der 3. Deklination an.

Die Adjektive der 3. Deklination gliedern sich nach der Bildung des *Nominativs Singular* in drei Gruppen:

① drei verschiedene Formen für Maskulinum, Femininum und Neutrum:
celer, celeris, celere *(schnell)*

3.4–4.1.1 Cursus grammaticus IV

② ein Signal für Maskulinum und Femininum, eines für das Neutrum:
ūtilis, ūtile *(nützlich)*

③ eine Form für alle drei Genera:
audāx *(kühn)*, vehemēns *(heftig)*

In den übrigen Kasus werden alle Gruppen gleich dekliniert:

	Singular		Plural	
	m./f.	n.	m./f.	n.
Nom.	ūtilis	ūtile	ūtil-ēs	ūtil-ia
Gen.	ūtil-is		ūtil-**ium**	
Dat.	ūtil-ī		ūtil-ibus	
Akk.	ūtil-em	ūtile	ūtil-ēs	ūtil-ia

Gen. Pl. — **-ium**

Neutra: Nom./Akk. Pl. — **-ia**

Mask./Fem.: Akk. Pl. — **-ēs / -īs**

Wenige Adjektive der 3. Deklination bilden den Gen. Pl. und Nom./Akk. Pl. auf -um bzw. -a, z. B. pauper: pauper-um, pauper-a.

3.5 Die Bildung des Adverbs

Die Adjektive der a-/o-Deklination bilden ihr Adverb durch das Signal **-ē** oder (seltener) **-ō,** die der 3. Deklination (gemischten Deklination) durch **-ter:**

cert-us, -a, -um:	cert-**ē**	pulcher, -chra, -chrum:	pulchr-**ē**	miser, -ra, -rum:	miser-**ē**

aber: rārō, citō, sērō, subitō u. a.

celer, -ris, -re:	celeri-**ter**	lēnis, -e:	lēni-**ter**

Adverb — **-ē/-ō**

Adverb — **-ter**

Caput quārtum

4.1 Der Ablativ

4.1.1 Die Kasussignale des Ablativs

	Singular	Plural
3. Dekl.:	-e	-ibus
a-Dekl.:	-ā	-īs
o-Dekl.:	-ō	-īs
Pronomina	-ō, -ā	-īs -ibus

Abl. Sg. — **-ō**   Abl. Pl. — **-īs**
Abl. Sg. — **-ā**
Abl. Sg. — **-e**   Abl. Pl. — **-ibus**

Die Formen des Ablativs sind also

- **im Plural immer** mit denen des Dativs identisch;
- **im Singular in der o-Deklination** mit dem Dativ identisch.

✗ Die **Adjektive der 3. Deklination** bilden den Ablativ Singular auf **-ī**: celer-**ī**, vehement-**ī**.

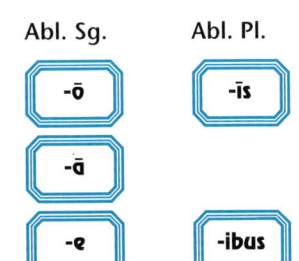

Tabelle V 1.2b

Abl. Sg. — **-ī**

Beispiele:
a) Substantive

	3. Dekl.	a-Dekl.	o-Dekl.
Singular	labōre adulēscente cane	casā	hortō agrō stabulō
Plural	labōribus adulēscentibus canibus	casīs	hortīs agrīs stabulīs

b) Personalpronomen

mē*	tē*	eō/eā*	sē* *(reflexiv)*
nōbīs*	vōbīs*	eīs*	sē* *(reflexiv)*

Wenn sich die mit * bezeichneten Pronomina mit der Präposition cum verbinden, wird das cum an das jeweilige Pronomen *angehängt*: **mēcum, tēcum, ...; nōbīscum, ...**

4.1.2 Übersicht über die Kasusformen (Deklinationstabelle)

N 1.1, N 1.2

| | *Singular* | | | | |
	o-Dekl.			a-Dekl.	3. Dekl.
Nom.	hortus	ager	stabulum	casa	labor
Gen.	hortī	agrī	stabulī	casae	labōris
Dat.	hortō	agrō	stabulō	casae	labōrī
Akk.	hortum	agrum	stabulum	casam	labōrem
Abl.	hortō	agrō	stabulō	casā	labōre

| | *Plural* | | | | |
	o-Dekl.			a-Dekl.	3. Dekl.
Nom.	hortī	agrī	stabula	casae	labōrēs
Gen.	hortōrum	agrōrum	stabulōrum	casārum	labōrum
Dat.	hortīs	agrīs	stabulīs	casīs	labōribus
Akk.	hortōs	agrōs	stabula	casās	labōrēs
Abl.	hortīs	agrīs	stabulīs	casīs	labōribus

4.1.3 Die Funktionen des Ablativs

Der Ablativ hat **drei Hauptaufgaben** zu erfüllen. Die genaue Bedeutung ergibt sich einerseits aus der Bedeutung des Wortes, das im Ablativ steht, andererseits aus der Bedeutung des Verbums des jeweiligen Satzes. Man unterscheidet:

4.1.3–4.2 Cursus grammaticus IV

	Bezeichnung	Funktion	Frage
❶	Abl. locativus/ temporis	Ort/Zeitpunkt	wo?/wann?
❷	Abl. separativus	Trennung/ Ausgangspunkt	woher?/ wovon?
❸	Abl. instrumentalis/ sociativus	Mittel/Begleit- umstand oder Begleitperson	womit?/ wodurch?/ wie?/mit wem?

Der Ablativ steht **mit und ohne Präposition**. Im Deutschen wird er meist **mit einer Präposition**, manchmal auch mit einem Kasus ohne Präposition wiedergegeben:

❶ Sōl **altō in caelō** stat.
*Die Sonne steht **hoch am Himmel**. (Wo? – Locativus)*

Iam **prīmā lūce** amīcī iter incipiunt.
*Noch **bei Morgengrauen** beginnen die Freunde ihre Reise. (Wann? – Ablativus temporis)*

❷ Decem mīlia passuum **ā Paestō colōniā** absumus.
Wir sind zehn Meilen von Paestum entfernt. (Von wo? – Abl. separativus)

Egō et **amīcīs** et **inimīcīs** careō.
Ich habe weder Freunde noch Feinde. (Von wem/wovon bin ich getrennt? – Abl. separativus)

❸ Veterānus **digitō** ad sē mōnstrat.
Der Veteran zeigt mit dem Finger auf sich. (Womit? – Instrumentalis)

Servī **cum arte** lapidēs compōnunt.
*Die Sklaven fügen **mit Geschick** die Steine zusammen. (Wie? – Abl. modi)*

Vīvite familiāriter **cum servīs**!
Verkehrt freundlich mit euren Sklaven! (Mit wem? – Abl. sociativus)

✗ Der Ablativ spielt (meist) die Rolle einer *adverbialen Bestimmung* oder (seltener) die eines Objekts (z. B. amīcīs careō unter ❷).

Ort
wo?

Zeit „punkt"
wann?

Ausgangs „punkt"
woher?
von wo?
wovon?

Mittel/Begleitung
womit/wodurch?
mit welchem Mittel?
wie?   mit wem?

4.2 Ortsangaben bei Städtenamen

Bei den **Ortsnamen der a- und o-Deklination** im Singular und einigen anderen häufigen Ortsangaben finden sich zur **Angabe des Ortes** auf die Frage *Wo?* **Formen auf -ī** (sog. Lokativform):

Paestī *in Paestum*   Rōmae (aus Roma-i) *in Rom*   domī *zu Hause*

Sonst steht der **Abl. locativus**: Athēnīs *in Athen*, Carthāgine *in Karthago*.
Zur **Herkunftsangabe** *(Woher?)* dient der **Abl. separativus**: Rōmā, Athēnīs veniō – *ich komme aus Rom, aus Athen*.
Die **Richtung** *(Wohin?)* bezeichnet der **Akkusativ**: Rōmam, Athēnās iter facimus – *wir machen eine Reise nach Rom, nach Athen*.

Städtenamen wo?

4.3 Der Genitivus obiectivus

amor pecūniae: *die Liebe des Geldes???* Das ergibt keinen Sinn. Der Genitiv als Bereichskasus kann auch den „Bereich" bezeichnen, auf den eine Handlung gerichtet ist, auch dann, wenn die Handlung, wie in diesem Beispiel, durch ein Substantiv ausgedrückt ist. Also: *die Liebe **zum** Geld* – sog. *Genitivus obiectivus*.

Caput quīntum

5.1 Die Vergangenheitstempora

5.1.1 Zeitstufen und Zeitverhältnisse

Zeit-verhältnisse	Vorzeitigkeit	Gleichzeitigkeit	Nachzeitigkeit
		Sprech-zeitpunkt	
Zeitstufe	VERGANGENHEIT		ZUKUNFT

5.1.2 Die Vergangenheitstempora im Deutschen

Das Haupttempus der Vergangenheit ist in schriftlichen Texten des Deutschen das **Präteritum**. Erzählungen und Berichte über Vergangenes stehen überwiegend in diesem Tempus (= **Erzähltempus**).

Das **Perfekt** drückt ebenfalls die Vergangenheit eines Vorgangs oder einer Handlung aus. Mit ihm macht der Sprecher aber zugleich deutlich, dass die Wirkung oder das Resultat noch in der Gegenwart *aktuell, bedeutsam oder interessant* ist. Vor allem in Gesprächen, kurzen Mitteilungen und Fragen verwendet der Sprecher das Perfekt.
Das **Plusquamperfekt** ist auf das Präteritum bzw. Perfekt bezogen und drückt die **Vorzeitigkeit** eines Ereignisses gegenüber einem anderen Ereignis der Vergangenheit aus („**Vorvergangenheit**").

5.2 Das lateinische Perfekt Aktiv

5.2.1 Die Bildung der Perfektformen

a) Die Personalendungen

Das Perfekt läßt sich im Lateinischen an zwei Signalen erkennen: am Stamm und an der Endung.

Das lateinische Perfekt besitzt im Aktiv z. T. eigene Personalendungen, die (außer in der 3. P. Pl.) alle mit einem i „kombiniert" sind. Gemeinsam mit dem Merkmal des Perfektstamms sind die Formen leicht erkennbar:

5.2.1–5.2.2 Cursus grammaticus — V

	Singular	Plural	Beispiel	
1. P.	-ī	-imus	laudā-vī	laudā-vimus
2. P.	-istī	-istis	laudā-vistī	laudā-vistis
3. P.	-it	-ērunt (-ēre)	laudā-vit	laudā-vērunt

b) Infinitiv der Vorzeitigkeit: -isse — laudāv-isse

Der Infinitiv der Vorzeitigkeit, der vom Perfektstamm gebildet wird, kommt hauptsächlich beim AcI vor:

Sciō tē errāvisse. Ich weiß, dass du dich geirrt hast.
Scīvistī mē errāvisse. Du wusstest, dass ich mich geirrt habe.

Infinitiv der Vorzeitigkeit

c) Die verschiedenen Perfektstämme

Es gibt fünf unterschiedliche Bildungen des Perfektstammes:

1.	v-/u-Perfekt:	labōrā-v-it	mon-u-it	audī-v-it	petī-v-it
2.	s-Perfekt:	dic-s-it > dīxit	mit-s-it > mīsit		
3.	Dehnung (des Stammvokals):	vēn-it	*mit Ablaut:* fēc-it	ēgit	
4.	Reduplikation:	cu-curr-it	trā-di-d-it		
5.	Stammperfekt (Perfektstamm = Präsensstamm):	ostend-it			

Tabelle V 2.1

labōrāre: labōrāv-isse
monēre: monu-isse
audīre: audīv-isse
petere: petīv-isse
venīre: vēn-isse
facere: fēc-isse
agere: ēg-isse
ostendere: ostend-isse

d) Das Perfekt von esse

esse bildet das Perfekt vom Stamm fu-, also:

| fuī | fuistī | fuit | fuimus | fuistis | fuērunt |

esse: **fu**-isse

5.2.2 Die Übersetzung des Perfekts

Das lateinische Perfekt wird im Deutschen mit **zwei verschiedenen Tempora** wiedergegeben, dem **Präteritum** und dem **Perfekt**. Die Übersetzung folgt der **deutschen Sprachnorm** (↗ CG 5.1.2):

> In **narrativen Texten** (also der Textsorte „Erzählung") wird das Perfekt (narratives Perfekt) mit dem **Präteritum** übersetzt, in den anderen Fällen meist mit dem **Perfekt**.

Beispiel:

Hīc quondam ubīque vīta **flōruit**. Sed ūnā nocte Vesuvius mōns tria oppida **dēlēvit**. Numquam **audīvistis** mīlia hominum hīc mortem **obīsse**? *Hier blühte einst überall das Leben. Aber in einer Nacht zerstörte der Vesuv drei Städte. Habt ihr niemals davon gehört, dass hier Tausende von Menschen den Tod fanden?*

5.2.3 Perfekta mit Präsensbedeutung

Die Perfektformen einzelner Verben können auf Grund der Verbbedeutung reine Präsensbedeutung besitzen, z. B.

cōgnōscere *erkennen,* Perfekt cōgnōvī: *ich kenne, ich weiß*

Manche Verben dieser Art existieren *nur* in der Perfektform, z. B. nōvisse *kennen, wissen.*

5.3 Imperfekt und Plusquamperfekt

Tabelle V 2.3

5.3.1 Das Imperfekt – Formenbildung und Verwendung

Imperfekt

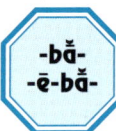

-bă-
-ē-bă-

Das Tempussignal des Imperfekts ist **-(ē)ba-**.

Es wird zwischen **Präsensstamm** und Personalendung eingeschoben:

labōrā-**ba**-t	monē-**ba**-t	audi-**ē-ba**-t	dīc-**ē-ba**-t	faci-**ē-ba**-t

esse: er-a-t (< es-a-t)

-m 1. P. Sg.

Das **Signal der 1. P. Sg.** ist im Imperfekt **-m:**

labōrābam, eram *usw.*

Die übrigen Personensignale sind die gleichen wie im Präsens (↗ CG 1.2).

Das lateinische Imperfekt hat im Deutschen keine direkte Entsprechung. Auch hier folgt die Übersetzung dem **deutschen Sprachgebrauch**, also in der Regel **Wiedergabe durch das Präteritum, gegebenenfalls auch durch das Perfekt.**

Tabelle V 2.5

5.3.2 Das Plusquamperfekt – Formenbildung und Verwendung

Plusquamperfekt

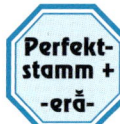

Perfektstamm +
-eră-

Das **Tempussignal** des Plusquamperfekts ist **-era**.
Es wird zwischen **Perfektstamm** und Personalendung eingeschoben; die Personalendungen sind die gleichen wie beim Imperfekt:

labōrāv-**era**-t	monu-**era**-t	audīv-**era**-t	dīx-**era**-t	fēc-**era**-t

esse: fu-**era**-t

Das Plpf. hat ebenfalls **-m** in der 1. P. Sg.: labōrāveram, fu-eram.

Der Gebrauch des Plusquamperfekts entspricht weitgehend dem Deutschen. Allerdings ist das Lateinische fast immer genauer in der Bezeichnung der Vorzeitigkeit durch die Verbform, während sich das Deutsche sehr oft auf Deutlichkeit durch den Kontext verlässt:

Sub vesperum Rōmam advēnimus. Philippus urbem iam **relīquerat**.
Gegen Abend kamen wir in Rom an. Philippus **hatte** *die Stadt schon* ***verlassen****.*

Quamquam lūdī gladiātōriī nōbīs **placuerant**, nōn applausimus.
Obwohl uns die Gladiatorenspiele ***gefielen****, haben wir nicht Beifall geklatscht.*

5.4–6.1 Cursus grammaticus — VI

5.4 Zur Funktion von Perfekt und Imperfekt

In erzählenden Texten bezeichnet das **Perfekt** die eigentlichen **Erzählschritte**, d. h. die einzelnen **Etappen des berichteten Geschehens**. Es grenzt damit eine Situation in der Vergangenheit zeitlich gegen eine vorgehende oder kommende ab. („*Was geschah dann? Und danach...?*")

Im Unterschied dazu beschreibt das **Imperfekt** den **Hintergrund** oder **Begleitumstände**, die sich außerhalb der Erzählschritte abspielen. (Im Deutschen lässt sich dieser Unterschied in manchen Fällen durch eine Umschreibung wiedergeben.)

Das **Plusquamperfekt** im Nebensatz bezeichnet die Vorzeitigkeit zum Perfekt bzw. Imperfekt (s. o.). Mit dem Plusquamperfekt im Hauptsatz liefert der Sprecher eine Information nach, die er bisher noch nicht gegeben hat oder an die er den Hörer/Leser noch einmal erinnern will.

Beispiel:

C. Plinius der Jüngere erzählt seine Erlebnisse während der Katastrophe des Vesuvausbruchs vom Jahr 79 n. Chr.:

Pompēiīs **eram** studiōrum causā. **Praecesserat** per multōs diēs iam tremor terrae – et eā nocte vehementer **ēvaluit** ... Angustam domum **relīquimus**. **Resēdimus** in āreā apertā, quae mare ā tēctīs **dīvidēbat**.

*Ich **war** studienhalber in Pompeji. **Vorausgegangen war** viele Tage hindurch bereits ein Beben der Erde – und in dieser Nacht **nahm** es an Heftigkeit zu. Wir **verließen** das enge Haus und **ließen** uns auf einem freien Platz nieder, der das Meer von den Häusern **trennte**.*

> Das Perfekt beschreibt die Stufen/Schritte einer Handlung.
>
> **Das Perfekt antwortet auf die Frage: *Und was geschah dann?***
>
> Das Imperfekt beschreibt die Begleitumstände und „Kulissen" einer Handlung.

Caput sextum

6.1 Die u-Deklination (4. Deklination)

	Singular	Plural
Nom.	frūctu-s	frūctū-s
Gen.	frūctū-s	frūctu-um
Dat.	frūctu-ī	frūcti-bus (< fructu-bus)
Akk.	frūctu-m	frūctū-s
Abl.	frūctū	frūcti-bus

frūctus, -ūs: *Ertrag, Gewinn*

Die wenigen **Neutra** wie **cornū** (*Horn; Heeresflügel*) haben im Nom./Akk. Sg. **-u**, im Plural **-ua**.

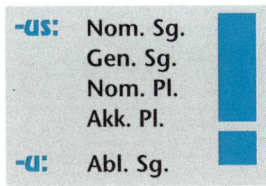

6.2 Die Pronomina is – hic – ille – iste

✘ Alle **Demonstrativpronomina** haben im **Gen. Sg.** die Endung **-īus**, im **Dat. Sg. -ī**. Sonst werden sie (Besonderheiten beachten!) nach der a-/o-Deklination dekliniert.

✘ Wie bei den Relativpronomina (↗ CG 3.1.1) wird auch bei den allein stehenden Demonstrativpronomina der Nom./Akk. Plural des Neutrums im Deutschen mit dem Singular wiedergegeben: ea/haec/illa/ista – *es/das/dies* (oder: *diese Dinge, Ereignisse* usw.).

6.2.1 Das verweisende Pronomen is, ea, id: er, der(jenige), der/dieser

Zur Bedeutung: ↗ CG 6.3.1

	Singular			Plural		
	m.	f.	n.	m.	f.	n.
Nom.	is	ea	id	eī/iī	eae	ea
Gen.		ēius		eōrum	eārum	eōrum
Dat.		eī			eīs/iīs	
Akk.	eum	eam	id	eōs	eās	ea
Abl.	eō	eā	eō		eīs/iīs	

6.2.2 Die Demonstrativpronomina hic, ille, iste

a) hic, haec, hoc: *dieser, der hier*

Zur Bedeutung: ↗ CG 6.3.2

	Singular			Plural		
	m.	f.	n.	m.	f.	n.
Nom.	hic	haec	hŏc	hī	hae	haec
Gen.	huius	huius	huius	hōrum	hārum	hōrum
Dat.	huic	huic	huic	hīs	hīs	hīs
Akk.	hunc	hanc	hŏc	hōs	hās	haec
Abl.	hōc	hāc	hōc	hīs	hīs	hīs

b) ille, illa, illud: *dieser, der dort; jener*

Zur Bedeutung: ↗ CG 6.3.2

	Singular			Plural		
	m.	f.	n.	m.	f.	n.
Nom.	ille	illa	illud	illī	illae	illa
Gen.	illīus	illīus	illīus	illōrum	illārum	illōrum
Dat.	illī	illī	illī	illīs	illīs	illīs
Akk.	illum	illam	illud	illōs	illās	illa
Abl.	illō	illā	illō	illīs	illīs	illīs

c) iste, ista, istud: *dieser da; der da; jener dort*

✘ Deklination: wie **ille**

6.3–6.3.2 Cursus grammaticus VI

6.3 Die Funktion der Demonstrativpronomina

Demonstrativpronomina werden verwendet

❶ als **Stellvertreter oder Begleiter** eines Nomens:

Ecce! Lucernae meae, **eās** accipite. Ubī est **ista amphora**?
*Da, meine Lampen, nehmt **sie**! Wo ist denn **dieser Krug**?*

❷ als **Vorverweiser oder Rückverweiser**:

Hoc ⇨ est horreum, quod petīvī.
***Das** ist der Speicher, den ich gesucht habe.*

⇦ **Eī** īnsunt multae et variae mercēs.
*In **ihm** sind viele verschiedene Waren.*

6.3.1 Das Pronomen is, ea, id

dient als Verweiswort, das auf etwas *Genanntes* verweist; es hat dabei drei Funktionen:

❶ als **Personalpronomen** der 3. Person: *er, sie, es*

Vīdī **eam**. *Ich habe **sie** gesehen.*

❷ als **Demonstrativpronomen**, das ein Nomen **aus dem Kontext** hervorhebt: (betontes) *der, die, das*; (schwaches) *dieser, diese, dieses*; *derjenige, diejenige, dasjenige*

Iī hominēs, quī in urbe vīvunt ...
***Diese/diejenigen** Menschen, die in der Stadt leben ...*

❸ in den Genitivformen **eius, eōrum/eārum** als (nicht-reflexives) **Possessivpronomen** der 3. Person: *sein, ihr*

Sibylla antīquīs temporibus vātēs fuit. **Eius** librōs Caesarēs adhūc cōnsulunt.
*Die Sibylle war eine Seherin in alter Zeit. In **ihren** Büchern suchen die Cäsaren jetzt noch Rat.*

❶ **Stellvertreter**

is	**ea**	**id**
er	sie	es
seiner	ihrer	seiner
ihm	ihr	ihm
ihn	sie	es

❷ **Hervorhebung**

is, ea, id + Nomen
dér, díe, dás (erwähnte) ...

❸ **Besitzangabe**

eius
eōrum (m./n.) } + Nomen
eārum
dessen/deren
sein(e); ihr(e)

6.3.2 Die Pronomina hic, ille und iste

① dienen (wie is, ea, id) als Verweiser im Text;
② begleiten gewissermaßen die Zeigegebärde des Sprechers:

hic, haec, hoc bezeichnet

➤ das Zeigefeld des Hier und Jetzt, d. h. die Nähe und das Umfeld des Sprechers: *dieser, diese, dieses hier*

ille, illa, illud bezeichnet

➤ das Zeigefeld des Dort und damit mehr die Distanz zum Umfeld des Sprechers: *dieser, diese, dieses dort;*
• nur in Opposition zu hic: hic/ille – *dieser/jener*

iste, ista, istud bezeichnet vor allem

➢ das Umfeld des Angesprochenen, d. h. das Gegenüber des Sprechers: *dieser, diese, dieses (da bei dir/euch)*;
• ein verstärktes is, ea, id

Diese Bedeutungsunterschiede sind für uns allerdings kaum festzustellen, außer wenn hic, ille, iste nebeneinander vorkommen.

6.4 Das Personalpronomen (Zusammenfassung)

	1. Sg.	1. Pl.	2. Sg.	2. Pl.	3. Sg. / Pl. reflexiv
Nom.	egō	nōs	tū	vōs	–
Gen.	meī	nostrī* nostrum*	tuī	vestrī** vestrum**	suī
Dat.	mihĭ	nōbīs	tibĭ	vōbīs	sibĭ
Akk.	mē	nōs	tē	vōs	sē
Abl.	mē	nōbīs	tē	vōbīs	sē

✘ Personalpronomen der 3. Person: is, ea, id ↗ CG 6.2.1 und 6.3.1.

6.5 Das Passiv

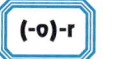

6.5.1 Die Passivformen des Präsens und Imperfekts

Personensignale:

	Singular	Plural
1. P.	-or/-r	-mur
2. P.	-ris	-minī
3. P.	-tur	-ntur

Im **Präsens** treten diese Endungen (ggf. mit den bekannten Zwischenvokalen) an den Stamm:

| vocor (< voca-or) vocā-ris vocā-tur usw. | prohibē-or prohibē-ris prohibē-tur | audī-or audī-ris audī-tur | ag-or ag-ĕ-ris ag-i-tur | capi-or capĕ-ris capi-tur |

Der **Infinitiv der Gleichzeitigkeit Passiv** lautet auf **-rī** bzw. **-ī**:

| vocā-rī ag-ī | prohibē-rī cap-ī | audī-rī |

---

* memoria nostrī – die Erinnerung **an uns**
  nemo nostrum – niemand **von uns**
** timor vestrī – die Angst **vor euch**
  quis vestrum? – wer **von euch**?

6.5.1–6.5.3 Cursus grammaticus VI

Im **Imperfekt** treten die Passiv-Personalendungen an das **Tempuszeichen** -ba-/-ēba:

vocā-**ba-r**	prohibē-**ba-r**	audi-**ē-ba-r**	ag-**ē-ba-r**	capi-**e-ba-r**
vocā-**bā-ris**	prohibē-**bā-ris**	audi-**ē-bā-ris**	ag-**ē-bā-ris**	capi-**e-bā-ris**
vocā-**bā-tur**	prohibē-**bā-tur**	audi-**ē-bā-tur**	ag-**ē-bā-tur**	capi-**e-bā-tur**
usw.				

6.5.2 Die Passivformen des Perfekts/Plusquamperfekts

Die Passivformen des Perfekts/Plusquamperfekts werden gebildet aus

a) dem **Partizip der Vorzeitigkeit**
   (Signale des PVP: -**tus**/-sus, -**ta**/-sa, -**tum**/-sum),
   angehängt an den PVP-Stamm, der oft vom Präsensstamm abweicht,
   zusammen mit

b) den **Präsens**- bzw. **Imperfektformen von esse** (wie im Deutschen):

❶ Perfekt Passiv

m.	f.	n.
vocātus sum	vocāta sum	
vocātus es	vocāta es	
vocātus est	vocāta est	vocātum est
usw.		

vocātum, -tam, -tum esse	vocātōs, -tās, -ta esse

❷ Plusquamperfekt Passiv

m.	f.	n.
vocātus eram	vocāta eram	
vocātus erās	vocāta erās	
vocātus erat	vocāta erat	vocātum erat
usw.		

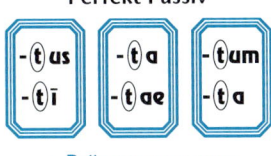

Partizip der Vorzeitigkeit (Passiv)

-t-   -s-

+ -us, -a, -um

Perfekt Passiv

+ Präsens von esse

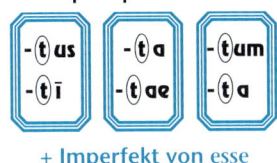

Plusquamperfekt Passiv

+ Imperfekt von esse

6.5.3 Die Bedeutungen des lateinischen Passivs

① **Passiv** (wie im Deutschen):
   abdūcor – *ich **werde** abgeführt*

② **reflexiv/intransitiv:**
   lavor – *ich wasche **mich**/bade*
   terra movētur – *die Erde bewegt **sich**/bebt*
   Lūcius terrētur – *Lucius **erschrickt***

③ **unpersönlich:**
   concurritur – ***man** läuft zusammen*
   lēge scrībitur – *im Gesetz ist/steht geschrieben*

Anm.: Anders als das Lateinische unterscheidet das Deutsche ein **Vorgangs**- und ein **Zustandspassiv:**
• *der Brief
ist geschrieben worden –
der Brief
ist geschrieben*
• *der Brief
war geschrieben worden –
der Brief war geschrieben*

6.5.4 Passiv und Sprecherintention

① Das lateinische Passiv dient – wie das deutsche – einer besonderen **Sprecherintention**: Im Passiv steht der **Vorgang** bzw. der/das **Betroffene** im Blickfeld, nicht wie im Aktiv der Urheber der Handlung. Dieser *kann* nicht (weil z. B. unbekannt) oder *braucht* nicht (weil z. B. bekannt) oder *soll* nicht genannt werden (sog. *Täterverschweigung*).
Wird der Urheber genannt (mit **ā/ab** + Abl.), liegt in manchen Fällen eine besondere Betonung vor.

> **Ablativus separativus + a/ab:**
> Person als Urheber

② Weil mit dem Passiv eine andere *Perspektive* verbunden ist als mit dem Aktiv, dient es auch dazu, in der Abfolge der Sätze eines Textes die Tonstelle zu verlagern:

Leō ingēns asinum pedibus cēpit. Asinus tum lacerātus est.
Der gewaltige Löwe packte den Esel mit seinen Pranken. Dann wurde der Esel zerfleischt.

> **Ablativus instrumentalis ohne Präposition:**
> Ding oder Mittel als Verursacher

6.6 Der Ablativ als Preisangabe

Hanc casam tibī vendō **parvō pretiō**.
*Dieses Haus verkaufe ich dir **für einen geringen Preis**.*

Der Ablativus instrumentalis bezeichnet bei Ausdrücken des Kaufens und Verkaufens den Wert bzw. den Preis (sog. *Ablativus pretii*).

Caput septimum

7.1 Der deklinierte Infinitiv (Gerundium, nd-Formen I)

Der lateinische **Infinitiv Präsens Aktiv** lässt sich mit Hilfe des Signals **-nd-** deklinieren (nach der o-Deklination):

Nom.	labōrāre	monēre	audīre	agere	capere
Gen.	labōra-**nd**-ī	mone-**nd**-ī	audi-e-**nd**-ī	ag-e-**nd**-ī	capi-e-**nd**-i
Dat.*	labōra-**nd**-ō	mone-**nd**-ō	audi-e-**nd**-ō	ag-e-**nd**-ō	capi-e-**nd**-ō
Akk.	labōra-**nd**-um**	mone-**nd**-um	audi-e-**nd**-um	ag-e-**nd**-um	capi-e-**nd**-um
	labōrāre *(als Objekt)*				
Abl.	labōra-**nd**-ō	mone-**nd**-ō	audi-e-**nd**-ō	ag-e-**nd**-ō	capi-e-**nd**-ō

* sehr selten
** nur nach Präpositionen, z. B. ad labōrandum

Deklination des Infinitivs

Das Gerundium wird durch einen **substantivierten Infinitiv**, ein **Verbalsubstantiv** oder durch einen **Infinitiv mit „zu"** bzw. einen **Gliedsatz** übersetzt:

perīcula **nāvigandī**   die Gefahren **des Segelns/der Seefahrt**
nihil **agendō**   durch **Nichtstun** (indem man nichts tut)
labōrandī causā   **um zu arbeiten**
ad sē **recreandum**   **um sich zu erholen**

7.2 e-Deklination (5. Deklination)

	Singular	Plural
Nom.	rē-s	rē-s
Gen.	rĕ-ī	rē-rum
Dat.	rĕ-ī	rē-bus
Akk.	rĕ-m	rē-s
Abl.	rē	rē-bus

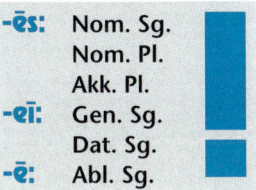

-ēs:	Nom. Sg.
	Nom. Pl.
	Akk. Pl.
-eī:	Gen. Sg.
	Dat. Sg.
-ē:	Abl. Sg.

rēs: *Gegenstand, Sache, Angelegenheit;* beachte: diēs *(der Tag)* hat in allen Kasus ein langes ē, also z. B. diēī.

7.3 Die 3. Deklination: i-Stämme

Zur 3. Deklination gehören verschiedene Wörter (z. B. turris, mare), deren Stamm auf ein i auslautet, das sich auch im Ablativ Singular sowie im Akkusativ Plural bemerkbar macht, außerdem im Genitiv Plural sowie im Nom./Akk. Pl. der Neutra (siehe Tabellenanhang).

7.4 Das Prädikativum

Ein Adjektiv kann im Lateinischen nicht nur ein Substantiv näher beschreiben (Attribut in KNG-Kongruenz), sondern gleichzeitig die vom Prädikat bezeichnete Handlung:

Aristoxenus et Gāius ad gubernātōrem accēdunt: „Dūc nōs tēcum Ōstiam, quaesumus." Annuit gubernātor; iuvenēs **laetī** nāvem ascendunt.
*Aristoxenus und Gaius wenden sich an den Steuermann: „Nimm uns, bitte, mit nach Ostia." Der Steuermann willigt ein; die jungen Männer besteigen **vergnügt** das Schiff.*

Prädikativum:
nach der *Form* wie ein adjektivisches Attribut auf ein Nomen bezogen (**KNG**-Kongruenz); *inhaltlich* wie eine adverbiale Bestimmung auf das Prädikat bezogen

Das Adjektiv laetī bestimmt in diesem Beispiel nicht nur das Substantiv iuvenēs näher (zu erkennen an der KNG-Kongruenz), sondern steht darüber hinaus auch in einem *zeitlichen und inhaltlichen Bezug zum Prädikat* ascendunt.

Man sieht, dass laetī eine eigenständige Informationseinheit bildet, einen „Satz im Satz":

Iuvenēs laetī navem ascendunt.
*Die jungen Leute besteigen das Schiff; **sie sind dabei vergnügt.***

Ein solches Satzglied mit inhaltlichem Doppelbezug auf Substantiv und Prädikat heißt **Prädikativum**.

Das prädikative Adjektiv wird übersetzt
1. wie ein Adverb („*Vergnügt besteigen sie …*")
2. oft mit der Konjunktion *als*:
   Gāius **prīmus** nāvem cōnscendit.
   *Gaius besteigt **als Erster** das Schiff.*

Auch ein Substantiv kann die Funktion eines Prädikativums haben (*Cicero über sich*):

Dēfendī rem pūblicam adulēscēns, nōn dēseram senex.
Ich habe den Staat als junger Mann verteidigt, als alter Mann werde ich ihn nicht im Stich lassen.

Das prädikative Adjektiv ist der Form nach nicht von dem attributivischen Adjektiv zu unterscheiden. Wie dieses folgt es dem Bezugswort in KNG-Kongruenz. Nur die *Bedeutung im Textzusammenhang* macht den Unterschied zwischen attributiver und prädikativer Funktion des Adjektivs deutlich.

7.5 Die Deponentien

Deponentien sind Verben, die *passivische* Konjugationsformen, aber *aktivische* oder *reflexive* Bedeutung haben. Sie kommen in allen Konjugationsgruppen vor:

admīrā-rī,	admīror	*ich bewundere*
intuē-rī,	intueor	*ich betrachte*
experī-rī,	experior	*ich erprobe*
īrāsc-ī,	īrāscor	*ich zürne*
aggred-ī,	aggredior	*ich greife an*

Da Deponentien aktivische Bedeutung haben, können sie auch durch **Objekte** ergänzt werden; *Beispiele:*

- admīrārī + Akk.:
  Admīror aedificium istud.   *Ich bewundere dieses Bauwerk.*
- sequī + Akk.:
  Sequimur gubernātōrem.   *Wir folgen dem Steuermann.*
- ūtī + Abl.:
  Ūtiminī rēmīs!   *Gebraucht die Ruder! Los, an die Ruder!*

Umgekehrt gibt es im Deutschen Verben, die trotz aktivischer Form inhaltlich passivische Vorgänge beschreiben:

Der Laden schließt. (~ wird geschlossen)
Die Kartoffeln kochen. (~ werden gekocht)
(engl.): These trousers wash easily. (~ Diese Hosen lassen sich leicht waschen.)

7.6 Der Nominativ mit Infinitiv

Vergleiche:

➢ *Der Nachbar wird beschuldigt, seine Goldfische nicht zu füttern.*
➢ *Judy is said to like hard rock.*

In beiden Beispielen haben wir **Inhaltssätze** in Form von **Infinitivsätzen** vor uns, die **von einem Verb im Passiv abhängig** sind.

7.6–8.1.1 Cursus grammaticus

Das englische Beispiel lässt sich deutsch nicht in der gleichen grammatischen Struktur wiedergeben, sondern man sagt etwa:
Von Judy wird gesagt, dass sie …/Judy soll …

Die gleiche Sprachmöglichkeit wie im Englischen gibt es auch im Lateinischen bei einer Reihe von Verben, z. B.:
Ē Pharō Alexandriae noctibus īgnēs ēmicāre dīcuntur.
*Man sagt, dass nachts vom Pharos von Alexandria her Feuer strahlen./
Nachts sollen …*

Diese Ausdrucksweise wird in der Grammatik **Nominativ mit Infinitiv** genannt, weil man sie als eine Art „Umkehrung" des AcI betrachtete.

Caput octāvum

8.1 Das prädikative Partizip (Participium coniunctum)

Du kennst aus deinem eigenen Sprachgebrauch Partizipien, die einen (sozusagen verkürzten) „Satz im Satz" bilden:

➢ *Zu Tode **getroffen** sank er zu Boden.*
 Er war zu Tode getroffen und sank zu Boden.

➢ *Bis auf die Grundmauern **niedergebrannt** machte das Anwesen einen trostlosen Eindruck.*
 Das Anwesen war bis auf die Grundmauern niedergebrannt und machte so einen trostlosen Eindruck.

8.1.1 Das Partizip der Vorzeitigkeit Passiv (PVP)* als „Satz im Satz"

a) Signal des PVP

Das PVP ist an dem Signal **-tus/-sus, -a, -um** zu erkennen, das an einen eigenen Stamm des Verbums angefügt wird (↗ CG 6.5.2).

b) Satzfunktion des PVP

Dem lateinischen PVP entspricht im Deutschen das Partizip II; dieses begegnet wie das lateinische PVP

- entweder als Adjektiv: *„das gewaschene Auto"*
- oder als Teil eines Prädikats: *„das Auto ist/wurde gewaschen"*
- oder als eigene Informationseinheit im Satz: *„Blitzblank gewaschen, stand das Auto zur Abfahrt bereit."*

In dieser letztgenannten Funktion ist das PVP im Lateinischen wesentlich häufiger als im Deutschen:

---

* Dieses Partizip wird auch oft noch Partizip Perfekt Passiv (PPP) genannt.

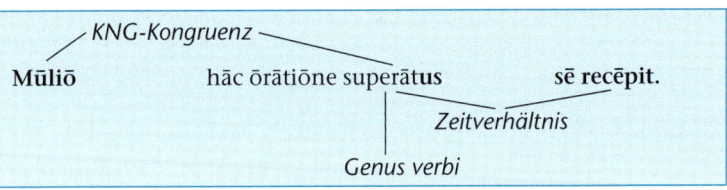

Ein – vorläufiges – Verständnis einer solchen „Partizipialkonstruktion" des Lateinischen lässt sich erreichen, wenn man das Partizip als „Satz im Satz" übersetzt:

> Der **Maultiertreiber** – (er war) *durch diese Worte* **zum Schweigen gebracht (worden)** – *zog* sich *zurück*.

Part. Vorz. Pass. (PVP):

K
N -Kongruenz
G

In dieser Funktion bezeichnet man das Partizip als **prädikatives Partizip**. Wie das prädikative Adjektiv (↗ CG 7.4) bezieht sich das prädikative Partizip einerseits auf ein Substantiv, an das es durch die KNG-Kongruenz „angebunden" ist (daher Participium „coniūnctum" – coniungere: *verbinden*); andererseits bezieht es sich gleichzeitig auch auf das Prädikat, zu dem es in einem *Zeitverhältnis* (beim PVP die *Vorzeitigkeit*) steht.

Außer dem Signal für das Zeitverhältnis enthält das Partizip auch ein Signal für das Genus verbi: Das *Partizip der Vorzeitigkeit* gibt es nur im *Passiv*.

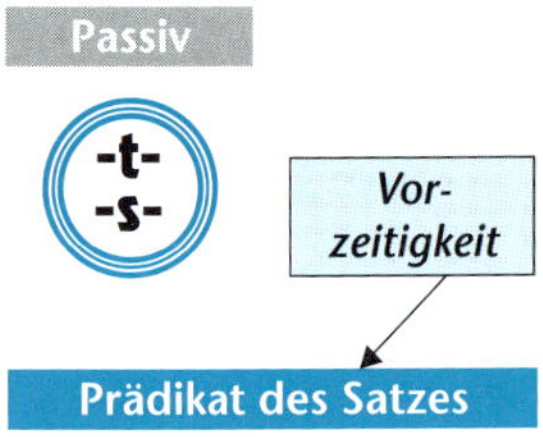

Anm.: Bei den Deponentien hat dieses Partizip allerdings *aktivische* Bedeutung: hortātus, -a: *einer/eine, der/die ermahnt hat*.

> In unserem Beispiel bezieht sich das Partizip superātus einerseits (KNG-Kongruenz) auf das Substantiv mūliō und andererseits (Signal -tus/-sus: Vorzeitigkeit + Passiv) auf das Prädikat recēpit.

c) Sinnrichtungen; Übersetzung des PVP

① Da das PVP als prädikatives Partizip grundsätzlich satzwertig ist (und eine Wiedergabe im Deutschen durch ein Partizip meist nicht der Sprachnorm entspricht), empfiehlt sich in den meisten Fällen eine Wiedergabe durch einen (unterordnenden) Gliedsatz oder einen (beiordnenden) Hauptsatz.

② Neben dem im PVP signalisierten temporalen Verhältnis besteht zwischen Partizip und Prädikat sehr oft eine **Sinnbeziehung**. Sie ist im Lateinischen nicht ausdrücklich bezeichnet, sondern nur aus dem ➡ **Kontext** zu erschließen. Im Deutschen wird diese **Sinnrichtung** hauptsächlich durch entsprechende Konjunktionen ausgedrückt:

Sinnrichtungen

K
O
N
T   kausal
E   konditional
X   konzessiv
T   modal

	Unterordnung	*Beiordnung*
1. temporal (vorzeitig)	nachdem, als	da, dann, darauf
2. kausal	weil, da	denn, nämlich, deshalb usw.
3. konzessiv	obwohl	dennoch, doch, trotzdem
4. modal	wobei	dabei

8.1.1 Cursus grammaticus — VIII

Anm.: Das PVP gibt häufig einen Vorgang wieder, der *in der Vergangenheit begann/begonnen wurde,* aber für den Zeitpunkt der Prädikatshandlung *gleichzeitig* ist (vgl. oben ↗ CG 6.5.3 die deutsche Unterscheidung zwischen *Vorgangs-* und *Zustandspassiv*).

③ Bei nicht eindeutiger und/oder für das Textverständnis belangloser Sinnrichtung lässt sich das Partizip am besten durch einen attributiven Relativsatz *("der, die, das")* oder einen Hauptsatz + *"und"* wiedergeben.

Beispiele:

1. Mūliō hāc ōrātiōne **superātus** clam sē **recēpit**.
   Nachdem der Maultiertreiber durch diese Worte zum Schweigen gebracht (worden) war, zog er sich verstohlen zurück. — Unterordnung
   Der Maultiertreiber war durch diese Worte zum Schweigen gebracht (worden). **Daraufhin** zog er sich verstohlen zurück. — Beiordnung

2. Plaustrum meum nimis **onerātum** aliquamdiū **retinēbātur**.
   Da mein Wagen zu stark beladen (worden) war, hielt man ihn eine Zeit lang fest. — Unterordnung
   Mein Wagen war zu stark beladen. **Daher** hielt man ihn eine Zeit lang fest. — Beiordnung

3. Plaustrum meum recentissimīs pōmīs **onerātum** mediō in sōle **retinēbātur**.
   Mein Wagen, der **doch** mit frischem Obst **beladen** (worden) ist, wird mitten in der Sonne festgehalten. — Relativsatz
   Obwohl mein Wagen mit frischem Obst **beladen** (worden) ist, wird er mitten in der Sonne festgehalten. — Unterordnung
   Mein Wagen ist mit frischem Obst beladen. **Trotzdem** hält man ihn in der Sonne fest. — Beiordnung

4. Gladiātōrēs ācriter inter sē **pūgnāvērunt ā** spectātōribus māgnō clāmōre **incitātī**.
   Die Gladiatoren kämpften heftig miteinander, **wobei** sie von den Zuschauern lautstark **angefeuert wurden**. — Unterordnung
   Die Gladiatoren kämpften heftig miteinander; **dabei** wurden sie von den Zuschauern lautstark angefeuert. — Beiordnung

5. Duo virī ēleganter **vestītī** tabernam **intrāvērunt**.
   Zwei Männer, [die] geschmackvoll **gekleidet** [waren], betraten das Gasthaus. — Relativsatz *bzw.* Partizip

6. Ūnus ē mūliōnibus īrā **incēnsus** vigilēs inclāmāvit.
   Einer der Maultiertreiber schrie wutentbrannt die Wachleute an. — Partizip

✗ Die **Sinnrichtungen** von Partizipien sind **nicht immer eindeutig**; oft liegt in der Mehrdeutigkeit eine Taktik des Autors zur Leserlenkung: Der Leser soll zur eigenen Deutung der Textstelle veranlasst werden.

8.2 Semideponentien

Neben den „reinen" Deponentien gibt es eine kleine Gruppe von „Halb"deponentien („Semi"deponentien): Sie haben entweder nur im Perfektstamm oder nur im Präsensstamm passive Formen mit aktiver Bedeutung.

Nur **Perfektstamm** mit passivischer Form:

Präsens	Perfekt	
gaudēre/gaudeō	gāvīsus/-a sum	*sich freuen*
audēre/audeō	ausus/-a sum	*wagen*
solēre/soleō	solitus/-a sum	*pflegen, gewohnt sein*
fīdere/fīdō	fīsus/-a sum	*vertrauen*

Nur **Präsensstamm** mit passivischer Form:

Präsens	Perfekt	
revertī/revertor	revertī	*zurückkehren*

8.3 Objekte im Genitiv

Wie im Deutschen (z. B. *wir gedachten der Opfer*) können im Lateinischen einzelne Verben als Objekt einen Genitiv haben:

Iuvenālis meminit Cordī.   *Juvenal erinnert sich an Cordus.*

Caput nōnum

9.1 Das Partizip der Gleichzeitigkeit Aktiv (PGA)*

9.1.1 Die Formen des PGA

Das lateinische Partizip der Gleichzeitigkeit Aktiv entspricht in Formenbildung und Funktion dem deutschen Partizip I *(laufend, singend)*; es wird allerdings ebenso wie das PVP (↗ CG 6.5.2; 8.1.1) wesentlich häufiger gebraucht.

-nt- Partizip der Gleichzeitigkeit (Aktiv)

➢ **Signal: -nt-** (im Nom. Sg.: **-ns** < nt-s)

➢ **Deklination:** nach der 3. Deklination

➢ ggf. Zwischenvokal -e-

Tabelle N 2.1

Beispiele:

labōrā-**ns**	monē-**ns**	audi-ē-**ns**	capi-ē-**ns**	leg-ē-**ns**
labōra-**nt**-is	mone-**nt**-is	audi-e-**nt**-is	capi-e-**nt**-is	leg-e-**nt**-is
usw.				

---

* Dieses Partizip wird auch *Partizip Präsens Aktiv (PPA)* genannt.

9.1.1–9.2 Cursus grammaticus

Die meisten **Deponentien** bilden ebenfalls ein Partizip der Gleichzeitigkeit in derselben Form wie die aktivischen Verben:
pati-ē-**ns**, pati-e-**nt**-is *usw.*

9.1.2 Das PGA im Satz

① Das PGA bringt eine Handlung zum Ausdruck, die gegenüber dem übergeordneten Verb **gleichzeitig** ist.

> Für die **Übersetzung** des PGA gelten grundsätzlich die gleichen Regeln wie beim PVP (↗ CG 8.1):
>
> a) Das **Zeitverhältnis** muss zum Ausdruck kommen.
>
> b) Die eventuell im ➡ Kontext vorliegende **Sinnrichtung** muss durch entsprechende Konjunktionen wiedergegeben werden.
>
> c) Anders als beim PVP ist das **Genus verbi** jedoch *Aktiv*.

Ōstiārius hospitēs sērō adveni**ent**ēs intrāre prohibuit.
Der Portier weigerte sich, die Gäste, die erst spät eintrafen, eintreten zu lassen.
*Die Gäste **kamen** erst spät; deswegen weigerte sich der Portier, **sie** eintreten zu lassen.*

Auch beim PGA bietet sich also beiordnende oder unterordnende Wiedergabe an.

② Wie im Deutschen wird das **PGA auch** als **Adjektiv** (d. h. attributiv) gebraucht:

oppida flōrentia   *blühende Städte*
turba clāmantium hominum   *eine Menge lärmender Menschen/*
                                    eine lärmende Menschenmenge

Das adjektivisch gebrauchte PGA hat im Abl. Sg. -ī (statt -e): in oppidō flōrent**ī**.

9.2 fierī – werden, entstehen, geschehen, gemacht werden

Präsens	Imperfekt	Perfekt	
fī-ō	fī-ēba-m		sum
fī-s	fī-ēbā-s	factus, -a, -um	es
fī-t	fī-ēba-t		est
fī-mus	fī-ēbā-mus		sumus
fī-tis	fī-ēbā-tis	factī, -ae, -a	estis
fīu-nt	fī-ēba-nt		sunt

fierī:
① „werden"
② Passiv zu facere

✗ Der **Infinitiv der Gleichzeitigkeit** ist in der Form ungewöhnlich:

fī-e-rī

Die passende deutsche Übersetzung ergibt sich aus dem **Kontext**:

Cursus grammaticus 9.2–10.1

Subitō clāmor fit. — *Plötzlich entsteht Lärm.*
Quid fit? — *Was wird daraus?*
In Indiā tigrēs fīunt. — *In Indien findet man Tiger/kommen Tiger vor.*

fīerī dient auch als Passiv von facere:
(Jemand über Götterstatuen:) Nōn enim sunt deī, quī manibus fīunt.
Das sind keine Götter, die mit Händen gemacht werden.

9.3   ipse, ipsa, ipsum – selbst

Tabelle N 3.4

Deklination: wie iste (↗ CG 6.2.1), außer Nom./Akk. Sg. n.: ipsum
Das Pronomen ipse hebt den Begriff, bei dem es steht, besonders hervor:

ille **ipse** poēta	**selbst/gerade** dieser/jener Dichter
hīs **ipsīs** mēnsibus	**genau** in diesen Monaten
Cōnsul **ipse** id vetuit.	Der Konsul **selbst/persönlich** hat es verboten.

Caput decimum

Der Ablativus absolutus (auch: Ablativ mit Prädikativum): Vorüberlegung

Aus dem Deutschen kennst du – meist formelhafte – Wendungen, in denen ein Substantiv im Genitiv mit einem Partizip verbunden ist:

klopfenden Herzens   *unverrichteter* Dinge
sehenden Auges   *wankenden* Schrittes

Diese Wendungen stellen eigene Aussagen dar: *„während ihr Herz klopfte", „obwohl er sah"* usw.

Im Lateinischen sind ähnliche Konstruktionen ganz gewöhnlich; sie stehen dort im Ablativ, dem sog. **Ablativus absolutus** (auch **Ablativ mit Prädikativum** genannt). Im Prinzip kann jeder normale Satz in dieser Form in einen anderen Satz „eingebettet" sein.

10.1   Der Ablativus absolutus als „Satz im Satz"

Der **Ablativus absolutus** besteht aus

➤ einem **Substantiv** (oder Pronomen) **im Ablativ**, das die Rolle des **Subjekts** spielt, und

➤ einem **Partizip** (seltener einem **Substantiv** oder **Adjektiv**: ↗ CG 10.3) ebenfalls **im Ablativ** in der Rolle des **Prädikats**:

Ablativus absolutus:
Nomen im Ablativ
+
prädikative Ergänzung
„satzwertig"

Amphitheātrō complētō	portae clausae sunt.
Das Amphitheater hatte sich gefüllt	*die Tore wurden geschlossen.*

10.1–10.2 Cursus grammaticus

> Der Ablativus absolutus ist wie das Participium coniunctum (↗ 8.1.1) eine **satzwertige Einheit**, ein „Satz im Satz". Im Unterschied zu diesem ist er an kein anderes Satzglied angebunden, steht also **absolut** („losgelöst").
>
> Das Nomen im Ablativ bildet das **Subjekt**, das Partizip das **Prädikat**.

Die **Funktion des Ablativus absolutus im Satz** ist die einer **adverbialen Bestimmung**.

10.2 Sinnrichtungen; Übersetzung des Ablativus absolutus

Wegen seiner Satzwertigkeit wird der lateinische Ablativus absolutus in den meisten Fällen im Deutschen als Satz wiedergegeben, meist als Gliedsatz, aber auch eine Übersetzung als Hauptsatz ist möglich.

> Wie beim Participium coniunctum muss man Folgendes beachten:
> - das **Zeitverhältnis** des Abl.-abs.-Partizips zum Prädikat des übergeordneten Satzes, d. h. **Gleichzeitigkeit beim PGA** und **Vorzeitigkeit beim PVP**;
> - das **Genus verbi**, also Aktiv beim PGA und Passiv beim PVP;
> - die **Sinnrichtung**, die sich ggf. aus dem ➠ **Kontext** ergibt.
> ✗ Zu den Sinnrichtungen ↗ CG 8.1.1c

Sinnrichtungen

kausal
konditional
konzessiv
modal

KONTEXT

Beispiele:

Amphitheātrō complētō portae clausae sunt.
Nachdem das Amphitheater gefüllt war, wurden die Tore geschlossen.
Weil das Amphitheater voll war, wurden die Tore geschlossen.

Amphitheātrō nōndum complētō portae clausae sunt.
Obwohl das Amphitheater noch nicht voll war, wurden …

Spectātōribus applaudentibus gladiātōrēs ingressī sunt.
Während die Zuschauer applaudierten, marschierten die Gladiatoren ein.
Unter dem Beifall der Zuschauer …

✗ Ein Ablativus absolutus findet sich auch in der Funktion eines **Konnektors**, besonders in formelhaften Wendungen in Verbindung mit einem relativischen Satzanschluss:

[Vorausgehender Kontext]
Quibus rēbus cognitīs ēditor lūdōs statim fīnīre cōnstituit.
Spectāculō fīnītō pars spectātōrum clāmāre et saevīre coepit.
*Als der Veranstalter **diese Situation erkannt hatte**, ließ er die Spiele sofort beenden. **Nach Beendigung des Schauspiels** fing ein Teil der Zuschauer an zu schreien und zu toben.*

10.3 Adjektiv oder Substantiv als Prädikat des Ablativus absolutus

An die Stelle des Partizips kann auch ein **Adjektiv oder Substantiv** treten (sog. **nominaler Abl. abs.**): Das Zeitverhältnis ist dann **gleichzeitig**:

Domitiānō vīvō timor cīvium permāgnus erat.
Zu Lebzeiten Domitians war die Angst unter den Bürgern sehr groß.

Domitiānō prīncipe rēs pūblica maximō in perīculō erat.
Unter dem Prinzipat Domitians war der Staat in größter Gefahr.

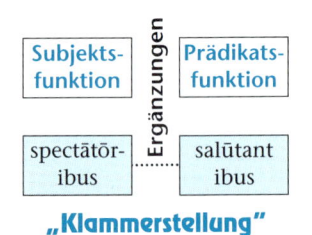

10.4 Klammerstellung

Beide Elemente des Ablativus absolutus können durch **andere Satzglieder** (Attribute, Objekte, Adverbien) **erweitert** werden. In der Regel werden diese Erweiterungen dann durch das **Substantiv im Ablativ** und das **Partizip** eingerahmt („**Klammerstellung**"):

Spectātōribus omnibus imperātōrem vōce māgnā laetissimē **salūtantibus** gladiātōrēs arēnam ingredī coepērunt.
Während alle Zuschauer den Kaiser lautstark aufs freudigste begrüßten, begannen die Gladiatoren, in die Arena einzumarschieren.

Subjekts-funktion	Ergänzungen	Prädikats-funktion
spectātōr-ibus		salūtant-ibus

„Klammerstellung"

10.5 Der Ablativus absolutus und das Participium coniunctum im Vergleich

Das **Participium coniunctum** ist an ein **Beziehungswort im Satz** (Substantiv oder Pronomen) „angebunden", das vom Verb des Satzes regiert wird:

Rētiāriō adversārium suum bene observantī tōta cāvea applausit.
Weil der Netzkämpfer seinen Gegner bestens im Auge hatte, applaudierte ihm das gesamte Publikum.

Der **Ablativus absolutus** hingegen ist eine in sich geschlossene Wortgruppe **ohne Beziehungswort** im Satz, welche aus einem **unabhängigen**, „losgelösten" Nomen und einem Prädikativum (Partizip, Substantiv oder Adjektiv) besteht:

Rētiāriō adversārium suum bene observante tōta cāvea secūtōrem sībilāvit.
Weil der Netzkämpfer seinen Gegner bestens im Auge hatte, pfiff das gesamte Publikum den Verfolger aus.

Beide Konstruktionen zwingen zur genauen Beobachtung des **Kontextes**, der allein die genaue **Sinnrichtung** (↗ CG 8.1.1) erschließen lässt.

Beide Konstruktionen dienen der **Sprachökonomie**, d. h. sie helfen dem Sprecher sich knapper auszudrücken.

Participium coniunctum:
Incolae oppid |um|
ab hostibus incēn |sum|
reliquērunt.
… die Stadt, ⟨als⟩ |sie|
…

Ablativus absolutus:
Oppid |ō| dēlē |tō|
incolae pācem fēcērunt.
⟨Als⟩ die Stadt zerstört
war …

11.1–11.1.3 Cursus grammaticus   XI

Caput ūndecimum

11.1 Die Steigerung des Adjektivs (Komparation)

11.1.1 Der Positiv (Grundstufe)

Die in der Grundform deklinierten Adjektive werden als *Positiv* bezeichnet:

Positiv: dīgnus, -a, -um   celer, -is, -e

| N 1.1b, N 1.2b |

11.1.2 Der Komparativ (Vergleichsstufe)

a) Signal:	-iŏr (m./f.)
	-ius (n.)
	dīgn**iŏr**, **-ius** celer**iŏr**, **-ius**

Nom./Akk. Ntr. Sg.   **-ior-** / **-ius**

b) **Deklination:** nach der 3. Deklination:
dīgnior, dīgnius, *Gen.* dīgniōris usw.

Tabelle N 1.6

c) Als **Adverb** dient der Akk. Sg. Neutrum auf -ius:
Positiv: dīgnē   celer**iter**
Komparativ: dīgn**ius**   celer**ius**

Adverb Komparativ: **-ius**

d) Im **Komparativ** werden zwei Personen/Dinge miteinander verglichen und deren Ungleichheit in einem bestimmten Merkmal festgestellt.

Der **Bezugspunkt** des Vergleichs wird

➤ entweder mit quam *als*
➤ oder mit dem *Ablativ (Ablativus comparationis)* bezeichnet:

Nūlla domus nōtior est   **quam** haec bibliothēca.
                          hāc bibliothēcā.
Kein Haus ist berühmter   **als diese Bibliothek**.

Komparativ
+
L   D
• **quam**   als
• **Abl. sep.**

✘ Der Ablativus comparationis (Ablativ des Vergleichs) ist in der Grundbedeutung ein **Ablativus separativus**: „**Von dieser Bibliothek her gesehen** (im Vergleich zu dieser Bibliothek) ist kein Haus berühmter."

„Ablativus comparationis"

11.1.3 Der Superlativ (Höchststufe)

a) Signal:	**-issimus,** -a, -um	dīgnissimus, -a, -um
bei Adjektiven auf -er:	**-rimus,** -a, -um	celerrimus, -a, -um
einige Adjektive auf -ilis:	**-limus,** -a, -um	facillimus, -a, -um

-is-simus
-rimus
-limus

b) **Deklination:** nach der o-/a-Deklination

c) **Adverbbildung** wie bei den meisten Adjektiven der o-/a-Deklination auf **-ē**:

dīgnissimē *aufs würdigste*   celerrimē *am schnellsten*
facillimē *am leichtesten*

d) Im **Superlativ** werden mindestens drei Personen/Dinge miteinander verglichen, von denen einem der höchste Grad eines Merkmals zukommt.

Eine Superlativform ohne ausdrückliche Nennung des Vergleichspunktes („absoluter Superlativ") bezeichnet einen sehr hohen Grad eines Merkmals; bei dieser Verwendungsweise spricht man auch vom **Elativ**. Der Elativ wird mit „sehr", „überaus", „außerordentlich" oder mit einem zusammengesetzten Adjektiv wiedergegeben:

mercātor dīvitissimus   *ein sehr reicher/steinreicher Kaufmann*

✘ Elativformen werden auch durch die Vorsilben per- oder prae- gebildet:

mercātor perdīves   *ein sehr reicher Kaufmann*
poēta praeclārus   *ein hochberühmter Dichter*

11.1.4 Steigerungsformen aus verschiedenen Stämmen

Wie im Deutschen (oder auch Englischen) gibt es auch im Lateinischen Steigerungsformen, die durch Veränderung des Stammes oder durch ganz verschiedene Stämme gebildet werden:

Positiv	*Komparativ*	*Superlativ/Elativ*
bonus, -a, -um	melior, melius	optimus, -a, -um
gut	*besser*	*(der / am) beste(n)*
multī, -ae, -a	plūrēs, plūra	plūrimī, -ae, -a
viele	*mehr(ere)*	*(die) meisten*

Wörter wie diese werden in vielen Sprachen „unregelmäßig" gesteigert.

11.2 Der Genitiv als Prädikatsnomen bei esse

Der Genitiv kann auch zusammen mit einer Form von esse das Prädikat bilden; er nimmt dann die Position des Prädikatsnomens ein. Auch in diesem Fall bezeichnet er einen „Bereich", z. B. einen Aufgaben„bereich":

Labōrāre **est servōrum**.   *Arbeiten **ist Aufgabe von Sklaven**.*

Anm.: Vgl. dt.: *Das ist meines Amtes.*

Oder er bezeichnet als Genitiv der Eigenschaft (Genitivus qualitatis, ↗ CG 3.3.2) einen „Eigenschaftsbereich":

Illī equitēs sunt māgnae audāciae.
Diese Reiter dort sind „von großer Verwegenheit", sind ganz schön verwegen.

Caput duodecimum

12.1 Das Futur

12.1.1 Die Formen des Futurs

Tempussignale: a-/e-Konjugation: **-b-**
i-/kons./gemischte Konjugation: **-e-** / 1. P. Sg. **-a-**

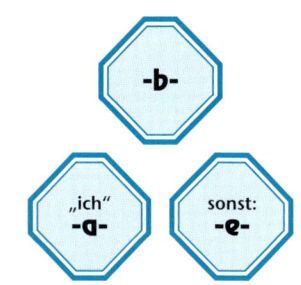

Signale: **-b-** ; „ich" **-a-** ; sonst: **-e-**

Aktiv						esse
1. P. Sg.	laudā**b**ō	monē**b**ō	audi**a**m	dīc**a**m	capi**a**m	erō
2.	laudā**b**is	monē**b**is	audi**ē**s	dīc**ē**s	capi**ē**s	eris
3.	laudā**b**it	monē**b**it	audi**e**t	dīc**e**t	capi**e**t	erit
1. P. Pl.	laudā**b**imus	monē**b**imus	audi**ē**mus	dīc**ē**mus	capi**ē**mus	erimus
2.	laudā**b**itis	monē**b**itis	audi**ē**tis	dīc**ē**tis	capi**ē**tis	eritis
3.	laudā**b**unt	monē**b**unt	audi**e**nt	dīc**e**nt	capi**e**nt	erunt
Infinitiv	laudātūrum, -am, -um (-ōs, -ās, -a) esse	monitūrum, -am, -um (-ōs, -ās, -a) esse	audītūrum, -am, -um (-ōs, -ās, -a) esse	dictūrum, -am, -um (-ōs, -ās, -a) esse	captūrum, -am, -um (-ōs, -ās, -a) esse	fŏre; futūrum, -am, -um esse (usw.)

Passiv					
1. P. Sg.	laudā**b**or	monē**b**or	audi**a**r	dīc**a**r	capi**a**r
2.	laudā**b**eris	monē**b**eris	audi**ē**ris	dīc**ē**ris	capi**ē**ris
3.	laudā**b**itur	monē**b**itur	audi**ē**tur	dīc**ē**tur	capi**ē**tur
1. P. Pl.	laudā**b**imur	monē**b**imur	audi**ē**mur	dīc**ē**mur	capi**ē**mur
2.	laudā**b**iminī	monē**b**iminī	audi**ē**minī	dīc**ē**minī	capi**ē**minī
3.	laudā**b**untur	monē**b**untur	audi**e**ntur	dīc**e**ntur	capi**e**ntur

12.1.2 Das Futur im Lateinischen und im Deutschen

Wenn eine Handlung *nachzeitig* ist, verwendet das Lateinische fast immer die Futurform des Verbs:

Venī mēcum, volūmina Phaedrī pulcherrima tibī mōnstrābō!
Komm mit, ich werde dir prächtige Phädrus-Bände zeigen!

Wie die Übersetzung zeigt, kann das lateinische Futur auch im Deutschen als Futur wiedergegeben werden. Wenn sich jedoch das Zeitverhältnis Nachzeitigkeit aus dem *Kontext* (z. B. durch Zeitadverbien oder andere Zeitangaben) klar ergibt, verwenden wir nach deutschem Sprachgebrauch in der Regel das Präsens:

Crās diēs **veniet**, quō prīncipem Hadriānum **vidēbis**.
*Morgen **kommt** der Tag, an dem du den Kaiser Hadrian **siehst**.*

✗ In der **1. P. Sg./Pl.** drückt das Futur oft eine Absicht aus:

Montēs altissimōs ascendēmus.
*Die höchsten Berge **wollen wir** besteigen.*

Im Deutschen wird das Futur häufig zum Ausdruck von Vermutungen verwendet:
„Markus fehlt: Er **wird** (wohl) krank sein."

12.2 Das Perfektfutur (Futur II)

12.2.1 Die Formen des Perfektfuturs

„ich" **-er-ō**   sonst: **-eri-**

Tempussignale: **Aktiv:** Perfektstamm + -eri- / 1. Pers. Sg. -er-ō
Passiv: Partizip der Vorzeitigkeit auf -tus/-sus + Futurformen von esse

Aktiv						esse
1. P. Sg.	laudāv-erō	monu-erō	audīv-erō	dīx-erō	fēc-erō	fu-erō
2.	laudāv-eris	monu-eris	audīv-eris	dīx-eris	fēc-eris	fu-eris
3.	laudāv-erit	monu-erit	audīv-erit	dīx-erit	fēc-erit	fu-erit
1. P. Pl.	laudāv-erimus	monu-erimus	audīv-erimus	dīx-erimus	fēc-erimus	fu-erimus
2.	laudāv-eritis	monu-eritis	audīv-eritis	dīx-eritis	fēc-eritis	fu-eritis
3.	laudāv-erint	monu-erint	audīv-erint	dīx-erint	fēc-erint	fu-erint

Passiv:
-tus/-sus
+ erō usw.

Passiv		
1. P. Sg.	laudātus/-a	erō
2.	laudātus/-a	eris
3.	laudātus/-a/-um	erit
1. P. Pl.	laudātī/-ae	erimus
2.	laudātī/-ae	eritis
3.	laudātī/-ae/-a	erunt

12.2.2 Die Bedeutung des Perfektfuturs (Futur II)

Das Perfektfutur bezeichnet innerhalb des Zeitfeldes Nachzeitigkeit die Vorzeitigkeit gegenüber einer Handlung im Futur. Im Deutschen wird es mit Perfekt oder Präsens wiedergegeben:

Cum prīnceps **sacrificāverit**, statim in prōvinciam Asiam **proficīscētur**.
*Wenn der Kaiser **geopfert hat**, **reist** er sofort in die Provinz Asia.*

Ubī nova **cōgnōverō**, tibī **scrībam**.
*Sobald ich Neues **erfahre**, **schreibe** ich dir.*

Das deutsche Perfektfutur bezeichnet entweder ein erwartetes Geschehen, das in der Zukunft abgeschlossen sein wird („In hundert Jahren werden viele Tierarten ausgestorben sein") oder – häufiger – eine Vermutung („Du wirst dein Geld verloren haben, wenn es nicht in deiner Tasche ist.").

12.3 Das Partizip der Nachzeitigkeit Aktiv (PNA)*

12.3.1 Formenbildung

Signal: -tūr-/-sūr-
Bildung: Stamm des PVP + **-ūr-** + Genusendungen -us/-a/-um
esse: Perfektstamm fu- + -tūr + -us/-a/-um

Beispiele:	laudā-**tūr**-us, -a, -um	moni-**tūr**-us, -a, -um
	mis-**sūr**-us, -a, -um	īnspec-**tūr**-us, -a, -um
	mori-**tūr**-us, -a, -um	fu-**tūr**-us, -a, -um

-tūr-
-sūr-

Tabelle
N 2.3

12.3.2 Der Gebrauch des PNA

❶ Das Partizip der Nachzeitigkeit begegnet hauptsächlich **zusammen mit esse** als **Infinitiv der Nachzeitigkeit**:

Form: PNA im Akk. + esse
Beispiel: Sg.: laudātūrum/-am/-um esse
Pl.: laudātūrōs/-ās/-a esse
esse: futūrum/-am/-um *(usw.)* esse oder **fore**

Der so gebildete Infinitiv der Nachzeitigkeit kommt fast nur im AcI vor:

Putō nōs duōs mēnsēs per prōvinciam **profectūrōs** (esse).
Ich glaube, dass wir zwei Monate durch die Provinz reisen (werden).

✘ esse wird jedoch sehr oft fortgelassen:

Mē crās tē **vīsūrum** spērō.
Ich hoffe dich morgen zu sehen.

❷ Gebrauch als Partizip (seltener)

Da das Deutsche kein Partizip der Nachzeitigkeit kennt, wählt man je nach Kontext Umschreibungen, die den *bevorstehenden oder beabsichtigten Beginn einer Handlung* ausdrücken:

a) Beginn einer Handlung:

Mediā nocte **dormitūrus** clāmōre quōdam excitor.
*Um Mitternacht – **ich will gerade einschlafen/bin gerade dabei einzuschlafen** – werde ich durch ein Geschrei aufgeweckt.*

vgl. engl.: *I am going to fall asleep*

Litterās **scrīptūrus eram**, cum nūntius domum intrāvit.
Ich war gerade im Begriff, einen Brief **zu schreiben**, als ein Bote das Haus betrat.

I was going to write a letter

b) Ausdruck einer Absicht *(finale Sinnrichtung)*

Prīnceps proficīscitur Asiam prōvinciam **īnspectūrus**.
*Der Kaiser bricht auf, **um** die Provinz Asia **zu inspizieren**.*

final:
Angabe eines **Ziels** bzw. einer **Absicht**

---
*Dieses Partizip wird auch Partizip Futur Aktiv (PFA) genannt.

12.4 Der Modus des Verbs

12.4.1 Modus und Redeabsicht

„Redeabsicht"

Die Verbform, die ein Sprecher wählt, drückt außer dem Tempus stets auch eine **Redeabsicht** aus. Dieses Merkmal einer Verbform nennt man **Modus**:

„Modus":
Verbsignal
für eine bestimmte
Redeabsicht

1. Der **Indikativ**, der *kein* eigenes Modussignal aufweist, drückt aus, dass der Sprecher seine Äußerung als wirklich verstanden wissen will.

2. Im **Imperativ** fordert der Sprecher sein Gegenüber auf etwas zu tun oder zu lassen.

Indikativ:
Modus
der
Wirklichkeit

3. Der **Konjunktiv** dient im Deutschen und Lateinischen teils gleichen, teils sehr unterschiedlichen Redeabsichten. Sie lassen sich im Lateinischen weitgehend nur aus dem Kontext erschließen.

12.4.2 Der Konjunktiv im Lateinischen

Zum Ausdruck einer bestimmten **Redeabsicht** bedient sich das Lateinische wesentlich häufiger des Konjunktivs als das Deutsche, das statt dessen vorwiegend **Modalverben** (*sollen, können, mögen* etc.) oder **Indikatoren** (*bitte, lasst uns, hoffentlich, vielleicht* etc.) verwendet.

Der lateinische Konjunktiv hat dabei verschiedene Aufgaben. Wichtig ist die Unterscheidung zwischen dem Gebrauch im **Hauptsatz** und dem Gebrauch im **Gliedsatz**.

Außerdem unterscheiden sich die Konjunktive hinsichtlich des **Zeitverhältnisses zum Sprechzeitpunkt**, das sie zum Ausdruck bringen.

12.5 Die Formen des Konjunktivs

Tabelle V 4.1

12.5.1 Die Formen des Konjunktivs der Gleichzeitigkeit I (Gz I)*

Modussignale:

a-Konjugation:	-e- (der auslautende Stammvokal -a fällt weg)
e-/i-/gem./kons. Konjugation:	-a-
esse und velle:	-i-

Konjunktiv **Gz I**

-a-

-e- (a-Konjugation)

esse, velle: **-i-**

Die vom Präsensstamm mit den genannten Signalen gebildeten Konjunktivformen bezeichnen hinsichtlich des Zeitverhältnisses zum Sprechzeitpunkt die **Gleichzeitigkeit**. Dieser Konjunktiv wird daher als **Konjunktiv der Gleichzeitigkeit I (Gz I)** bezeichnet (Konjunktiv **Gz II** ↗ CG 13.1).

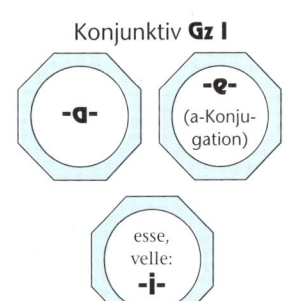

* In anderen Grammatiken wird dieser Konjunktiv als Konjunktiv Präsens bezeichnet.

12.5.1–12.5.2 Cursus grammaticus — XII

Aktiv					
1. P. Sg.	laud-**e**-m	mone-**a**-m	audi-**a**-m	dīc-**a**-m	capi-**a**-m
2.	laud-**ē**-s	mone-**ā**-s	audi-**ā**-s	dīc-**ā**-s	capi-**ā**-s
3.	laud-**e**-t	mone-**a**-t	audi-**a**-t	dīc-**a**-t	capi-**a**-t
1. P. Pl.	laud-**ē**-mus	mone-**ā**-mus	audi-**ā**-mus	dīc-**ā**-mus	capi-**ā**-mus
2.	laud-**ē**-tis	mone-**ā**-tis	audi-**ā**-tis	dīc-**ā**-tis	capi-**ā**-tis
3.	laud-**e**-nt	mone-**a**-nt	audi-**a**-nt	dīc-**a**-nt	capi-**a**-nt

Passiv					
1. P. Sg.	laud-**e**-r	mone-**a**-r	audi-**a**-r	dīc-**a**-r	capi-**a**-r
2.	laud-**ē**-ris	mone-**ā**-ris	audi-**ā**-ris	dīc-**ā**-ris	capi-**ā**-ris
3.	laud-**ē**-tur	mone-**ā**-tur	audi-**ā**-tur	dīc-**ā**-tur	capi-**ā**-tur
1. P. Pl.	laud-**ē**-mur	mone-**ā**-mur	audi-**ā**-mur	dīc-**ā**-mur	capi-**ā**-mur
2.	laud-**ē**-minī	mone-**ā**-minī	audi-**ā**-minī	dīc-**ā**-minī	capi-**ā**-minī
3.	laud-**e**-ntur	mone-**a**-ntur	audi-**a**-ntur	dīc-**a**-ntur	capi-**a**-ntur

esse, velle:

s-**i**-m	s-**ī**-s	s-**i**-t	s-**ī**-mus	s-**ī**-tis	s-**i**-nt
vel-**i**-m	vel-**ī**-s	vel-**i**-t	vel-**ī**-mus	vel-**ī**-tis	vel-**i**-nt

12.5.2 Die Formen des Konjunktivs der Vorzeitigkeit I (Vz I)*

Modussignale: Aktiv: Perfektstamm + -eri-
Passiv: PVP + **sim** usw.

Aktiv: **-er-i-**

Aktiv					
1. P. Sg.	laudāv-**eri**-m	monu-**eri**-m	audīv-**eri**-m	dīx-**eri**-m	cēp-**eri**-m
2.	laudāv-**eri**-s	monu-**eri**-s	audīv-**eri**-s	dīx-**eri**-s	cēp-**eri**-s
3.	laudāv-**eri**-t	monu-**eri**-t	audīv-**eri**-t	dīx-**eri**-t	cēp-**eri**-t
1. P. Pl.	laudāv-**eri**-mus	monu-**eri**-mus	audīv-**eri**-mus	dīx-**eri**-mus	cēp-**eri**-mus
2.	laudāv-**eri**-tis	monu-**eri**-tis	audīv-**eri**-tis	dīx-**eri**-tis	cēp-**eri**-tis
3.	laudāv-**eri**-nt	monu-**eri**-nt	audīv-**eri**-nt	dīx-**eri**-nt	cēp-**eri**-nt

Passiv		
1. P. Sg.	laudātus/-a	sim
2.	laudātus/-a	sīs
3.	laudātus/-a/-um	sit
1. P. Pl.	laudātī/-ae	sīmus
2.	laudātī/-ae	sītis
3.	laudātī/-ae/-a	sint

Passiv:
-tus, -a, -um
+
sim usw.

---

* Dieser Konjunktiv wird auch als *Konjunktiv Perfekt* bezeichnet.

12.5.3 Der Konjunktiv im Hauptsatz (1): Konjunktiv Gz I

Coniunctīvus optatīvus
(optāre: wünschen)

a) Wollen und Wünschen: Coniunctivus optativus

Die Redeabsicht **Wille und Wunsch** wird im Deutschen fast immer mit dem **Indikativ** und – je nach Kontext – mit einer Reihe von **Indikatoren** wie *bitte/hoffentlich/gerne – sollen/wollen/mögen – lass(t)!* oder einfach mit dem **Imperativ** wiedergegeben:

Indikatoren im Deutschen:

sollen/bitte bitte/doch/ möge (…)/hoffentlich

Circumdūc**a**m tē.	Ich **möchte** dich/**lass** mich dich umherführen.
E**ā**mus!	**Gehen wir!**/**Lasst** uns gehen!/Wir **sollten** gehen!
Solv**ā**s aenigma, rogō!	**Löse, bitte,** das Rätsel!/Ich **möchte gerne,** dass du das Rätsel löst.
Vīv**at**, crēsc**at**, flōre**at**.	Er/sie/es **möge** leben, wachsen und gedeihen!

Anm.: Auch das Deutsche kennt den Gebrauch des Konjunktivs (Konjunktiv I) zum Ausdruck von Aufforderung und Wunsch, allerdings seltener und meist formelhaft: *Sie lebe hoch! Man nehme täglich …! Seien Sie bitte so gut!*

Die Verneinung des Coniunctivus optativus erfolgt durch **nē**:
Nē fīlius noster moriātur! **Hoffentlich** stirbt unser Sohn **nicht**!

Anstelle des Konjunktivs Gz I findet sich bei der **verneinten Aufforderung** sehr häufig der **Konjunktiv Vz I**, der in dieser Funktion auch Coniunctivus prohibitivus: Konjunktiv des Verbots genannt wird:

Coniunctīvus prohibitīvus

Pergās mihī scrībere **nec** meās litterās exspectā**veris**!	
Schreib mir bitte nur weiter und warte nicht auf einen Brief von mir (= bis ein Brief von mir angekommen ist)!	
Nē necā**veris**!	*Du sollst nicht töten!/Töte nicht!*
Tū **nē** quaesi**eris**!	*Frag du nicht!*

Anm. I: Im Hauptsatz kommt der Konjunktiv der Vorzeitigkeit I nur in bestimmten Wendungen wie diesen vor. Entgegen seiner Bezeichnung hat er im Hauptsatz keine Vergangenheitsbedeutung, sondern ist *zeitstufenlos*. Meist wird dieser Konjunktiv in Gliedsätzen (↗ CG 13.2; 14) benutzt, wo er *stets die Vorzeitigkeit* bezeichnet.

Anm. II: Alternativ zum Coniunctivus prohibitivus lässt sich ein Verbot auch mit dem Imperativ von nōlle + Infinitiv umschreiben:

Nōlī necāre!	*Du sollst/darfst nicht töten!*
Nōlīte mē tangere!	*Rührt mich nicht an!*

Coniunctīvus potentiālis

b) Offen gelassene Möglichkeit: Coniunctivus potentialis

Indikatoren im Deutschen:

möglicherweise/vielleicht/ vermutlich/wohl/könnte/ würde

Mit dem Konjunktiv kann der Sprecher im Lateinischen auch signalisieren, dass er die Verwirklichung des Gesagten für ungewiss, aber möglich hält. Dieser „Coniunctivus potentialis" (Konjunktiv der „Möglichkeit") wird mit dem Indikativ und geeigneten Indikatorwörtern *(„möglicherweise, vielleicht, vermutlich, wohl, könnte, würde")* übersetzt:

12.5.3–13.1.1 Cursus grammaticus

Rīdeam hāc superstitiōne – sed mē miseret huius fēminae miserae.
Ich könnte/würde ja vielleicht über diesen Aberglauben lachen, aber ich habe Mitleid mit dieser armen Frau.

Veniat aliquis et dīcat ...
Es könnte jemand kommen und sagen ...

Öfter begegnet auch dieser Konjunktiv in formelhaften Wendungen:
Dīcat/Dīxerit aliquis ...   *Es könnte/Vermutlich wird jemand sagen.*

Anm.: Auch hier findet sich manchmal also der Konjunktiv Vz I in zeitstufenloser Bedeutung (s. o.).

↗ CG 15.2:
Coniunctivus dubitativus

Caput tertium decimum

13.1 Der Konjunktiv der Gleichzeitigkeit II (Gz II) und der Konjunktiv der Vorzeitigkeit II (Vz II)

Der Konjunktiv Gz II (auch Konjunktiv Imperfekt genannt) und der Konjunktiv Vz II (auch Konjunktiv Plusquamperfekt genannt) drücken zwei verschiedene **Zeitverhältnisse zum Sprechzeitpunkt** aus:

➢ Konjunktiv Gz II: *Gleichzeitigkeit*
➢ Konjunktiv Vz II: *Vorzeitigkeit*

Die **Redeabsicht**, die mit dem Gebrauch dieser Konjunktive verbunden ist, ist eine andere als die des Konjunktivs Gz I (↗ CG 12.6.3).

13.1.1 Die Formen des Konjunktivs der Gleichzeitigkeit II (Gz II)

Konjunktiv **Gz II**

-rē-
(-e-rē-)

Modussignal:	a-/e-/i-Konjugation:	**-re-** (aus *-se-)
	kons./gem. Konjugation:	**-e-re-**
	esse:	**-se-**
	velle:	**-le-** (aus *-se-)

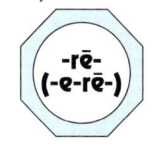

Aktiv					
1. P. Sg.	laudā-**re**-m	monē-**re**-m	audī-**re**-m	dīc-**ere**-m	cap-**ere**-m
2.	laudā-**rē**-s	monē-**rē**-s	audī-**rē**-s	dīc-**erē**-s	cap-**erē**-s
3.	laudā-**re**-t	monē-**re**-t	audī-**re**-t	dīc-**ere**-t	cap-**ere**-t
1. P. Pl.	laudā-**rē**-mus	monē-**rē**-mus	audī-**rē**-mus	dīc-**erē**-mus	cap-**erē**-mus
2.	laudā-**rē**-tis	monē-**rē**-tis	audī-**rē**-tis	dīc-**erē**-tis	cap-**erē**-tis
3.	laudā-**re**-nt	monē-**re**-nt	audī-**re**-nt	dīc-**ere**-nt	cap-**ere**-nt

Passiv					
1. P. Sg.	laudā-**re**-r	monē-**re**-r	audī-**re**-r	dīc-**ere**-r	cap-**ere**-r
2.	laudā-**rē**-ris	monē-**rē**-ris	audī-**rē**-ris	dīc-**erē**-ris	cap-**erē**-ris
3.	laudā-**rē**-tur	monē-**rē**-tur	audī-**rē**-tur	dīc-**erē**-tur	cap-**erē**-tur
1. P. Pl.	laudā-**rē**-mur	monē-**rē**-mur	audī-**rē**-mur	dīc-**erē**-mur	cap-**erē**-mur
2.	laudā-**rē**-minī	monē-**rē**-minī	audī-**rē**-minī	dīc-**erē**-minī	cap-**erē**-minī
3.	laudā-**re**-ntur	monē-**re**-ntur	audī-**re**-ntur	dīc-**ere**-ntur	cap-**ere**-ntur

XIII Cursus grammaticus 13.1.1–13.1.3

es-se-m
es-sē-s   **-se-**
...

esse, velle

es-**se**-m	es-**sē**-s	es-**se**-t	es-**sē**-mus	es-**sē**-tis	es-**se**-nt
vel-**le**-m	vel-**lē**-s	vel-**le**-t	vel-**lē**-mus	vel-**lē**-tis	vel-**le**-nt

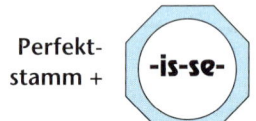

Perfekt-
stamm +   **-is-se-**

13.1.2 Die Formen des Konjunktivs der Vorzeitigkeit II (Vz II)

Aktiv: Perfektstamm + **is-se** + Personalendung
Passiv: PVP + **essem** *usw.* (Imperfekt von esse)

Aktiv					
1. P. Sg.	laudāv-**isse**-m	monu-**isse**-m	audīv-**isse**-m	dīx-**isse**-m	cēp-**isse**-m
2.	laudāv-**issē**-s	monu-**issē**-s	audīv-**issē**-s	dīx-**issē**-s	cēp-**issē**-s
3.	laudāv-**isse**-t	monu-**isse**-t	audīv-**isse**-t	dīx-**isse**-t	cēp-**isse**-t
1. P. Pl.	laudāv-**issē**-mus	monu-**issē**-mus	audīv-**issē**-mus	dīx-**issē**-mus	cēp-**issē**-mus
2.	laudāv-**issē**-tis	monu-**issē**-tis	audīv-**issē**-tis	dīx-**issē**-tis	cēp-**issē**-tis
3.	laudāv-**isse**-nt	monu-**isse**-nt	audīv-**isse**-nt	dīx-**isse**-nt	cēp-**isse**-nt

esse, velle

fu-**isse**-m	fu-**issē**-s	fu-**isse**-t	fu-**issē**-mus	fu-**issē**-tis	fu-**isse**-nt
volu-**isse**-m	volu-**issē**-s	volu-**isse**-t	volu-**issē**-mus	volu-**issē**-tis	volu-**isse**-nt

Passiv		
1. P. Sg.		essem
2.	laudātus/-a/-um	essēs
3.		esset
1. P. Pl.		essēmus
2.	laudātī/-ae/-a	essētis
3.		essent

13.1.3 Der Konjunktiv im Hauptsatz (2): Konjunktiv Gz II/Vz II

a) Ausdruck eines Gedankenspiels: Irrealis (Hypotheticus)

wenn doch!

① Nōnnumquam mēcum loquor: Utinam Caesar adhūc vīveret et hīc adesset!
Manchmal rede ich mit mir: Wenn doch Cäsar noch lebte und hier wäre!

② Cīvēs querēbantur: Rēs pūblica nē umquam in tantum discrīmen incidisset!
Die Bürger klagten: Wäre der Staat doch nie in eine solche Krise geraten!

> In beiden Beispielsätzen drückt der Konjunktiv ein **Gedankenspiel** aus, in diesem Fall handelt es sich um **(scheinbare) Wünsche**: Da die *Tatsachen* die Wünsche *irreal* machen (Caesar *ist* tot; der Staat *ist* in der Krise) wird dieser Konjunktivgebrauch als **Irrealis** bezeichnet.

13.1.3 Cursus grammaticus

In anderen Fällen könnte das Gesagte durchaus eintreten, doch der Sprecher *rechnet nicht damit, dass es eintritt*:
Utinam tacērēs!   *O wenn du doch schwiegest!*

In diesem Fall kann man das Gedankenspiel als *hypothetisch* bezeichnen (**Hypotheticus**).

b) Konditionale Satzgefüge (Bedingungs-Satzgefüge)

① Sī Caesar rēs futūrās **vīdisset**, bellum crūdēle in patriam suam nōn **tulisset**.
Wenn Caesar die Zukunft gesehen **hätte**, **hätte** er den grausamen Bürgerkrieg nicht in sein Vaterland **gebracht**.

wenn ...

... dann ...

Die Konjunktion sī in dem Beispielsatz leitet einen Konditionalsatz (Bedingungssatz) ein: Durch die Wahl des Konjunktivs Vz II signalisiert der Sprecher (wie oben unter Punkt a) die Redeabsicht „bloß vorgestelltes (hier: irreales) Gedankenspiel", das auf die Vergangenheit bezogen ist.

② Sī Caesar rēs futūrās **vidēret**, bellum crūdēle in patriam suam nōn **ferret**.
Wenn Caesar die Zukunft **sähe**, **würde** er den grausamen Bürgerkrieg nicht in sein Vaterland **bringen**.

Der Sprecher von Satz ② bezieht sein (hier: hypothetisches) Gedankenspiel diesmal auf die Gegenwart (Konjunktiv Gz II).

> Der lateinische Konjunktiv Gz II/Vz II in Hauptsätzen und konditionalen Satzgefügen ist grundsätzlich sprachgleich mit dem deutschen Konjunktiv II, der ebenfalls zur Kennzeichnung von nur Vorgestelltem dient:
>
> „**Wären** wir Menschen doch unsterblich!"
> „**Hätte** ich meiner Tochter nur geglaubt, dann **ginge** es mir jetzt besser!"

Außer dem irrealen (hypothetischen) Konditionalsatz gibt es im Lateinischen noch zwei weitere Typen konditionaler Gliedsätze:

❶ „Realis": Modus Indikativ
Sī tacēre **potes**, sēcrētum quoddam tibī **patefaciam**.
Wenn du schweigen **kannst**, **werde/will** ich dir ein Geheimnis verraten.

Der Sprachgebrauch im Lateinischen entspricht dem deutschen.

❷ „Potentialis": Modus Konjunktiv Gz I
Sī sēcrētum nostrum **prōdās**, tālia tibī nōn iam mandāre **possim**.
Solltest du unser Geheimnis verraten, kann ich dir **wohl** so etwas nicht mehr anvertrauen.

Der deutsche Sprachgebrauch unterscheidet kaum zwischen dem potentialen und dem irrealen (hypothetischen) Konditionalsatz, während das Lateinische durch die **Wahl des Konjunktivs Gz I** die **Redeabsicht Möglichkeit** signalisiert. Durch geeignete **Indikatoren** wie *möglicherweise, wohl, vielleicht, vermutlich* + **Indikativ** lässt sich auch im Deutschen diese Redeabsicht von der hypothetisch-irrealen deutlicher unterscheiden.

13.2 Der Konjunktiv im Gliedsatz (1)

13.2.1 Der abhängige Wunschsatz

a) Wie im Hauptsatz (↗ CG 12.6.3) dient der Konjunktiv auch im lateinischen Gliedsatz u. a. zum **Ausdruck des Sollens, Wollens und Wünschens**.

Im Deutschen gehören diese abhängigen Wunschsätze zu den **Inhaltssätzen** („dass"-Sätze, CG 2.1: Übersetzung des AcI), da sie den *Inhalt* eines Wunsches oder einer Forderung (entweder als Objekt oder als Subjekt) ausdrücken:

*Ich wünsche, **dass** du mich besuchst.* **(Objekt)**
***Dass** ihr den Kampf aufgebt, ist und bleibt unsere Forderung.* **(Subjekt)**

b) Abhängige Wunschsätze werden von **Verben des Wünschens/ Wollens/Sollens** im Hauptsatz ausgelöst wie z. B. rogāre – *bitten*, optāre – *wünschen*, monēre – *mahnen* usw. Im Lateinischen stehen die abhängigen Wunschsätze wie die unabhängigen (↗ CG 12.6.3) im Konjunktiv, im Deutschen dagegen in der Regel im Indikativ:

ut	**dass**
nē	**dass nicht**

Rogō tē, ut veniās. — Ich bitte dich, dass du kommst (zu kommen).
Monuī vōs, ut venīrētis. — Ich habe euch gemahnt, dass ihr kommt (zu kommen).

Die **Negation** ist **nē**:

Optō, **nē** umquam bella interna revertantur.
*Mein Wunsch ist, **dass** die Bürgerkriege **niemals** wiederkehren.*

Ducēs bellī ā senātū monitī sunt, **nē** cīvēs contrā cīvēs incitārent.
*Die Kriegsführer wurden vom Senat **ermahnt** nicht Bürger gegen Bürger **aufzustacheln**.*

c) Wie im Deutschen kann der Konnektor **ut**/**dass** zur Einleitung des abhängigen Wunschsatzes fehlen; in solchen Fällen ist auch im Deutschen **Konjunktiv** möglich:

Rogat amīcum, nunc tandem **veniat**.
*Er bittet den Freund, **er solle** nun endlich kommen.*
*Er bittet den Freund, nun endlich **zu kommen**.*

Der Wunschcharakter des Gliedsatzes wird bereits durch das einleitende **Signalverb** (rogat) deutlich und durch den **Konjunktiv** (veniat) zusätzlich abgestützt.

d) Achtung: Nach **Verben und Ausdrücken des Fürchtens** (timēre, metuere, perīculum est *usw.*) bedeutet im Deutschen

➤ **nē** — dass
➤ **nē ... nōn** /(seltener auch:) **ut** — dass nicht

13.2.1–14.1 Cursus grammaticus — XIV

Timeō, **nē** māter tua aegrōtet.
*Ich fürchte, **dass** deine Mutter krank ist.*
Perīculum est, **ut** (nē) mātrem tuam adiuvāre (nōn) possīmus.
*Es besteht die Gefahr, **dass** wir deiner Mutter **nicht** helfen können.*

> *Zur Erklärung:* Im **Deutschen** drückt der Inhaltssatz mit *dass* den **Inhalt bzw. den Gegenstand der Furcht** aus, während im **Lateinischen** der **Wunsch** zum Ausdruck gebracht wird, etwas möge geschehen/nicht geschehen.

13.3 Der Ablativ der Eigenschaft (Ablativus qualitatis)

Ausdrücke im Ablativ, die aus einem Substantiv und einem Adjektiv bestehen, können im Lateinischen eine **Eigenschaft** einer Person bezeichnen:

Cicerō, vir māgnō ingeniō, rem pūblicam Rōmānam dēfendit.
Cicero, ein Mann von großer geistiger Kompetenz, verteidigte die römische Republik.

Cicerō vir māgnō ingeniō fuit.
Cicero war ein Mann von großer geistiger Kompetenz.

✗ Vgl. CG 3.3.2: Genitiv der Eigenschaft (Genitivus qualitatis)

Caput quārtum decimum

14 Der Konjunktiv im Gliedsatz (2)

14.1 Finalsätze

Ein **Finalsatz** gibt den **Zweck**, das **Ziel** oder die **Absicht** einer Handlung an (Frage: *Wozu? Zu welchem Zweck?*). Als Satzglied stellt er eine **adverbiale Bestimmung (Adverbialsatz)** dar.

Da auch der Finalsatz ein *Wollen* ausdrückt, steht er im Lateinischen ebenfalls im Konjunktiv, im Deutschen normalerweise im Indikativ:

Der **Konnektor** ist
➢ **ut** – damit, dass oder um … zu
➢ verneint: **nē** – damit nicht, dass nicht oder um nicht zu …

Hanc dē Augustō fabulam nārrābō, **ut** tibī exemplum hūmānitātis eius **ēdam**.
*Folgende Geschichte über Augustus will ich erzählen, **um** dir ein Beispiel für seine humane Gesinnung **zu nennen**.*

Hannibal ōrātiōne suā impetrāvit, **ut** mīlitēs metum **abicerent**.
*Hannibal erreichte durch seine Rede, **dass** seine Soldaten ihre Angst ablegten.*

| ut | damit |
| nē | damit nicht |

… um zu …

Finale Relativsätze

Finalen Sinn können auch Relativsätze haben, deren übergeordneter Satz ein „zielgerichtetes" Verb aufweist; die Wiedergabe ins Deutsche erfolgt durch eine Umschreibung mit „sollen" oder einen „um-zu-Satz":

Rōmānī lēgātōs ad Hannibalem mīsērunt, **quī eum ōrārent**, ut dē cōnsiliō suō dēsisteret.
Die Römer schickten Abgesandte zu Hannibal, **die** *ihn bitten* **sollten,** *von seinem Vorhaben Abstand zu nehmen.*
Die Römer schickten Abgesandte zu Hannibal, **um** *ihn* **zu** *bitten von seinem Vorhaben Abstand zu nehmen.*

14.2 Der Subjunktiv („Grammatischer Konjunktiv")

Die Konjunktivform hat zwei Funktionen:

❶ Kennzeichnung einer **Redeabsicht**
❷ Kennzeichnung der **syntaktischen Unterordnung eines Gedankens** („Subjunktiv")

Grundsätzlich hat der Konjunktiv im Lateinischen zwei Funktionen:

① Er signalisiert (in Haupt- und Gliedsätzen) eine bestimmte **Redeabsicht** wie z. B. *Wunsch, Wille, Absicht, Möglichkeit, Gedankenspiel* (➚ CG 12; 13).

② Ein **Konjunktiv im Gliedsatz** kann außerdem im Unterschied zum Deutschen lediglich die *grammatische Abhängigkeit und Unterordnung* des Gliedsatzes gegenüber dem übergeordneten Satz ausdrücken – **ohne Bezeichnung einer Redeabsicht**.

In dieser Verwendung wird der Konjunktiv auch **„Subjunktiv"** oder **„grammatischer Konjunktiv"** genannt. Im Deutschen steht hier der **Indikativ**.

14.2.1 Abhängige Fragesätze

Fragewörter:
quis, cur *usw.*
„ob":
-ne, num, an, nōnne
„ob … oder …":
utrum … an …
-ne … an …
… an …

Tū nē quaesierīs (= quaesīveris), **quem** tibī fīnem d(e)ī **dederint**.
Frag nicht, **welches** *Ende dir die Götter gesetzt* **haben.**

Nesciō, **utrum** dominus hodiē veniat **an** nōn.
Ich weiß nicht, ob der Herr heute **kommt** *oder nicht.*

Im **Lateinischen** steht im abhängigen (indirekten) Fragesatz der **Konjunktiv**, im **Deutschen** in der Regel der **Indikativ**.

Lateinische abhängige Fragesätze gehören im Deutschen zu den **Inhaltssätzen,** da sie den Inhalt des übergeordneten Verbs wiedergeben (➚ CG 2.1). Sie nehmen die Satzgliedstelle eines **Objekts** *(„Was weiß ich nicht?")* oder – seltener – eines Subjekts ein.

Anm.: Ganz anders die Verwendung des Konjunktivs im Deutschen: Das Deutsche kann durch die Wahl des Modus – Indikativ oder Konjunktiv – in der indirekten Rede/Frage zwei verschiedene Redeabsichten ausdrücken:

Indikativ – Redeabsicht: Wiedergabe der (tatsächlichen oder vermeintlichen oder vorgetäuschten) **Wirklichkeit:**
„Er erzählte mir, auf welche Weise er den gestrigen Tag verbracht **hatte**."

Konjunktiv – Redeabsicht: Ausdruck der **Distanz oder Unentschiedenheit** des Sprechers gegenüber der **Aussage eines anderen**, die er – unabhängig von ihrem Wahrheitsgehalt – nur vermittelnd weitergibt:
„Er erzählte mir, auf welche Weise er den gestrigen Tag verbracht **habe**."

14.2.2 Konsekutivsätze (Folgesätze)

Konsekutivsätze drücken eine **Folge** aus dem Geschehen aus, das im übergeordneten Satz beschrieben wird:

Porta crepat, **ut** omnēs perterreāmur.
Die Tür knarrt (mit welcher Folge? ➠ *),* **so dass** *wir alle erschrecken.*

Via **(tam)** angusta et lūbrica fuit, **ut** mīlitēs, aliī super aliōs, caderent.
Der Weg war **(so)** *eng und glitschig,* **dass** *die Soldaten, einer über den anderen, hinstürzten.*

Konnektor: **ut**
verneint: **ut nōn**

Signalwort im Hauptsatz ist oft ein vorausweisendes „so": sīc, tam, tantum, tot, tantus, tālis usw.

> Der **lateinische Konsekutivsatz** weicht also vom deutschen nur dadurch ab, dass er als **zusätzliches Signal den Konjunktiv (Subjunktiv)** verwendet. Im **Deutschen** dagegen steht ausschließlich der **Indikativ**.

Als **Satzglied** ist der Konsekutivsatz eine **adverbiale Bestimmung** auf die Frage *„Mit welcher Folge? Mit welcher Wirkung?"*

14.2.3 cum-Sätze

✘ cum gehört im Lateinischen zu den *multifunktionalen Wörtern,* d.h. diese Wörter erfüllen im Satz verschiedene Aufgaben. Im Falle von cum hilft zum Verständnis – neben der grundsätzlichen Beachtung des Kontextes! – zunächst ein Versuch mit dem deutschen „wo", das, jedenfalls in der Umgangssprache, ebenfalls eine große Bedeutungsbandbreite besitzt.

a) Temporalsätze mit der Konjunktion cum

❶ cum mit Indikativ

Im Verlauf des Lehrgangs hast du schon cum als Konjunktion kennen gelernt, die einen Temporalsatz einleitet. Außer dem **rein temporalen** Bezug besteht kein weiterer Sinnzusammenhang zwischen Gliedsatz und Hauptsatz:

Vergangenheit:
Cum amīcī ad templum vēnērunt, cōpia hominum iam aderat.
Als die Freunde zum Tempel kamen, war da schon eine Masse von Leuten.

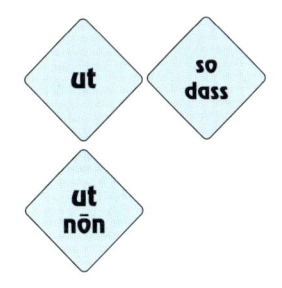

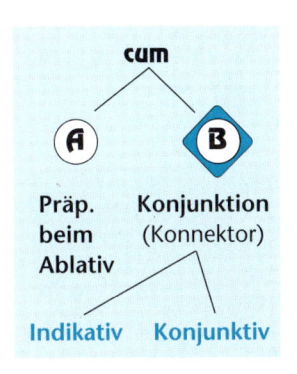

Gegenwart/Zukunft:
(Semper,) cum Ephesum veniō, amīcum meum vīsitō.
(Immer) dann, wenn ich nach Ephesus komme, besuche ich meinen Freund.

Zeitlosigkeit:
Cum duo īdem faciunt, nōn est īdem.
Wenn zwei dasselbe tun, ist es nicht dasselbe.

❷ cum mit Konjunktiv

cum narrativum (historicum)

Stehen in der Erzählung in den Augen des Sprechers zwei Ereignisse in einem *inneren Zusammenhang* zueinander, steht der durch cum eingeleitete **Temporalsatz** im Subjunktiv (sog. cum nārrātīvum oder histŏricum):

[Kontext: Brandstiftung im Artemision von Ephesos nach einem Fest]
Cum hominēs dēfessī essent et dormīrent, Hermŏcrătēs, homō īnsānus, templum incendit.
Als die Leute müde waren und schliefen, zündete Hermokrates, ein Wahnsinniger, den Tempel an.

cum causale

b) **Kausalsätze mit der Konjunktion cum**

In dem Beispielsatz zum sog. „cum nārrātīvum" war deutlich schon ein kausaler (begründender) Nebensinn zu spüren. So steht cum auch dann im subjunktivischen Gliedsatz, wenn der Sprecher eine **kausale Sinnrichtung** bezeichnen will:

Homō īnsānus, cum templum incendisset, ipse flammīs trāditus est.
Weil der Wahnsinnige den Tempel angezündet hatte, wurde auch er den Flammen übergeben.

cum concessivum

c) **Konzessivsätze mit der Konjunktion cum**

cum kann in Verbindung mit dem Subjunktiv auch eine **konzessive Sinnrichtung,** d. h. eine Einschränkung, das Eingeständnis eines Widerspruchs ausdrücken. Diese Bedeutung wird oft durch ein tamen im übergeordneten Satz, sonst durch den Kontext deutlich:

Cum cīvibus placuisset, ut nōmen hominis illīus īnsānī dēlērētur, tamen memoriae trāditum est.
Obwohl die Bürger beschlossen hatten den Namen dieses Wahnsinnigen aus der Erinnerung zu tilgen, ist er doch der Nachwelt überliefert.

14.3 cum im adverbialen Gliedsatz (Übersicht)

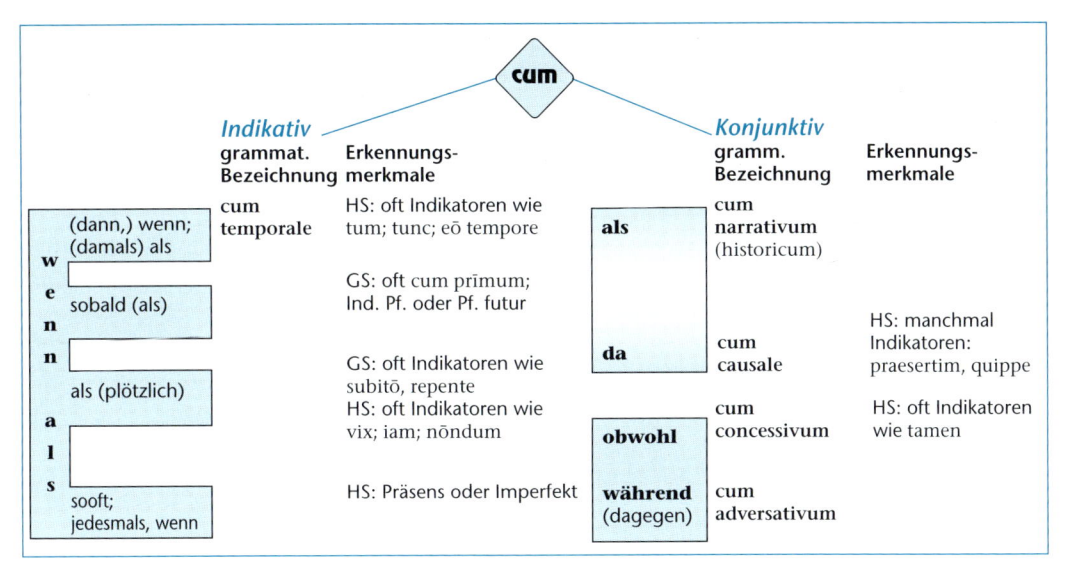

	Indikativ			Konjunktiv	
	grammat. Bezeichnung	Erkennungsmerkmale		gramm. Bezeichnung	Erkennungsmerkmale
(dann,) wenn; (damals) als	cum temporale	HS: oft Indikatoren wie tum; tunc; eō tempore	als	cum narrativum (historicum)	
w e n n		GS: oft cum prīmum; Ind. Pf. oder Pf. futur			HS: manchmal Indikatoren: praesertim, quippe
a l s	sobald (als)		da	cum causale	
	als (plötzlich)	GS: oft Indikatoren wie subitō, repente			
		HS: oft Indikatoren wie vix; iam; nōndum	obwohl	cum concessivum	HS: oft Indikatoren wie tamen
	sooft; jedesmals, wenn	HS: Präsens oder Imperfekt	während (dagegen)	cum adversativum	

Caput quīntum decimum

15.1 Das Gerundivum (nd-Form II)

15.1.1 Formenbildung

Das Gerundivum wird wie das Gerundium (nd-Formen I, ↗ CG 7.1) mit Hilfe des Signals -nd- gebildet:

-nd- -Formen

Präsensstamm	ggf. Zwischenvokal	Gerundivsignal	KNG-Zeichen	
			Singular	*Plural*
lauda	–	**nd**	-us, -a, -um	-ī, -ae, -a
mone	–			
audi	e			
capi	e			
ag	e			

also:

| lauda**nd**us, -a, -um | terre**nd**us, -a, -um | audie**nd**us, -a, -um | capie**nd**us, -a, -um | age**nd**us, -a, -um |

Übersetzung: je nach Kontext, ↗ CG 15.1.2

Wie aus der Beschreibung hervorgeht, weist das Gerundivum folgende **Merkmale** auf:

Übersicht über die Formen:

Tabelle N 2.4

- es ist – wie das Partizip – ein von einem Verbum abgeleitetes Adjektiv, also ein **Verbaladjektiv**;
- es gehört zur **a-/o-Deklination** und
- unterliegt den **KNG-Regeln**.

Anm.: Auch **Deponentien** (↗ CG 7.5) können ein Gerundivum: admīrandus, -a, -um; experiendus, -a, -um bilden. Bei den Deponentien hat das Gerundivum als einzige Form *passivische* Bedeutung!

15.1.2 Die Bedeutung des Gerundivums

Auch das Deutsche kennt Verbaladjektive, die dem lateinischen Gerundivum vergleichbar sind, beispielsweise „der/die *Auszubildende*", „nüchtern *einzunehmende* Medikamente" oder „nicht zu bespielende Fußballplätze".

Diese Beispiele zeigen, dass das deutsche Gerundivum

1. passivischen,
2. finalen Sinn besitzt:

- X „*ist auszubilden*" = „**soll** ausgebildet **werden**."
- „Die Medikamente **sind** nüchtern einzunehmen" = „**sollen/müssen** nüchtern eingenommen **werden**."
- „Die Fußballplätze **sind** nicht **zu** bespielen" = „**können** nicht bespielt **werden/sind nicht bespielbar**."

> Gegenüber dem deutschen Gerundivum zeigt das lateinische Gerundivum jedoch weitere Verwendungsweisen. Diese lassen sich nicht immer genau voneinander abgrenzen, sondern gehen gelegentlich ineinander über.

15.1.3 Das Gerundivum als „dominantes Attribut"

> Vesti**bus** vende**ndis** pecūniam quaerō.
> **Durch Kleider-Verkaufen** verdiene ich mein Geld.

Das Gerundivum richtet sich in seiner Form als Verbaladjektiv (wie ein adjektivisches Attribut/Partizip) in KNG-Kongruenz nach seinem substantivischen Bezugswort: vesti**bus** vende**ndis**.

> Ihrer **Bedeutung** nach ist die Gerundivform jedoch gegenüber dem Substantiv **dominant**, d. h. vom *Sinn* her „regiert" sie ihr Substantiv. Bei der Übersetzung wird daher das „Gewicht" vom Substantiv auf das Gerundivum verlagert, das sich – je nach Kontext – auf verschiedene Weise wiedergeben lässt, wie z. B. durch

Gerundivum ohne Sinnrichtung:

„dominantes" Attribut

➢ einen **substantivierten Infinitiv**: „durch **Kleider** ⬅ **Verkaufen**/das Verkaufen ➡ von Kleidern";

➢ ein **Verbalsubstantiv** (oft auf **-ung**): „durch den **Verkauf**/die Veräußerung ➡ von Kleidern";

➢ einen **Gliedsatz**: „dadurch, dass/indem ich Kleider ⬅ verkaufe".

15.1.3–15.1.4 Cursus grammaticus

Beispiel im Ablativ mit Präposition:
- in librīs legendīs: **beim** Bücher ⬅ **Lesen/beim Lesen/bei der Lektüre** ➡ von Büchern
- dē lībertāte dēfendendā **über die/von der** Freiheits⬅**verteidigung/Verteidigung** ➡ der Freiheit

und im Genitiv:
- Facultās mercātūrae faciendae apud Germānōs nōn rāra erat.
Die Gelegenheit des ***Handel*** ⬅ ***Treibens/zum Handel*** ⬅ ***Treiben/Handel*** ⬅ ***zu treiben****, ergab sich bei den Germanen nicht selten.*

Beim letzten Beispiel zeigt sich als weitere Übersetzungsmöglichkeit der **Infinitiv mit** *zu:* „Handel *zu treiben*".

> Die **1. Funktion des Gerundivums** ist also: Es tritt dort auf, wo das Deutsche Wortzusammensetzungen aus Substantiv + substantiviertem/nominalisiertem Verbum bilden kann, was im Lateinischen so nicht möglich ist („durch Kleider-verkauf(en)"). Beide Möglichkeiten dienen der *Sprachökonomie*, d. h. dazu, sich knapper oder weniger umständlich auszudrücken. Es ist jedoch nicht sinnvoll, *jedes* Nomen + Gerundivum mit einem zusammengesetzten Substantiv wiederzugeben!

15.1.4 Das Gerundivum mit finaler Sinnrichtung

a) Das Gerundivum mit den Präpositionen „ad" und „causā"

> Steht das Gerundivum mit den **Präpositionen ad** (+ Akk.) oder **causā** (+ Gen.), liegt eine **finale Sinnrichtung** vor (Frage: *Wozu? Zu welchem Zweck?*):

Mercātōrēs in Raetiam prōvinciam profectī sunt **ad servōs emendōs**.
Mercātōrēs in Raetiam prōvinciam profectī sunt **mercātūrae faciendae causā**.
Kaufleute reisten in die Provinz Rätien, um Sklaven ⬅ *zu kaufen/zum Sklaven* ⬅ *Kauf/um Handel* ⬅ *zu treiben.*

b) Das Gerundivum bei Verben wie **trādere, cūrāre, mittere, facere** etc.

> Ebenfalls mit **finaler Sinnrichtung** ist das Gerundivum verbunden bei **Verben, die auf ein Ziel gerichtet sind** wie trādere, mittere, cūrāre, facere, dare u. Ä.:

Mittō tibi novum librum dīligenter **legendum**.
Ich schicke dir ein neues Buch ***zum** aufmerksamen **Lesen/zur** aufmerksamen **Lektüre/damit** du es aufmerksam **liest**.*

Bei diesem **prädikativen** Gebrauch steht das Gerundivum entweder im **Akkusativ** (im aktivischen Satz) oder im **Nominativ** (im passivischen Satz).

Gerundivum final

attributives Gerundivum
- mit **ad**
- mit **causā**

Gerundivum prädikativ

Ziel → „zu"

Cursus grammaticus 15.1.4–15.2

**Gerundivum
+ esse**

[Nom.]
-nd- ... est/sunt
X ist/sind zu ...
X ist/muss ... werden

c) Das Gerundivum als Prädikatsnomen bei esse

① **Finale Sinnrichtung** hat das Gerundivum auch, wenn es – als **Prädikatsnomen** – mit einer Form von **esse** verbunden ist:

Pacta **sunt servanda**.
Verträge sind einzuhalten/müssen eingehalten werden.

② In der Verneinung wird das Gerundivum mit *„(nicht) dürfen"* bzw. *„(nicht) können"* wiedergegeben:

Iter **nōn differendum est**.
Die Reise darf/kann nicht aufgeschoben werden.

-ndum ... est
es ist zu ...
≈ man muss ...

③ Fehlt eine Person/Sache als Bezugssubstantiv des Gerundivums, übersetzt man **unpersönlich** mit **es** oder **man**:

Dēspērandum erat!   *Es war zum Verzweifeln!*
Dēspērandum nōn est!   *Man darf/soll nicht verzweifeln!*

mihi est/sunt
... -nd- ...
ich habe zu ...
≈ ich muss ...

④ Die **handelnde Person** (der *Urheber*) steht **beim Gerundivum + esse** im **Dativ** (sog. „Dativus auctoris"):

Pacta **vōbīs** servanda sunt.
*Die Verträge sind von euch einzuhalten.
Ihr habt die Verträge einzuhalten.
Ihr müsst die Verträge einhalten.*

Vergleiche	Mihī liber est.	Mihī liber legendus est.
	Ich habe ein Buch.	*Ich habe ein Buch zu lesen = Ich muss...*
		Mihi legendum est.
		Ich habe zu lesen = Ich muss...

Lateinisch esse + Dativ = deutsch *„haben"!*

Die **2. wichtige Funktion des Gerundivums** liegt also in Kombinationen mit esse vor: Es begegnet dort, wo das Deutsche Ausdrücke mit *haben zu* + Infinitiv bzw. *ist zu .../sind zu* + Infinitiv gebraucht. Da diese deutschen Ausdrücke *passivischen* und *finalen („zu")* Sinn haben, sind sie mit den passivischen Wendungen *„müssen, sollen, dürfen nicht werden"* austauschbar.

15.2   Der Konjunktiv im Hauptsatz (Ergänzung)

Ungewissheit oder Unschlüssigkeit: Coniunctivus dubitativus

In Fragesätzen kann der Konjunktiv Gz I oder Gz II eine Ungewissheit oder eine Überlegung des Sprechers signalisieren. Dieser „Coniunctivus dubitativus" (dubitāre: *zweifeln*) wird im Deutschen mit „sollen" wiedergegeben:

15.2–15.4.1 Cursus grammaticus — XV

(**Gz I**) Quid faci**a**m?   Was *soll* ich tun?
Quandō istum librum leg**a**m?   Wann *soll* ich dieses Buch lesen?

(**Gz II**) Quid facerem?   Was *hätte* ich tun *sollen*?

✗ Im zweiten Fall (Gz II) benutzt das Deutsche die Vorzeitigkeit!

15.3 Adversativsätze mit der Konjunktion cum

cum adversativum

cum leitet auch Gliedsätze ein, die einen **gedanklichen Gegensatz zum Hauptsatz** enthalten:
Hāc in urbe Diāna maximē colitur, **cum** illā in cīvitāte Iovem maximum deōrum habeant.
*In dieser Stadt wird besonders Diana verehrt, **wohingegen/während** man in jener Gemeinde Jupiter für den größten der Götter hält.*

15.4 Der Konjunktiv als multifunktionale Form: Zusammenfassung

15.4.1 Konjunktiv und Indikativ: Redeabsicht

Der Konjunktiv hat im Lateinischen und im Deutschen teils gleiche, teils verschiedene Aufgaben (Funktionen).

✗ **Sprachgleich** ist die Funktion im konditionalen Satzgefüge (Wenn-Satz-Gefüge): ➚ CG 13.1.3 b).

❶ Im **Hauptsatz** signalisiert der Konjunktiv eine vom Indikativ abweichende **Redeabsicht**, die aus dem ➡ Kontext heraus deutlich ist:

❶ **Konjunktiv im Hauptsatz**

Redeabsicht im Hauptsatz			
Konjunktiv	Signal	Funktion	deutsch
Gz I	-a-/-e- (-i-)	Optativus (Wollen und Wunsch)	bitte / sollen / hoffentlich / o dass doch *usw.*
		Potentialis	vielleicht *u. Ä.*
		Dubitativus	soll …? (Frage)
Gz II	-re-*)	Irrealis (Hypotheticus)	Konjunktiv II: • täte, ginge *o. a.* • würde + Infinitiv
Vz II	-isse-	*) esse: **-se-**; velle: **-le-**	• hätte/wäre + Partizip

② Konjunktiv im Gliedsatz

❷ Im **Gliedsatz** gilt:

> ➤ Im Wenn-Satz ist der Gebrauch sprachgleich.
> ➤ **In allen anderen Fällen steht im Deutschen in der Regel der Indikativ.**

Der Konjunktiv steht im Lateinischen hier, weil
- entweder eine **Redeabsicht** vorliegt wie in entsprechenden Hauptsätzen oder weil
- er von der Grammatik „vorgeschrieben" ist, **ohne** dass eine Redeabsicht vorliegt. **In diesen Fällen spricht man vom Subjunktiv =** „grammatischer Konjunktiv".

❸ Konjunktiv und Subjunktiv im Gliedsatz bezeichnen außerdem das **Zeitverhältnis zum Prädikat des übergeordneten Satzes**.

↗ CG 12.6.1; 13.1

15.4.2 Konjunktiv und Subjunktiv im Gliedsatz

❶ In **Wunsch- und Finalsätzen** steht der Konjunktiv (Coniunctivus optativus); er signalisiert ein Wünschen/Wollen oder eine Absicht.
Deutsche Übersetzung: *Indikativ oder Infinitiv;* eventuell Umschreibung (z. B. *sollen*).

❷ In **irrealen (hypothetischen) Konditionalsätzen** steht der Konjunktiv der Gleichzeitigkeit/Vorzeitigkeit II.
Deutsche Übersetzung: ebenfalls **Konjunktiv II**.

„Subjunktiv":
syntaktische Abhängigkeit

❸ Der **Subjunktiv** weist keine (erkennbare) Sinnrichtung auf, sondern hat ausschließlich die grammatische Funktion, zusätzlich zur Konjunktion *Abhängigkeit vom übergeordneten Satz* zu signalisieren. In einigen Fällen steuert er die Bedeutung der Konjunktion (siehe folgende Übersicht). **Deutsche Übersetzung:** *Indikativ*

(L) Der Konjunktiv bzw. Subjunktiv steht im Lateinischen in

1. Begehrs-/Wunschsätzen
2. Finalsätzen
3. Konsekutivsätzen
4. Adversativsätzen
5. abhängigen (indirekten) Fragesätzen

In den übrigen Gliedsätzen stehen je nach Konjunktion:

	Indikativ	Subjunktiv
Kausalsätze Konzessivsätze Temporalsätze	quod/quia, quoniam quamquam cum, dum, dōnec, ut (prīmum), ubī (prīmum) antequam/priusquam	cum cum, quamvīs cum
Explikativsätze	quod	ut

15.4.2–15.5.2 Cursus grammaticus

> **Übersetzung:**
>
> 1. Man übersetzt den Gliedsatz in den Modus, der der deutschen Sprachnorm entspricht.
>
> 2. Diese **deutsche Sprachnorm** setzt fest: Gliedsätze haben im Deutschen im Allgemeinen den **Indikativ**.
>
> 3. Im **Konjunktiv** stehen im Deutschen:
> - irreale (hypothetische) Gliedsätze (Konjunktiv II)
>   *(Wenn er das gewusst **hätte, wäre** er nicht gekommen);*
> - alle Aussagen, bei denen der Sprecher ausdrücken will, dass sie nicht seine Meinung darstellen (in der Regel Konjunktiv I)
>   *(Der Zeuge erklärte, dass er den Angeklagten wiedererkannt **habe**.)*
> - zur Kennzeichnung der indirekten Rede (in der Regel Konjunktiv I)
>   *(Der Reporter sagt, das Spiel **sei** gleich zu Ende.)*

D

15.5 Konjunktivische Relativsätze

Relativsätze (Attributivsätze) können nicht nur ein **Merkmal** einer Person oder einer Sache beschreiben, sondern darüber hinaus auch eine **Sinnrichtung** enthalten; diese Sinnrichtung wird vom **Kontext** bestimmt:

① *Der Hausbesitzer, der (doch) kein armer Mann war, ließ sein Haus verkommen.*

Hier ist eine **konzessive Sinnrichtung** des Relativsatzes zu spüren: *Obwohl der Hausbesitzer kein armer Mann war, ...*

② *Der Hausbesitzer, der (ja) kein armer Mann war, ließ sein Haus von Grund auf renovieren.*

In diesem Beispiel merkt man eine **kausale Sinnrichtung** des Relativsatzes: *Da der Hausbesitzer kein armer Mann war, ...*

Signalwörter wie *doch* (konzessiv) bzw. *ja* (kausal) können die Sinnrichtung verdeutlichen.

Im Lateinischen macht der **Konjunktiv im Relativsatz** in der Regel auf eine bestimmte **Sinnrichtung** aufmerksam. Im Einzelnen unterscheiden wir:

15.5.1 Finale Sinnrichtung ↗ CG 14.1

15.5.2 Kausale Sinnrichtung

Alboin rēx Cunimundum, **quī** foedus īnfīdē **frēgisset**, occīdit.
*König Alboin ließ Cunimundus, **der ja** ihr Bündnis treulos **gebrochen hatte**, töten.*
*König Alboin ließ Cunimundus töten, **da** er ihr Bündnis treulos **gebrochen hatte**.*

15.5.3 Konzessive Sinnrichtung

Rēx, **quī intellegeret** sē perditum esse, tamen summīs vīribus pūgnāvit.
*Der König, **der (doch)** merkte, dass er verloren war, kämpfte trotzdem mit letzter Kraft.*
***Obwohl** der König merkte, dass er verloren war, kämpfte er mit letzter Kraft.*

15.5.4 Explikative Relativsätze

Nōn **tālis** sum, **quī** aliquō perīculō **terrear**.
*Ich bin nicht **der, der** sich durch irgendeine Gefahr schrecken **lässt**.*
*Ich bin nicht **von der Art, dass** ich mich durch irgendeine Gefahr schrecken lasse (ließe).*

In anderen Grammatiken wird der explikative Relativsatz auch als *konsekutiver* Relativsatz bezeichnet.

Sunt quīdam, **quī** semper aliquid **obtrectent**.
Es gibt Leute, die immer etwas zu meckern haben.

15.6 Zeitverhältnisse in Gliedsätzen mit Konjunktiv/Subjunktiv

Jeder Sprecher (oder Textautor) wählt eine „Zeiteinstellung" für seine Äußerung (oder seinen Text): Gegenwart, Vergangenheit oder Zukunft. Dazu benutzt er die Tempora und/oder Zeitadverbien. *Innerhalb* eines Textes kommt es darauf an, für den Hörer/Leser die *zeitlichen Beziehungen* der einzelnen Ereignisse zueinander deutlich zu machen.

✘ Wie das **Partizip (Participium coniunctum, Ablativus absolutus)** und der **Akkusativ mit Infinitiv (AcI)** drücken auch die **Konjunktivformen im Gliedsatz** Zeitbeziehungen zum Prädikat des übergeordneten Satzes aus:

	Zeitverhältnis des Gliedsatzes zum Hauptsatz	
Zeitfeld im Hauptsatz	**Gleichzeitigkeit**	**Vorzeitigkeit**
Gegenwart/Zukunft	Konjunktiv der Gleichzeitigkeit I *(sog. Konj. Präsens)*	Konjunktiv der Vorzeitigkeit I *(Konj. Perfekt)*
Vergangenheit	Konjunktiv der Gleichzeitigkeit II *(sog. Konj. Imperfekt)*	Konjunktiv der Vorzeitigkeit II *(Konj. Plusquamperfekt)*
Form gebildet vom:	Präsensstamm	Perfektstamm

Cōnsecūtiō temporum

Dieser Tempus-Gebrauch, mit dem das Zeitverhältnis zwischen einem *konjunktivischen* Gliedsatz und dem übergeordneten Verb geregelt wird, heißt in der Grammatik „Zeitenfolge" bzw. **Consecutio temporum**. Im Allgemeinen richten sich lateinische Autoren recht genau nach dieser Regelung. Ihre Beherrschung ist jedoch nur für das Übersetzen *in* das Lateinische von Wichtigkeit. Für die Wiedergabe lateinischer Texte im Deutschen gelten auch hier die eigenen Regeln der deutschen Sprache.

15.7 ut als multifunktionales Wort (Zusammenfassung)

Ein weiteres wichtiges multifunktionales Wort neben cum (↗ CG 14.2.3) ist auch das lateinische „ut". Seine Grundbedeutung lautet „wie".

✘ Bei der Konjunktion **ut** gibt die Verwendung von Indikativ *oder* Konjunktiv einen Hinweis auf die Bedeutung.

Es folgt eine Übersicht über die Bedeutungen von **ut** in indikativischen und konjunktivischen/subjunktivischen Sätzen.

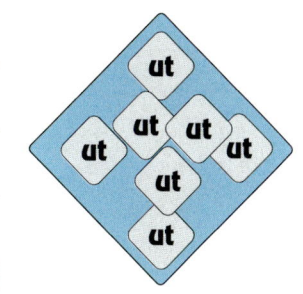

15.7.1 ut in indikativischen Sätzen

❶ ut leitet einen Vergleich ein
Rem **sīc** agō, **ut** tū ēgistī.
Ich verfahre so, wie du verfahren bist.

Signalwort für diese Bedeutung ist oft ein *so* (**sic, tam** u. ä.) im übergeordneten Satz.

❷ ut leitet einen Ausruf ein
Ut rīsimus! *Wie haben wir gelacht!*

Signal: Ausrufezeichen

❸ ut in zeitlicher Bedeutung
Perterritus est, ut haec audīvit. *Er war entsetzt, wie/als er das hörte.*

15.7.2 ut in konjunktivischen bzw. subjunktivischen Sätzen

✘ Da konjunktivisches und subjunktivisches ut im Deutschen gleichermaßen mit dem Indikativ wiedergegeben werden können, muss man beide Fälle für die Übersetzung nicht auseinander halten.

❹ ut leitet einen unabhängigen Wunschsatz ein
Ut(inam) sāna sit!   *Hoffentlich ist sie gesund!*
Ut eam adiūvissem!   *Hätte ich ihr doch geholfen!*
Negation: nē

Signal: Konjunktiv (Optativus) + Ausrufezeichen

❺ ut leitet einen abhängigen Wunschsatz ein
Cōnsul **optat**, ut deī sibi propitiī sint.
Der Konsul wünscht, dass die Götter ihm gnädig sind/seien.
Negation: nē

Signal: ein Verb/Ausdruck des Wünschens; der ut-Satz gibt den *Inhalt* des Wunsches an.

Timeō, ut (nē nōn) mē adiuvāre possīs.
Ich fürchte, dass du mir nicht helfen kannst.

❻ ut leitet einen Finalsatz ein
Veniō, ut lūdōs videam. *Ich komme um die Spiele zu sehen.*

Signal: nur Kontext, der eine ergänzende Aussage (über den Zweck einer Handlung/eines Vorgangs) nahe legt

Cursus grammaticus 15.7.2–15.7.3

❼ ut leitet einen abhängigen (indirekten) Fragesatz ein
Nesciō, ut hoc fierī potuerit.
Ich weiß nicht, wie das geschehen konnte.

Negation: nōn

Signal: Der **Kontext** macht einen Objektsatz auf die Frage ➞ *Was?* erforderlich.

❽ ut leitet einen Konsekutivsatz ein
Tam sērō vēnistī, ut nihil tibī reliquī sit.
Du bist so spät gekommen, dass nichts für dich übrig ist.

Signalwort im übergeordneten Satz: tam, sīc, tantus usw. (das Signalwort kann auch fehlen; Hilfe: ➞ Kontext)

❾ ut leitet einen Explikativsatz ein
Nōn saepe accidit, ut errēs. *Es passiert nicht oft, dass du dich irrst.*

Signal: Kein (direktes) Signal, aber der ➞ Kontext verlangt eine Fortsetzung (durch einen Subjektsatz; Frage: *Was passiert nicht oft?*).

15.7.3 „ut" auf einen Blick

KONTEXT
wie
dass
damit
so dass
... zu + **Inf.**
... um zu ...

ut

in Sätzen mit **Indikativ**	in Sätzen mit **Konjunktiv/Subjunktiv**
„*wie*"	• „*wie*": abh. Fragesatz
selten: wie = *als* (zeitlich)	• *Wunschsignal:* unabh. Wunschsatz
	• *dass:* abh. Begehrssatz
	• (dass =) *damit:* Finalsatz
	• *so dass:* Konsekutivsatz
	• *dass:* Explikativsatz

Cursus grammaticus ━━━━━━━━━━━━━━━━━━━━━━━━━━━ **Anhang**

A 1 Die Grundzahlen

I	ūnus, -a, -um	XI	ūndecim		
II	duo, duae, duo	XII	duodecim		
III	trēs, tria	XIII	trēdecim		
IV	quattuor	XIV	quattuordecim		
V	quīnque	XV	quīndecim		
VI	sex	XVI	sēdecim		
VII	septem	XVII	septendecim		
VIII	octō	XVIII	duodēvīgintī	(= „zweiwegvonzwanzig")	
IX	novem	XIX	ūndēvīgintī	(= „einswegvonzwanzig")	
X	decem	XX	vīgintī	(< dvī-ginti, darin steckt duo)	

			C	centum
XX	vīgintī		CC	ducentī, -ae, -a
XXX	trīgintā		CCC	trēcentī, -ae, -a
XL	quadrāgintā		CD	quadringentī, -ae, a
L	quīnquāgintā		D	quīngentī, ae, a
LX	sexāgintā		DC	sescentī, -ae, -a
LXX	septuāgintā		DCC	septingentī, -ae, -a
LXXX	octōgintā		DCCC	octingentī, -ae, a
XC	nōnāgintā		CM	nōngentī, -ae, -a
			M	mīlle

MM oder ↥ = duo milia, I)) = quīnque mīlia,
((I)) = decem mīlia, X̄X̄ = vīgintī mīlia, (((I))) = centum mīlia,
|X̄| = 1 000 000 (deciēs centēna mīlia *(„zehnmal je hunderttausend")*)
Die Grundzahlen 1–10 sowie die Zahlen centum und mīlle muss man sich gut einprägen. Aus ihnen werden alle anderen Zahlen abgeleitet. Dabei kennzeichnet
• die Zehner: -GINTĪ (bei 20), ab 30: -GINTĀ;
• die Hunderter: -CENTĪ bzw. -GENTĪ (c oder g je nach lautlichem Umfeld).
Die römischen Zahlzeichen folgen in der Bildung keinem ganz festen System. So steht für IV auch IIII, für MCD auch MCCCC, für IC auch LXXXXIX. Regel: Was links von der höchsten Zahl (oder Zahlengruppe) steht, ist zu subtrahieren, das rechts Stehende ist zu addieren, also: IM = 999, MI = 1001.
Bei der Zahlenbildung ergeben sich verschiedene lautliche Veränderungen (vgl. deutsch sechs : sechzig/sieben : siebzig), die aber immer das Grundwort erkennen lassen.

*) auch alter (in Aufzählungen, Reihen usw.)

A 2 Die Ordnungszahlen

	1.–10.	11.–20.	10.–100.	100.–1000.
1	prīmus, -a, -um	ūn -decimus, -a, -um	decimus -a, -um	centēsimus, -a, -um
2	secundus, -a, -um*)	duo -decimus, -a, -um	vī -cēsimus, -a, -um	du -centēsimus, -a, -um
3	tertius, -a, -um	tertius decimus, -a, -um	trī -cēsimus, -a, -um	tre -centēsimus, -a, -um
4	quārtus, -a, -um	quārtus decimus, -a, -um	quadrā -gēsimus, -a, -um	quadrin -gentēsimus, -a, -um
5	quīntus, -a, -um	quīntus decimus, -a, -um	quīnquā -gēsimus, -a, -um	quīn -gentēsimus, -a, -um
6	sextus, -a, -um	sextus decimus, -a, -um	sexā -gēsimus, -a, -um	ses -centēsimus, -a, -um
7	septimus, -a, -um	septimus decimus, -a, -um	septuā -gēsimus, -a, -um	septin -gentēsimus, -a, -um
8	octāvus, -a, -um	duo-dē-vīcēsimus, -a, -um	octō -gēsimus, -a, -um	octin -gentēsimus, -a, -um
9	nōnus, -a, -um	ūn-dē-vīcēsimus, -a, -um	nōnā -gēsimus, -a, -um	nōn -gentēsimus, -a, -um
10	decimus, -a, -um	vīcēsimus, -a, -um	centēsimus, -a, -um	mīllēsimus, -a, -um

Anhang — Cursus grammaticus

Höhere Zahlen werden mit den **Multiplikativzahlen** gebildet:
der 20 000. = vīciēs mīllēsimus = „zwanzigmal der tausendste"

Diese **Multiplikativzahlen** lauten:

semel	einmal	oct	-iēs	trīc	-iēs
bis	zweimal	nov	-iēs	cent	-iēs
ter		dec	-iēs	ducent	-iēs
quater		ūndec	-iēs	mīl	-iēs	tausendmal
quīnqu-iēs		duodec-iēs		bis mīl	-iēs
sex	-iēs	ter dec	-iēs	...	
sept	-iēs	vīc	-iēs		

A 3 Datumsangaben

Der römische Kalender seit Caesar

Bis zur Zeit Caesars benutzten die Römer das Mondjahr und rechneten nach Mondmonaten. Das hatte wegen der Differenz zum Sonnenjahr schließlich z. B. die Folge, dass ursprüngliche Winterfeste in den Sommer fielen. Dem setzte Caesar mit einer durchgreifenden **Kalenderreform** ein Ende. Er führte die Rechnung nach dem Sonnenjahr von 365 Tagen und die Schaltjahre ein. Die zwölf Monate hatten wie bei uns noch 31 bzw. 30 (Februar 28, im Schaltjahr 29) Tage.

Das Jahr wurde nach den beiden amtierenden Konsuln bezeichnet, z. B. M. Tulliō Cicerōne C. Antōniō Hybridā cōnsulibus = 63 v. Chr.

Die Monatsnamen lauteten:
Iānuārius – Februārius – Mārtius – Aprīlis – Māius – Iūnius – Iūlius*) – Augustus*) – September – Octōber – November – December
Es sind Adjektive, also z. B. mēnse Aprīlī im (Monat) April.

*) Ursprünglich Quīntīlis (seit Caesar: Iūlius) und Sextīlis (seit Augustus: Augustus). Die Zählung Quīntīlis bis December ergab sich daraus, dass ursprünglich das Jahr mit dem Mārtius begann.

Die Wochentage lauteten:
Sōlis diēs (Sonntag, **E** Sunday) – lūnae diēs (Montag, **E** Monday, **F** Lundi) – Mārtis diēs (Dienstag = Zius Tag, **E** Tuesday, **F** Mardi) – Mercūriī diēs (Mittwoch, **E** Wednesday, **F** Mercredi) – Iovis diēs (Donnerstag = Thors bzw. Donars Tag, **E** Thursday, **F** Jeudi) – Veneris diēs (Freitag = Frigs Tag, **E** Friday, **F** Vendredi) – Saturnī diēs (Sonnabend bzw. Samstag, **E** Saturday).

Das System der Datumsbezeichnung

Jeder Monat hatte 3 besonders bezeichnete Tage:
Kalendae (Kal.) = 1. Tag des Monats *(Kalenden)*
Nōnae (Nōn.) = 5. Tag des Monats *(Nonen)*)
Īdūs (Id.), Gen. Īduum = 13. Tag des Monats *(Iden)*
Nōnae und Īdūs lagen in den Monaten Mārtius, Iūlius, Māius, Octōber auf dem 7. bzw. 15. Tag.

*) „9." Tag **vor** den Iden; nōnus: „neunter"

Merkwort: MILMO

Kalendīs Iānuāriīs (Kal. Iān.) = *am 1. Januar*
Nōnīs Februāriīs (Nōn. Febr.) = *am 5. Feb.*   **aber:** Nōnīs Mārtiīs (Nōn. Mārt.) = *am 7. März*

Īdibus Aprīlibus (Id. Apr.) = *am 13. April*   **aber:** Īdibus Māiīs (Īd. Māi.) = *am 15. Mai*

Die Datumsbezeichnungen wurden als ein Begriff aufgefasst und grammatisch als Substantiva verwendet. Es finden sich bei ihnen daher Präpositionen, z. B.: usque ad ante diem quārtum Kalendās Septembrēs *bis zum 29. August.*

Cursus grammaticus — Anhang

Die dazwischenliegenden Tage zählte man auf diese festen Daten hin:
prīdiē Kalendās Iūniās (prīd. Kal. Iūn.) = *am 31. Mai,* prīdiē Nōnās Iūliās (prīd. Nōn. Iūl.) = *am 6. Juli,* ante diem tertium Īdūs Augustās (a. d. III. Īd. Aug. statt diē tertiō ante Īdūs Augustās) = *am 11. August* (Anfangs- und Endtermin wurden mitgerechnet!)

Die römische Stundeneinteilung des Tages im Laufe der zwölf Monate

Nachtwache: vigilia

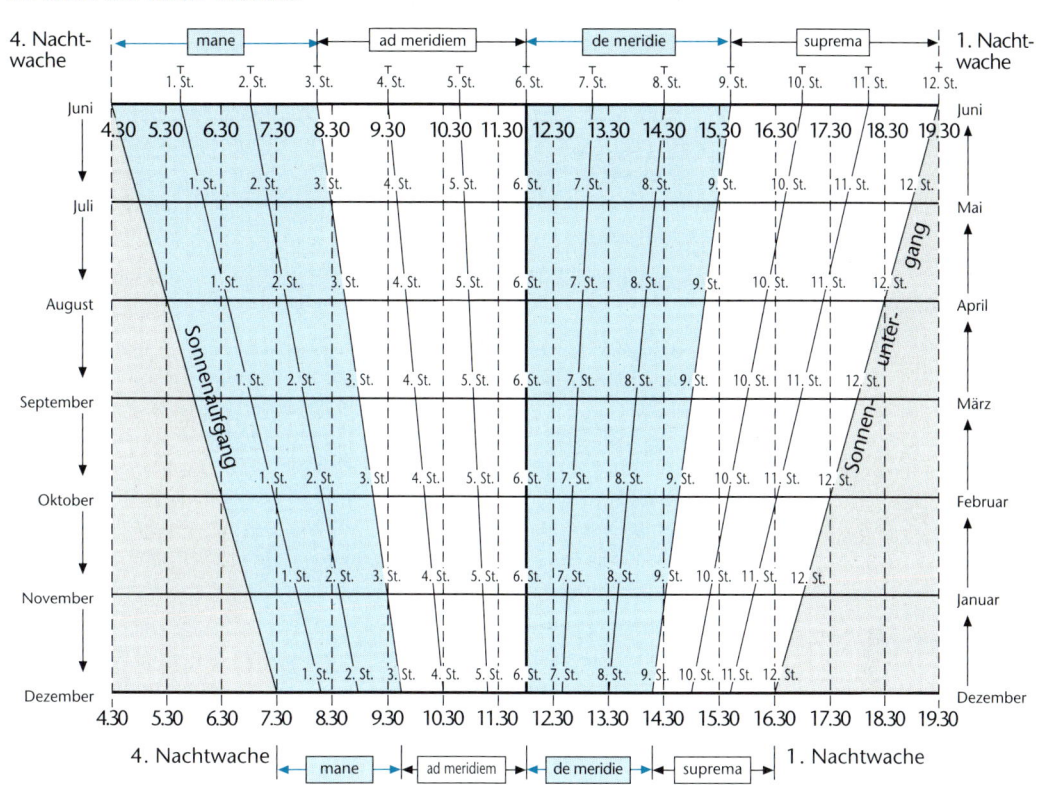

Tipps zur Texterschließung

Satz, Kasus, Verb

Ein Sprecher/Schreiber setzt mit der Wahl des Subjekts fest, von welchem Ausgangspunkt aus er die Handlung beschreiben will, die im Satz steht.
Das bedeutet nicht, dass das die Handlungsrichtung ist, die in der Realität, die er beschreibt, tatsächlich abläuft. Die Wahl des Subjekts und damit die Wahl der vom Schreiber angegebenen **Perspektive** (Handlungsrichtung) ist ausschließlich bestimmt durch den Ausgangspunkt, von dem aus der **Erzähler** den Handlungsverlauf beschreiben will.
Dafür gibt es zwei Hauptmöglichkeiten, die man in **zwei Satztypen** wiederfindet:

Satztyp 1

Der Schreiber wählt in diesem Satztyp als Ausgangspunkt ein **Subjekt**, das im Satz **beschrieben** wird:

a) Larcius Macedō, vir praetōrius, servīs saevus **dominus fuit.**	Larcius Macedo, ein Mann von Prätorenrang, war seinen Sklaven ein grausamer Herr.
b) **Lavābātur** aliquando in vīllā Formiānā.	Er badete (sich) einmal in seiner Villa in Formiae.
c) Subitō ā servīs ibi **oppressus et occīsus est.**	Plötzlich wurde er dort von Sklaven überfallen und getötet.

Satztyp 2

In diesem Satztyp macht der Schreiber das Subjekt zum Ausgangspunkt einer **Handlung, die sich auf ein anderes Wesen/Ding bezieht**, das als **Objekt** der Handlung beschrieben wird. Da das Subjekt *agiert* (agere), nennt man es in dieser semantischen Form auch *Agens*:

Servī īrātī ergō **dominum suum** in balneīs occīdērunt.	Die erregten Sklaven töteten also ihren eigenen Herrn im Bad.

Die in den Sätzen erkennbare Perspektive (Handlungsrichtung) wird nicht durch das Subjekt, sondern durch das gewählte Verb und die gewählte grammatische Form des Verbs bestimmt. Daraus ergibt sich, dass **beim Übersetzen immer das Subjekt und das Verb gemeinsam übersetzt** werden müssen. Das Subjekt steht immer im Nominativ, der also der Kasus des Ausgangspunktes dessen ist, was beschrieben werden soll.

➢ Bei satzwertigen Konstruktionen wie dem Ablativus absolutus oder Infinitivkonstruktionen ist das Subjekt im Ablativ oder Akkusativ zu suchen, das dazugehörende „Prädikat" im Partizip oder Infinitiv.

Tipps zur Texterschließung — Anhang

Andere Kasus als der Nominativ

Satztyp 2:
Verbergänzungen als Objekt oder objektähnliche Erweiterungen

Die Wesen oder Dinge, auf die sich die Handlung eines „Agens" bezieht, können in jedem Kasus stehen, nur nicht im Nominativ (der ja der Ausgangspunkt der Handlung ist). Das, an dem die Handlung vollzogen wird, bezeichnet man in diesem Satztyp 2 als **Objekte**. Objekte werden *mit und ohne Präposition* verwendet; auch Gliedsätze oder Infinitive können solche Verbergänzungen sein. Verben, nach denen Objekte stehen, zeigen dabei fast immer eine Ergänzungs*bedürftigkeit,* die nur durch diese Verbergänzung erfüllt wird.

Erweiterungen

> a) Inde Alexander Māgnus ad Nȳsam urbem pervēnit.
> b) Ibī castra ante ipsa moenia posuit.
> c) Hostēs vīdērunt Alexandrum iam adesse et oppidum expūgnāre velle.
> d) Ergō nūntiōs mīsērunt rogāvēruntque, *ut oppidō parceret.*

Beispiel

oppidō *(Dat.)* parcere: die Stadt verschonen

Die Möglichkeiten der Verbergänzungen sind also vielfältig. Beim Übersetzen ist daher immer auf die **durch das Verb ausgelöste Erwartungshaltung** zu achten! Jede Verbergänzung entspricht in der lateinischen Literatur einem Sinn, wie er *in der dir bekannten Realität erwartet* werden kann.

Attribute

Neben Verbergänzungen (zu denen auch Adverbien zählen, z. B.: Ibī manēbō – *dort werde ich warten*) sind auch Attribute, also Ergänzungen zu Substantiven, zur Sinnerschließung oft unerlässlich. Diese Ergänzungen erfolgen

❶ als Adjektiv/Partizip (das in diesem Fall eine Mittelstellung zwischen Verb und Adjektiv einnimmt) und

❷ als Relativsatz:

> Famē coācta vulpēs altā in vīneā ūvam appetēbat ... quam tangere nōn poterat.
>
> *Von Hunger getrieben, schnappte ein Fuchs nach einer Traube an einem hohen Weinstock, die er nicht fassen konnte.*

Beispiel

❸ als Genitiv eines Substantivs (im Lateinischen häufiger als im Deutschen):

> Ūvae vīneae altae erant.
>
> *Die Trauben des Weinstocks waren hoch oben.*

Beispiel

Anhang Tipps zur Texterschließung

❹ im Lateinischen seltener:
a) Präpositionaler Ausdruck:

Beispiel

| homō dē plēbe | ein Mann aus dem Volk |

b) Kompositum:

| fāticănus, -a, -um | schicksalverkündend | fātum, canere |
| imbricitor | Regenerreger | imber, citāre |

Adverbiale Bestimmungen

Als weiterer Satzbaustein sind die adverbialen Bestimmungen anzusehen, die entweder als Adverbien oder als substantivische Ausdrücke stehen können:

Beispiel

| Vulpēs ūvam appetēbat summīs saliēns vīribus. | Der Fuchs versuchte die Traube zu erreichen, indem er mit höchster Anstrengung sprang. |
| Sed ab altō pendentem ūvam tangere nōn potuit. | Aber er konnte die hoch hängende Traube nicht erreichen. |

Alle Erweiterungen (also Attribute genauso wie adverbiale Bestimmungen) können sinn-notwendig oder ausschmückend sein:
In dem Beispiel ist alta vīnea sinn-notwendig, weil es zeigt, dass der Fuchs hoch springen musste.
Ausschmückende Satzteile sind für das Textverständnis weniger wichtig, sie dienen dazu, einen Text anschaulicher zu machen.

Beispiel für ein ausschmückendes Attribut:

| Daedalus macht sich Flügel aus Federn, ut vērās imitētur avēs | … um richtige Vögel nachzuahmen. |

Sätze als Textbestandteile

Textthema
- Satzthema
- Satzthema
- Satzthema
- Satzthema
- …

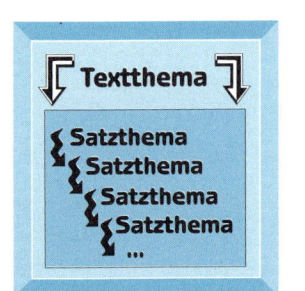

Sätze stehen selten isoliert, sondern **sind im Normalfall Teile eines Textes.** Dadurch entstehen für sie besondere Bedingungen.
Sie unterstehen einem **Thema,** das den Gesamttext bestimmt. Daher müssen sie eine Aussage zu diesem Thema – dem **Textthema** – machen.

Zuweilen ist das Textthema noch wieder eingebunden in ein z. B. mehrere Kapitel überspannendes *Hyperthema* („Überthema"). Das bedeutet, dass jeder Abschnitt doppelt eingebunden ist. Beispiel: Livius' Geschichtswerk Ab urbe conditā librī ist ein Hyperthema, zu dem *die einzelnen Berichte und Erzählungen* aus der römischen Geschichte *Textthemen* darstellen. Das Hyperthema wird hier nicht behandelt.

Tipps zur Texterschließung — Anhang

Oft ist das Textthema einer Überschrift zu entnehmen; andernfalls helfen Schlüsselwörter (s. u.) zum Auffinden des Textthemas.

Das Textthema

Beispiel

> *Hyperthema:* Nātūrālis Historia (Plinius d. Ä., Buch II, 160);
> *Textthema:* die vorhergehenden Textteile über die Erde
> Est autem figūra, dē quā cōnsēnsus iūdicat.
> *Über die Form dagegen herrscht Übereinstimmung.*

Das Textthema ist also: die Gestalt der Erde.

Diesem Textthema ist jeder Satz des Textes verpflichtet. Er stellt dazu eine Information bereit, wiederholt eine schon gegebene Information zur Veranschaulichung und Vertiefung, verwendet dazu ein Beispiel usw. Oft sind die wichtigen Gedanken zu Abschnitten zusammengefasst, die also eine thematische Ordnung innerhalb eines Textthemas bilden.

Das Satzthema

Innerhalb einer Abhandlung des Textthemas herrscht als weiteres Ordnungsprinzip die **Abhängigkeit der Sätze untereinander.** Sie wird durch *sprachliche Mittel* (s. u.) verdeutlicht; doch ist sie auch *inhaltlich* nachzuvollziehen:

Jeder Satz muss nämlich nicht nur auf das Textthema direkt oder indirekt Bezug nehmen, sondern auch auf den vorangehenden Satz. Daraus folgt logischerweise, dass beim Übersetzen sehr oft der erste Satz am schwierigsten zu übersetzen ist, weil auf ihn kein vorhergehender Satz hinweist. So **bildet jeder Satz für den folgenden Satz eine Vorbedingung**, er liefert ihm als Vorgabe ein **Satzthema**. Auf dieses Satzthema baut der neue Satz auf und liefert eine **neue Information** dazu, die man auch **Rhema** nennt.

Beispiel

	Figūra *(siehe Beispiel oben)* wird aufgenommen von orbis:
a) Orbem certē dīcimus terrae …	*Wir sprechen mit Recht von einem Erdkreis …*
	orbis wird erläutert durch verticibus:
b) … glŏbumque verticibus inclūdī fatēmur.	*… und erklären, dass die Kugel von zwei Polen eingeschlossen werde.*
	und in der Bedeutung eingeschränkt durch:
c) Neque enim absolūtī orbis est fōrma in tantā montium excelsitāte …	*Es gibt allerdings keine Form einer idealen Kugel angesichts der enormen Höhe der Berge …*

(aus Nātūrālis Historia wie oben)

Für eine Übersetzung ist es sehr wichtig, sich diese Art der Textstruktur deutlich zu machen. Sie verhilft einem dazu, schwierige Textstellen gewissermaßen thematisch einzukreisen und gegebenenfalls durch Über-

Anhang — Tipps zur Texterschließung

setzung des vorhergehenden und des folgenden Satzes die wahrscheinliche Aussage einer fehlenden Textstelle zu ermitteln.

Einige besondere Sprachtechniken (Auswahl)

Die eben beschriebene **Thema-Rhema-Struktur** wird natürlich durch sprachliche Mittel verdeutlicht. Beispiele:

1. Textverweiser – Orientierung im Text

Innerhalb eines Textes werden vorkommende Personen/Dinge nicht stets wiederholt, sondern Pronomina verweisen auf sie. Diese **Pronomina** stehen dann für das genannte Wesen bzw. Ding *mit allem, was darüber ausgesagt worden ist* (also allen „**Konnotationen**").

Sehr häufig sind auch **Variationen,** so dass etwa Augustus ersetzt wird durch ein ihn charakterisierendes Wort wie prīnceps; diese Variation *verweist* auf die Person des Augustus.

Schließlich helfen auch die **Tempora** dem Leser, sich im Text „zu orientieren": Sie geben, meist zusammen mit anderen Textelementen (z. B. Zeitadverbien) Hinweise darauf, ob das Gesagte z. B. als *aktuell* (Präsens), *allgemeingültig-zeitlos* (Präsens), *erwartet* (Futur) oder *vergangen* (Perfekt, Imperfekt, Plusquamperfekt; *auch* Präsens!) gemeint ist. Dabei dienen sie auch einer inneren Textgliederung; so werden thematisch aufeinander folgende Begebenheiten der Vergangenheit durch Perfekta oder Präsensformen wiedergegeben, die sie erklärenden Informationen aber im Imperfekt, das also die thematische Folge unterbrechen kann, indem es eine *Hintergrundinformation* zum Thema liefert.

2. Schlüsselwörter, semantisches Feld

Texte enthalten, wie das Textthema zeigt, eine **Nachricht.** Diese Nachricht wird meist nicht in der knappestmöglichen Form übermittelt, sondern literarisch aufgebaut (z. B. durch ausschmückende Attribute, s. o.). Trotzdem lässt sich die dem Text zugrunde liegende Nachricht meist an einigen wesentlichen Wörtern ablesen. Meist sind es Substantive, die eine – zumindest im Textzusammenhang – nicht allzu übliche Bedeutung haben. Man nennt diese Wörter **Schlüsselwörter**, weil sie den **Schlüssel zum Textverständnis** liefern. Auch hier gilt, dass diese Schlüsselwörter oft variiert werden. Sie bilden mit Wörtern, die eine ähnliche Bedeutung haben, und mit Wörtern, die irgendwie in ihr reales Umfeld gehören, ein **semantisches Feld**.

Es folgt ein deutsches Beispiel, an dem man diese Funktion ablesen kann:

Beispiel

> *Als wir den Bahnhof betraten, bemerkten wir eine ungewöhnliche Aufregung* (Schlüsselwort) *unter den Reisenden. Diese Nervosität* (Variation) *teilte sich uns allen mit, denn wir hatten schon viel von Bahnüberfällen* (semantisches Feld: das kann zu der Nervosität geführt haben) *gehört.*

Tipps zur Texterschließung — Anhang

Texte wären nicht verständlich, wenn sie nicht an das **Vorwissen des Lesers** anknüpften. Es gibt ein Überlappungsfeld, eine Schnittmenge von Textbestandteilen, die jedem bekannt sind. In dem oben gegebenen Beispiel aus „Nātūrālis Historia" ist vorausgesetzt, dass jeder den Begriff „globus" kennt usw. Solche „konventionellen" Begriffe werden nicht erläutert, weil sie eben bekannt sind. Ihre Erläuterung wäre sogar ein Stilfehler („Redundanz" = überflüssige Angaben).

Allerdings können (vor allem ältere) Texte Informationen enthalten, die für spätere Leser nicht mehr zur Konvention gehören. Diese **Präsuppositionen** werden in Kommentaren erläutert oder sie be- bzw. verhindern, wenn sie nicht erklärbar sind, das Textverständnis (was gerade auch bei lateinischen Texten ein Problem ist, wenn wir beim Lesen nicht die nötigen Informationen zum Verstehen haben).

3. Konventionen

Autoren setzen gewisse Erzähltechniken ein, um die Leser-Aufmerksamkeit zu wecken und zu erhalten. Davon sind zum Textverständnis besonders wichtig die getäuschte Lesererwartung und die Leerstellen.

4. Partnertaktische Methoden

a) Getäuschte Lesererwartung

Wie eben gezeigt, folgen Texte einem „konventionellen Vorstellungsbild" des Lesers. So erwartet der Leser einen dieser Konvention entsprechenden Handlungsverlauf. Diese Erwartung wird bisweilen – oft am Schluss des Textes – getäuscht, indem der Autor eine nicht erwartete, nicht konventionelle Wendung einbringt. Das erschwert das Thema-Rhema-Verständnis, weil es eigentlich einem Thema-Abbruch (d. h. einer Änderung des Themas) entspricht. Häufig ist eine solche getäuschte Lesererwartung in Komödien (oder Witzen) zu finden:

> *Ein Mann stößt beim Gehen einen anderen und ruft dazu:* Ich gehe doch nicht jedem Schwachkopf aus dem Weg!
>
> ▶▶ *Lesererwartung:* Streit.
> ▶▶ *Text:* Der Geschädigte sagt: „Sed ego soleō" *(„Aber ich"),* und geht weiter.

Beispiel

b) Leerstellen

Die Thema-Rhema-Folge wird an einer Stelle ausgesetzt und setzt nach der Unterbrechung so ein, als sei keine Unterbrechung erfolgt:

> *Der Fuchs, der die Trauben nicht erreichen konnte, geht fort.*
>
> ▶▶ *Fehlende Information: Er war enttäuscht darüber, dass er erfolglos gehandelt hatte, schließlich aber tröstete er sich mit der (im Text ausgesprochenen) Überlegung:*
>
> | | |
> |---|---|
> | Nōndum mātūra est. | Sie ist noch nicht reif. |
> | Nōlō acerbam sūmere. | Herbe Trauben will ich nicht nehmen. |

Beispiel

Phaedrus, IV.3

c) Perspektive

Was ein Autor (bzw. Sprecher) darstellt, ist nie die Wirklichkeit „an sich", sondern seine Sehweise davon. Er gibt dem Beschriebenen also eine *Perspektive*, die seine *Intention* ausdrückt. Dazu helfen ihm Mittel der Grammatik.

Aus einer (vom Historiker Tacitus gestalteten) Biografie:

Beispiel

Sed ego adulescentulus initiō sīcutī plerīque studiō ad rem pūblicam lātus sum. Ibīque mihī multa advorsa fuēre.	Doch als recht junger Mann wandte ich mich anfangs wie die meisten mit großem Interesse dem Staatsdienst zu. Und dort hatte ich vieles gegen mich.

Übersetzt man das Passiv **lātus sum** mit dem Aktiv (bzw. Reflexiv) „wandte mich", erfährt man nichts über die Intention des Schreibers. Das Passiv ermöglicht es ihm hier, sich als Spielball nicht genannter, anonymer Kräfte darzustellen; denn im Unterschied zum Aktiv erlaubt das Passiv die Verschweigung des Urhebers. Erst das Verständnis für diese Seite der Grammatik ermöglicht es überhaupt, eine im Sinn der **Autorintention** angemessene Übersetzung zu finden, hier also müsste man etwa ergänzen: *„wie es von mir erwartet wurde"*. Dieselbe Intention drückt die Form des Neutrums Plural „**multa advorsa**" aus.

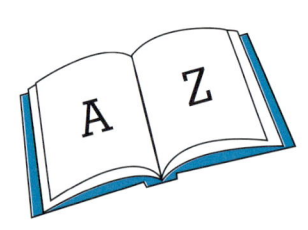

Das Lexikon – Hilfsmittel bei der Texterschließung

Wie hilft mir ein Lexikon?

1 Das Lexikon ist nur ein *Hilfsmittel zum Textverständnis;* um es richtig benutzen zu können, muss man die allgemeinen Regeln der Texterschließung beherrschen: Das bedeutet, dass du auch bei der Arbeit mit dem Lexikon annähernd wissen musst, wovon der Text handelt, welche Bezeichnungen vermutlich Schlüsselwörter sein werden usw. (↗ S. 46), um die aufgefundenen Wörter mit dem richtigen Vorverständnis zu beurteilen.

2 Man unterscheidet **Bezeichnung** und **Bedeutung**. Bezeichnung ist das *Wortbild*, sein *Klang*, seine *Schreibweise*:

Seine Bedeutung erhält ein Wort durch den **Kontext**. Oft hat ein und dieselbe *Bezeichnung* unterschiedliche *Bedeutungen*; daher gibt ein Lexikon an, wie Wörter *gebraucht* werden. Vergleiche das deutsche Wort *„Schweiß"*:

> ➢ *Dem Athleten tropfte der Schweiß von der Stirn.*
> ➢ *Der Jäger folgte der Schweißspur (= Blutspur) des Wildes.*

Das Lexikon — Anhang

Auch im Lateinischen gibt es sehr viele Beispiele für Bezeichnungen mit unterschiedlichen Bedeutungen:

•**petō,** petere, petīvī *(u. petiī),* petītum *(m. Akk.) (auch synk. Perf.-Formen: petīsse(m) = petīvisse(m), petīstī = petīvistī u. ä.)* erstreben;
1. wohin eilen, hingehen, ziehen, fahren, *einen Ort* aufsuchen [**Troiam classibus; continentem** steuern nach; **caelum pennis** emporfliegen zu; **cursu muros** laufen zu; **Ascanium** nahen; **alqm amplexu** umarmen]; ▶ *mons petit astra* ragt empor zu; *amnis campum petit* ergießt sich in, auf;
2. eine Richtung, einen Weg einschlagen, nehmen [**iter terrā** den Landweg nehmen; **alium cursum**];
3. *(feindl.)* losgehen auf, angreifen; *übtr.* bedrohen [**Athenienses; alqm armis; alqm fraude, falsis criminibus; urbem bello; alcis collum; vultus alcis unguibus**]; ▶ *morsu petunt (canes)* beißen; *somnus petit nautam* überfällt;
4. nach etw. *od.* jmdm. zielen [**aëra disco; arcu alta** in die Höhe zielen; **hostes telis** beschießen; **alqm lapidibus** m. Steinen werfen nach];
5. einer Sache nachgehen, nach etw. streben, etw. zu erreichen suchen [**aliud domicilium; praedam; alcis societatem; victoriam ex hostibus; salutem fugā** sein Heil in der Flucht suchen; **gloriam**]; *(auch m. Inf.);* — petītus, a, um ersehnt, gewünscht; — *Subst.* **petīta,** ōrum *n* das Erwünschte;
6. verlangen, fordern, begehren *(für jmd.: Dat. od. pro)* [**salutem sibi soli; poenas ab alqo** jmd. bestrafen, Rache nehmen; *(für, wegen etw.: Gen.)* **contumeliarum**];
7. (sich) etw. erbitten, jmd. um etw. bitten [**pacem a Romanis** die R. um Frieden bitten; **sui laboris praemia; vitam nocenti; auxilium a Lacedaemoniis; consilium ab amico** sich Rat holen bei; **eius delicti veniam** erbitten; **partem praedae**]; *(m. ut, ne, selten m. bl. Konj.; m. Inf.);*
8. *(vor- u. nachkl.)* jmd. bittend angehen, sich an jmd. wenden; ▶ *vos peto atque obsecro;*
9. sich um etw. bewerben [**praeturam**]; ▶ *(abs.) qui nunc petunt* die jetzigen Bewerber;
10. um jmd. werben [**virginem**]; — petentes Bewerber, Freier; — *petor ab alqo od. alci* ich werde v. jmdm. umworben;
11. *(jur. t. t.) (in Privatsachen)* etw. beanspruchen, etw. einklagen, auf etw. klagen [**pecuniam apud praetorem; hereditatis possessionem**]; ▶ *(abs.) is qui petit* Kläger; *is a quo od. unde petitur* Beklagter;
12. etw. holen [**commeatūs; aquam; pabulum;** *übtr.* **gemitūs alto de corde** tief aufseufzen];
13. entnehmen, entlehnen [**exemplum alcis rei ab alqo** sich an jmdm. ein Beispiel für etw. nehmen].

Abgesehen vom Inhalt des Gesamttextes, der sich vielleicht nicht ohne weiteres erschließen lässt, ist bei Verben, die ein Objekt bei sich haben, immer mit Hilfe des Objekts die für den Text aktuelle Bedeutung des Verbs zu erschließen; Beispiel:

> silvam ← petere: die Bedeutung ist durch
> *in Richtung Wald laufen;* silvam erschließbar;
> amīcum ← petere: die Bedeutung ist durch
> *den Freund aufsuchen;* amīcum erschließbar.

3 Ist der Gesamtsinn erst verschwommen klar, ist bei Substantiven mit mehreren Bedeutungen *große Vorsicht* geboten!

•**odor** *u. (altl.)* **odōs,** odōris *m (vgl. oleo)*
1. Geruch [**suavis; taeter**]; ▶ *odorem trahere naribus;*
2. Gestank;
3. *(poet.)* Wohlgeruch, Duft;
4. *(meton.) Pl.* wohlriechende Stoffe, Salben, Gewürze, Räucherwerk;
▶ *odores incendere;*
5. Dampf, Dunst, Qualm [**ater; culinarum**];
6. *(übtr.)* Vermutung, Ahnung [**legum** schwache Hoffnung; **urbanitatis** schwache Spur]; ▶ *~ alcis rei est* man munkelt v. etw. [*dictaturae*].

77

Anhang — Das Lexikon

Der Textsinn wird natürlich verdreht, wenn man odor mit der falschen Bedeutung wiedergibt; das geschieht aber, wenn man nur auf eine besonders auffallende oder besonders geläufige Bedeutung achtet.

Um diesem häufigen Fehler zu entgehen, muss man sich die Mühe machen,

a) die hervorgehobenen Hauptbedeutungen eines Wortes zu beachten;

b) solange der Kontext keine eindeutige Bedeutung bestimmt, alle möglichen Bedeutungen, eventuell als Notiz, zu speichern.

4 Ein ähnlicher Fehler droht auch bei nur *scheinbar* gleichen Wörtern:

Wird z. B. das Wort labor gesucht, antwortet das Lexikon zweifach:

➢ lābor von lābī: *gleiten* (usw.)

➢ lăbor, labōris: *Arbeit, Mühe* (usw.)

Bei falscher Zuweisung von „labor" fehlt für das Verständnis entweder ein Prädikat (von lābī) und evtl. das Subjekt oder (bei lăbor) das Subjekt oder bei einem anderen Kasus von lăbor z. B. ein Objekt. Der Sinn ist natürlich ganz entstellt.

Auf diese Fehlermöglichkeit ist auch dann zu achten, wenn die Wörter unterschiedlich geschrieben werden, z. B.:
ferō (ferre) wird leicht verwechselt mit ferō (von ferus, -a, -um: *wild*), aber auch mit ferrō (von ferrum: *Eisen*).

Spätestens beim Übersetzen des Gesamttextes muss man merken, ob das gesuchte Wort einen **Sinn im Kontext** ergibt. Ist das nicht der Fall, muss man neu auf die Suche gehen.
Wichtige **Bedingung, die das Lexikon nicht erfüllt, ist hier grammatisches Grundwissen über die Wortendungen in Konjugation und Deklination.**
Jeder Sinnfehler ist auch ein Fehler in der Bedeutungssuche.

Wie finde ich das gesuchte Wort?

Veränderliche Wörter (Verben, Substantive, Adjektive) können im Lexikon nicht in allen vorkommenden Formen aufgeführt werden.

1. Verben

In älteren Lexika findest du nur die erste Person Singular Präsens, in den neueren Lexika werden bei den Verben mit auffälligen Perfektstamm-Veränderungen („unregelmäßigen Verben") auch die Formen der ersten Person Singular Perfekt und das Partizip der Vorzeitigkeit Passiv (PVP, „PPP") genannt:

Textform: tangam / tetigērunt

Lexikoneinträge: tangō / tetigī

Das Lexikon — Anhang

(Manche lateinischen Wörterbücher geben so wie deutsche jetzt auch den Infinitiv als Lexikoneintrag an.)

2. Substantive

werden mit ihrer **Nominativ**form angegeben. Das kann bei der gemischten (3.) Deklination zu Schwierigkeiten führen, wenn der Stamm erst im Genitiv deutlich erkennbar wird, z. B.

generī

Im Lexikon findest du: gener, generī: *Schwiegersohn;* die gesuchte Vokabel heißt aber: genus, generis: *Geschlecht* (und andere Bedeutungen).

Nimm nicht das „erste beste" Wort, das dem gesuchten zu entsprechen scheint, sondern sieh dir auch immer die Genitivformen weiterer im Stamm ähnlicher Wörter an! Denk dann an den *Kontext* des Satzes!

3. Adjektive und Pronomina

Für sie gelten die eben gezeigten Schwierigkeiten in den allermeisten Fällen nicht, weil sie keine so deutlichen Unterschiede zwischen Nominativform und den anderen Kasusformen haben.

4. Adverbien und Konnektoren

findest du (außer bei Adverbien, die von Adjektiven gebildet sind) in der Form, in der sie im Text vorkommen.

Tipp zur Wortsuche, bevor der Text verstanden ist:

Enthält der Text **Eigennamen,** können sie leicht eine Hilfe zum ersten Textverständnis liefern, wenn dir der Name etwas sagt: z. B. *Augustus;* oder **Ortsangaben:** *in Germāniā.* Es ist deshalb zu empfehlen, auf diese Textangaben zu achten und sie eventuell durch Nachschlagen im Lexikon zu erweitern oder zu bestätigen.

> Daedalus* intereā Crētēn* longumque perōsus*
> exilium tāctusque* locī nātālis amōre
> clausus* erat pelagō*. „Terrās lĭcet", inquit „et undās
> obstruat*: at caelum certē pătet. Ībimus illāc*!
> Omnia possideat, nōn possidet äëra* Mīnōs*!"

Ovid, Metamorphosen, VIII, 183 bis 187

❶ Die Namen geben Auskunft über Handlungsort (Crēta) und Handlungsträger (Daedalus, Mīnōs); unter diesen Stichworten sieht man zuerst nach, weil diese „Appellativa" meist eindeutig sind.

❷ In dem Beispiel wird vorausgesetzt, dass die mit * markierten Wörter unbekannt sind. Aus den verbleibenden bekannten ergibt sich als Situation: Ein Daedalus ist im Exil; er möchte sein Geburtsland (nātālis locus) wiedersehen; dafür steht ihm der Himmel als Weg offen.

Anhang — Das Lexikon

Erst jetzt sollte man die Einzelheiten, die durch die Vokabeln erschlossen werden, angehen, also erst, nachdem das **semantische Feld** deutlich ist, in dem die Wörter stehen.

a) perōsus, tāctus, clausus: perōsus ist wohl nur über das Lexikon erschließbar (die Ableitung von ōdisse *hassen* wird dir kaum gelingen); bei tāctus, clausus könntest du zumindest vermuten, daß hier eine PVP-Form vorliegt, und so zur Grundform finden – beides aber findest du im Lexikon.

b) Ohne Probleme sind pĕlăgus und āēr zu finden.

c) Adverbien (illāc) sind [s. o.] leicht nachzuschlagen.

Manchmal – wenn ein Text viele Adverbien enthält – ist über sie ein genauerer Einstieg möglich, wenn die Grundstruktur der Aussage klar ist.

d) obstruat: Auch wenn der Kontext und die ungefähre Kenntnis des Wortes (ob-struere) ein Nachschlagen überflüssig erscheinen lassen, sollte man doch unbekannte Verben im Lexikon überprüfen, weil die Form – hier der Konjunktiv – oft erst bei genauer Kenntnis der Konjugationsform erkennbar ist.

Auch „halbbekannte" Wörter stets im Lexikon überprüfen!

Tabellen zur Formenlehre — Anhang

Das Verb

V 1 Präsens

V 1.1 esse – „sein", posse – „können" (↗ V 3.6)

1. P. Sg.	sum	ich bin	possum	ich kann
2.	es		potes	
3.	est		potest	
1. P. Pl.	sumus		possumus	
2.	estis		potestis	
3.	sunt		possunt	
Infinitiv*	esse	sein	posse	können
Imp. Sg.	es	sei!		
Imp. Pl.	este	seid!		

V 1.2 Die Konjugation der einzelnen Konjugationsgruppen im Aktiv   ↗ CG 1.3

laudāre – *loben*; terrēre – *erschrecken*; audīre – *hören*; capere – *fangen, fassen*; agere – *treiben, handeln*

Stamm-auslaut	a	e	ī (langes i)	i (kurzes i)	Konsonant
1. P. Sg.	laud-ō	terre-ō	audi-ō	capi-ō	ag-ō
2.	laudā-s	terrē-s	audī-s	capi-s	ag-i-s
3.	lauda-t	terre-t	audi-t	capi-t	ag-i-t
1. P. Pl.	laudā-mus	terrē-mus	audī-mus	capi-mus	ag-i-mus
2.	laudā-tis	terrē-tis	audī-tis	capi-tis	ag-i-tis
3.	lauda-nt	terre-nt	audi-u-nt	capi-u-nt	ag-u-nt
Infinitiv*	laudā-re	terrē-re	audī-re	cape-re	ag-e-re
Imp. Sg.	laudā	terrē	audī	cape	age
Imp. Pl.	laudā-te	terrē-te	audī-te	capi-te	ag-i-te

✗ dīc, dūc, fac: Imperative zu dīcere, dūcere, facere
nōlī (wolle nicht) und nōlīte (wollt nicht) + Infinitiv dienen als Verneinung des Imperativs: Nōlī mē tangere! Berühr mich nicht!

Infinitiv der Gleichzeitigkeit Aktiv

Anhang — Tabellen zur Formenlehre

> ↗ CG 6.5.1

V 1.3 Präsens Passiv

Zur Bedeutung des Passivs: siehe CG 6.5.3

1. P. Sg.	laud-or (< laudaor)	terre-or	audi-or	capi-or	ag-or
2.	laudā-ris	terrē-ris	audī-ris	cape-ris (i > e)	age-ris
3.	laudā-tur	terrē-tur	audī-tur	capi-tur	agi-tur
1. P. Pl.	laudā-mur	terrē-mur	audī-mur	capi-mur	agi-mur
2.	laudā-minī	terrē-minī	audī-minī	capi-minī	agi-minī
3.	lauda-ntur	terre-ntur	audi-u-ntur	capi-u-ntur	ag-u-ntur
Infinitiv*	laudā-rī	terrē-rī	audī-rī	cap-ī	ag-ī

Infinitiv der Gleichzeitigkeit Passiv

V 2 Die Vergangenheitstempora

> ↗ CG 6.5.2

V 2.1 Perfekt Aktiv

Das Perfekt hat einen eigenen Stamm: ↗ CG 5.2. Von diesem Stamm wird auch der *Infinitiv der Vorzeitigkeit Aktiv* gebildet.

laudāre: *loben* – laudāv-; terrēre: *erschrecken* – terru-; dīcere: *sagen* – dīx-; currere: *laufen* – cucurr-; ascendere: *(hin)aufsteigen* – ascend-; legere: *lesen* – lēg-; agere: *treiben, handeln* – ēg-

1. P. Sg.	laudāv-ī	terru-ī	dīx-ī
2.	laudāv-istī	terru-istī	dīx-istī
3.	laudāv-it	terru-it	dīx-it
1. P. Pl.	laudāv-imus	terru-imus	dīx-imus
2.	laudāv-istis	terru-istis	dīx-istis
3.	laudāv-ērunt	terru-ērunt	dīx-ērunt
Infinitiv**	laudāv-isse	terru-isse	dīx-isse

1. P. Sg.	cucurr-ī	ascend-ī	lēg-ī	ēg-ī
2.	cucurr-istī	ascend-istī	lēg-istī	ēg-istī
3.	cucurr-it	ascend-it	lēg-it	ēg-it
1. P. Pl.	cucurr-imus	ascend-imus	lēg-imus	ēg-imus
2.	cucurr-istis	ascend-istis	lēg-istis	ēg-istis
3.	cucurr-ērunt	ascend-ērunt	lēg-ērunt	ēg-ērunt
Infinitiv**	cucurr-isse	ascend-isse	lēg-isse	ēg-isse

****Infinitiv der Vorzeitigkeit Aktiv*

deutsch: *ich lobte, ich habe gelobt* (usw.)

esse

esse bildet sein Perfekt vom Stamm fu-:

fuī	fuistī	fuit	fuimus	fuistis	fuērunt

Infinitiv der Vorzeitigkeit fuisse

deutsch: *ich war, ich bin gewesen* usw.

Tabellen zur Formenlehre — Anhang

V 2.2 Perfekt Passiv   → CG 6.5.2

m.	f.	n.
laudātus sum	laudāta sum	
laudātus es	laudāta es	laudātum est
laudātus est	laudāta est	
laudātī sumus	laudātae sumus	
laudātī estis	laudātae estis	laudāta sunt
laudātī sunt	laudātae sunt	

Infinitiv der Vorzeitigkeit Passiv: laudātum, -am, -um esse

V 2.3 Imperfekt Aktiv   → CG 5.3.1

1. P. Sg.	laudā-ba-m	terrē-ba-m	audi-ē-ba-m	capi-ē-ba-m	ag-ē-ba-m
2.	laudā-bā-s	terrē-bā-s	audi-ē-bā-s	capi-ē-bā-s	ag-ē-bā-s
3.	laudā-ba-t	terrē-ba-t	audi-ē-ba-t	capi-ē-ba-t	ag-ē-ba-t
1. P. Pl.	laudā-bā-mus	terrē-bā-mus	audi-ē-bā-mus	capi-ē-bā-mus	ag-ē-bā-mus
2.	laudā-bā-tis	terrē-bā-tis	audi-ē-bā-tis	capi-ē-bā-tis	ag-ē-bā-tis
3.	laudā-ba-nt	terrē-ba-nt	audi-ē-ba-nt	capi-ē-ba-nt	ag-ē-ba-nt

deutsch: *ich lobte (ich habe gelobt)* usw.

esse:

e-ra-m	e-rā-s	e-ra-t	e-rā-mus	e-rā-tis	e-ra-nt

deutsch: *ich war, (ich bin gewesen)* usw.

V 2.4 Imperfekt Passiv   → CG 6.5.1

1. P. Sg.	laudā-ba-r	terrē-ba-r	audi-ē-ba-r	capi-ē-ba-r	ag-ē-ba-r
2.	laudā-bā-ris	terrē-bā-ris	audi-ē-bā-ris	capi-ē-bā-ris	ag-ē-bā-ris
3.	laudā-bā-tur	terrē-bā-tur	audi-ē-bā-tur	capi-ē-bā-tur	ag-ē-bā-tur
1. P. Pl.	laudā-bā-mur	terrē-bā-mur	audi-ē-bā-mur	capi-ē-bā-mur	ag-ē-bā-mur
2.	laudā-bā-minī	terrē-bā-minī	audi-ē-bā-minī	capi-ē-bā-minī	ag-ē-bā-minī
3.	laudā-ba-ntur	terrē-ba-ntur	audi-ē-ba-ntur	capi-ē-ba-ntur	ag-ē-ba-ntur

deutsch: *ich wurde gelobt* usw.

Anhang — Tabellen zur Formenlehre

↗ CG 5.3.2

V 2.5 Plusquamperfekt Aktiv

Das Plusquamperfekt Aktiv wird wie das Perfekt vom Perfektstamm gebildet.

1. P. Sg.	laudāv-eram	terru-eram	audīv-eram	cēp-eram	ēg-eram
2.	laudāv-erās	terru-erās	audīv-erās	cēp-erās	ēg-erās
3.	laudāv-erat	terru-erat	audīv-erat	cēp-erat	ēg-erat
1. P. Pl.	laudāv-erāmus	terru-erāmus	audīv-erāmus	cēp-erāmus	ēg-erāmus
2.	laudāv-erātis	terru-erātis	audīv-erātis	cēp-erātis	ēg-erātis
3.	laudāv-erant	terru-erant	audīv-erant	cēp-erant	ēg-erant

deutsch: *ich hatte gelobt* usw.; Passiv (s. u. V 2.6): *ich war gelobt worden* usw.

esse: ↗ V 3.6

↗ CG 6.5.2

V 2.6 Plusquamperfekt Passiv

m.	f.	n.
laudātus eram	laudāta eram	
laudātus erās	laudāta erās	laudātum erat
laudātus erat	laudāta erat	
laudātī erāmus	laudātae erāmus	
laudātī erātis	laudātae erātis	laudāta erant
laudātī erant	laudātae erant	

↗ CG 12.1; 12.2

V 3 Das Futur

V 3.1 Futur Aktiv

1. P. Sg.	laudābō	monēbō	audiam	dīcam	capiam
2.	laudābis	monēbis	audiēs	dīcēs	capiēs
3.	laudābit	monēbit	audiet	dīcet	capiet
1. P. Pl.	laudābimus	monēbimus	audiēmus	dīcēmus	capiēmus
2.	laudābitis	monēbitis	audiētis	dīcētis	capiētis
3.	laudābunt	monēbunt	audient	dīcent	capient
Infinitiv*	monitūrum, -am (-ōs, -ās) esse *usw.*				

* *Infinitiv der Nachzeitigkeit Aktiv*

esse: ↗ V 3.6

V 3.2 Futur Passiv

1. P. Sg.	laudābor	monēbor	audiar	dīcar	capiar
2.	laudāberis	monēberis	audiēris	dīcēris	capiēris
3.	laudābitur	monēbitur	audiētur	dīcētur	capiētur
1. P. Pl.	laudābimur	monēbimur	audiēmur	dīcēmur	capiēmur
2.	laudābiminī	monēbiminī	audiēminī	dīcēminī	capiēminī
3.	laudābuntur	monēbuntur	audientur	dīcentur	capientur

Tabellen zur Formenlehre — Anhang

V 3.3 Perfektfutur (Futur II) Aktiv

1. P. Sg.	laudāv-erō	monu-erō	audīv-erō	dīx-erō	ēg-erō
2.	laudāv-eris	monu-eris	audīv-eris	dīx-eris	ēg-eris
3.	laudāv-erit	monu-erit	audīv-erit	dīx-erit	ēg-erit
1. P. Pl.	laudāv-erimus	monu-erimus	audīv-erimus	dīx-erimus	ēg-erimus
2.	laudāv-eritis	monu-eritis	audīv-eritis	dīx-eritis	ēg-eritis
3.	laudāv-erint	monu-erint	audīv-erint	dīx-erint	ēg-erint

esse: ↗ V 3.6

V 3.4 Perfektfutur Passiv

1. P. Sg.	laudātus/-a	erō
2.		eris
3.	laudātus/-a/-um	erit
1. P. Pl.	laudātī/-ae	erimus
2.		eritis
3.	laudātī/-ae/-a	erunt

V 3.5 velle – nōlle – mālle: wollen – nicht wollen – lieber wollen; īre – gehen; ferre – bringen

Infinitive	velle	nōlle	mālle	īre	ferre
Präsens					
1. P. Sg.	vol-ō	nōl-ō	māl-ō	eō	ferō
2.	vī-s	nōn vīs	mā-vīs	īs	fers
3.	vult	nōn vult	mā-vult	it	fert
1. P. Pl.	vol-u-mus	nōl-u-mus	māl-u-mus	īmus	ferimus
2.	vul-tis	nōn vul-tis	mā-vul-tis	ītis	fertis
3.	vol-u-nt	nōl-u-nt	māl-u-nt	eunt	ferunt
Perfekt					
1. P. Sg.	volu-ī	nōlu-ī	mālu-ī	iī	tulī
2.	volu-istī *usw.*	nōlu-istī *usw.*	mālu-istī *usw.*	īstī *usw.*	tulistī *usw.*
Imperfekt					
1. P. Sg.	vol-ē-bam	nōl-ē-bam	māl-ē-bam	ībam	ferēbam
2.	vol-ē-bas *usw.*	nōl-ē-bas *usw.*	māl-ē-bās *usw.*	ībās *usw.*	ferēbās *usw.*
Futur					
1. P. Sg.	vol-am	nōl-am	māl-am	ībō	feram
2.	vol-ēs *usw.*	nōl-ēs *usw.*	māl-ēs *usw.*	ībis *usw.*	ferās *usw.*
Imperativ					
Sg.		nōlī		ī	fer
Pl.		nōlī-te		īte	ferte

Plusquamperfekt: ↗ V 2.5; Perfektfutur: ↗ V 3.3

Anhang — Tabellen zur Formenlehre

V 3.6 Übersicht: esse im Indikativ

	Präsens	Perfekt	Imperfekt	Plpf.	Futur	Pf.-Futur
1. P. Sg.	sum	fu-ī	e-ra-m	fu-eram	erō	fu-erō
2.	es	fu-istī	e-rā-s	fu-erās	eris	fu-eris
3.	est	fu-it	e-ra-t	fu-erat	erit	fu-erit
1. P. Pl.	sumus	fu-imus	e-rā-mus	fu-erāmus	erimus	fu-erimus
2.	estis	fu-istis	e-rā-tis	fu-erātis	eritis	fu-eritis
3.	sunt	fu-ērunt	e-ra-nt	fu-erant	erunt	fu-erint
Infinitive	esse	fu-isse			futūrum, -am esse/**fore**	

V 4 Die Formen des Konjunktivs

↗ CG 12.6.1

V 4.1 Der Konjunktiv der Gleichzeitigkeit I (Gz I)
[auch: Konjunktiv Präsens]

Aktiv

1. P. Sg.	laud-e-m	mone-a-m	audi-a-m	dīc-a-m	capi-a-m
2.	laud-ē-s	mone-ā-s	audi-ā-s	dīc-ā-s	capi-ā-s
3.	laud-e-t	mone-a-t	audi-a-t	dīc-a-t	capi-a-t
1. P. Pl.	laud-ē-mus	mone-ā-mus	audi-ā-mus	dīc-ā-mus	capi-ā-mus
2.	laud-ē-tis	mone-ā-tis	audi-ā-tis	dīc-ā-tis	capi-ā-tis
3.	laud-e-nt	mone-a-nt	audi-a-nt	dīc-a-nt	capi-a-nt

esse, velle: ↗ V 4.5

Passiv

1. P. Sg.	laud-e-r	mone-a-r	audi-a-r	dīc-a-r	capi-a-r
2.	laud-ē-ris	mone-ā-ris	audi-ā-ris	dīc-ā-ris	capi-ā-ris
3.	laud-ē-tur	mone-ā-tur	audi-ā-tur	dīc-ā-tur	capi-ā-tur
1. P. Pl.	laud-ē-mur	mone-ā-mur	audi-ā-mur	dīc-ā-mur	capi-ā-mur
2.	laud-ē-minī	mone-ā-minī	audi-ā-minī	dīc-ā-minī	capi-ā-minī
3.	laud-e-ntur	mone-a-ntur	audi-a-ntur	dīc-a-ntur	capi-a-ntur

Tabellen zur Formenlehre — Anhang

V 4.2 Der Konjunktiv der Gleichzeitigkeit II (Gz II)
[auch: Konjunktiv Imperfekt] → CG 13.1.1

Aktiv

1. P. Sg.	laudā-**re**-m	monē-**re**-m	audī-**re**-m	dīc-**ere**-m	cap-**ere**-m
2.	laudā-**rē**-s	monē-**rē**-s	audī-**rē**-s	dīc-**erē**-s	cap-**erē**-s
3.	laudā-**re**-t	monē-**re**-t	audī-**re**-t	dīc-**ere**-t	cap-**ere**-t
1. P. Pl.	laudā-**rē**-mus	monē-**rē**-mus	audī-**rē**-mus	dīc-**erē**-mus	cap-**erē**-mus
2.	laudā-**rē**-tis	monē-**rē**-tis	audī-**rē**-tis	dīc-**erē**-tis	cap-**erē**-tis
3.	laudā-**re**-nt	monē-**re**-nt	audī-**re**-nt	dīc-**ere**-nt	cap-**ere**-nt

esse, velle: → V 4.5

Passiv

1. P. Sg.	laudā-**re**-r	monē-**re**-r	audī-**re**-r	dīc-**ere**-r	cap-**ere**-r
2.	laudā-**rē**-ris	monē-**rē**-ris	audī-**rē**-ris	dīc-**erē**-ris	cap-**erē**-ris
3.	laudā-**rē**-tur	monē-**rē**-tur	audī-**rē**-tur	dīc-**erē**-tur	cap-**erē**-tur
1. P. Pl.	laudā-**rē**-mur	monē-**rē**-mur	audī-**rē**-mur	dīc-**erē**-mur	cap-**erē**-mur
2.	laudā-**rē**-minī	monē-**rē**-minī	audī-**rē**-minī	dīc-**erē**-minī	cap-**erē**-minī
3.	laudā-**re**-ntur	monē-**re**-ntur	audī-**re**-ntur	dīc-**ere**-ntur	cap-**ere**-ntur

V 4.3 Der Konjunktiv der Vorzeitigkeit I (Vz I)
[auch: Konjunktiv Perfekt] → CG 12.6.2

Aktiv

1. P. Sg.	laudāv-**eri**-m	monu-**eri**-m	audīv-**eri**-m	dīx-**eri**-m	cēp-**eri**-m
2.	laudāv-**eri**-s	monu-**eri**-s	audīv-**eri**-s	dīx-**eri**-s	cēp-**eri**-s
3.	laudāv-**eri**-t	monu-**eri**-t	audīv-**eri**-t	dīx-**eri**-t	cēp-**eri**-t
1. P. Pl.	laudāv-**eri**-mus	monu-**eri**-mus	audīv-**eri**-mus	dīx-**eri**-mus	cēp-**eri**-mus
2.	laudāv-**eri**-tis	monu-**eri**-tis	audīv-**eri**-tis	dīx-**eri**-tis	cēp-**eri**-tis
3.	laudāv-**eri**-nt	monu-**eri**-nt	audīv-**eri**-nt	dīx-**eri**-nt	cēp-**eri**-nt

Passiv

1. P. Sg.	laudātus/-a	sim
2.	laudātus/-a	sīs
3.	laudātus/-a/-um	sit
1. P. Pl.	laudātī/-ae	sīmus
2.	laudātī/-ae	sītis
3.	laudātī/-ae/-a	sint

Anhang — Tabellen zur Formenlehre

↗ CG 13.1.2

V 4.4 Der Konjunktiv der Vorzeitigkeit II (VZ II)
[auch: Konjunktiv Plusquamperfekt]

Aktiv					
1. P. Sg.	laudāv-isse-m	monu-isse-m	audīv-isse-m	dīx-isse-m	cēp-isse-m
2.	laudāv-issē-s	monu-issē-s	audīv-issē-s	dīx-issē-s	cēp-issē-s
3.	laudāv-isse-t	monu-isse-t	audīv-isse-t	dīx-isse-t	cēp-isse-t
1. P. Pl.	laudāv-issē-mus	monu-issē-mus	audīv-issē-mus	dīx-issē-mus	cēp-issē-mus
2.	laudāv-issē-tis	monu-issē-tis	audīv-issē-tis	dīx-issē-tis	cēp-issē-tis
3.	laudāv-isse-nt	monu-isse-nt	audīv-isse-nt	dīx-isse-nt	cēp-isse-nt

esse, velle: ↗ V 4.5

Passiv		
1. P. Sg.	laudātus/-a	essem
2.	laudātus/-a	essēs
3.	laudātus/-a/-um	esset
1. P. Pl.	laudātī/-ae	essēmus
2.	laudātī/-ae	essētis
3.	laudātī/-ae/-a	essent

V 4.5 Übersicht: esse und velle im Konjunktiv

esse	Gz I	Vz I	Gz II	Vz II
1. P. Sg.	s-i-m	fu-erim	es-se-m	fu-isse-m
2.	s-ī-s	fu-eris	es-sē-s	fu-issē-s
3.	s-i-t	fu-erit	es-se-t	fu-isse-t
1. P. Pl.	s-ī-mus	fu-erimus	es-sē-mus	fu-issē-mus
2.	s-ī-tis	fu-eritis	es-sē-tis	fu-issē-tis
3.	s-i-nt	fu-erint	es-se-nt	fu-isse-nt
velle	**Gz I**	**Vz I**	**Gz II**	**Vz II**
1. P. Sg.	vel-i-m	volu-erim	vel-le-m	volu-isse-m
2.	vel-ī-s	volu-eris	vel-lē-s	volu-issē-s
3.	vel-i-t	volu-erit	vel-le-t	volu-isse-t
1. P. Pl.	vel-ī-mus	volu-erimus	vel-lē-mus	volu-issē-mus
2.	vel-ī-tis	volu-eritis	vel-lē-tis	volu-issē-tis
3.	vel-i-nt	volu-erint	vel-le-nt	volu-isse-nt

Tabellen zur Formenlehre — Anhang

Das Nomen

N 1   Substantive und Adjektive

N 1.1   a- und o-Deklination

a) Substantive

hortus – *(der) Garten;* casa – *(die) Hütte;* stabulum – *(der) Stall*

Singular	o-Deklination	a-Deklination	o-Deklination
Nom.	hort-us	cas-a	stabul-um
Gen.	hort-ī	cas-ae	stabul-ī
Dat.	hort-ō	cas-ae	stabul-ō
Akk.	hort-um	cas-am	stabul-um
Abl.	hort-ō	cas-ā	stabul-ō

Plural			
Nom.	hort-ī	cas-ae	stabul-a
Gen.	hort-ōrum	cas-ārum	stabul-ōrum
Dat.	hort-īs	cas-īs	stabul-īs
Akk.	hort-ōs	cas-ās	stabul-a
Abl.	hort-īs	cas-īs	stabul-īs

b) Adjektive

bonus, -a, -um – *gut*

Singular	Maskulinum	Femininum	Neutrum
Nom.	bon-us	bon-a	bon-um
Gen.	bon-ī	bon-ae	bon-ī
Dat.	bon-ō	bon-ae	bon-ō
Akk.	bon-um	bon-am	bon-um
Abl.	bon-ō	bon-ā	bon-ō

Plural	Maskulinum	Femininum	Neutrum
Nom.	bon-ī	bon-ae	bon-a
Gen.	bon-ōrum	bon-ārum	bon-ōrum
Dat.	bon-īs	bon-īs	bon-īs
Akk.	bon-ōs	bon-ās	bon-a
Abl.	bon-īs	bon-īs	bon-īs

Gerundium: ↗ CG 7.1

> CG 1.6.1

N 1.2   Die 3. Deklination (gemischte Deklination)

a) Substantive

ōrātor – *(der) Redner;* adulēscēns – *(der) junge(r) Mann;*
canis – *(der) Hund;* genus (n.) – *(das) Geschlecht*

	Singular			
Nom.	ōrātor	adulēscēns	canis	genus
Gen.	ōrātōr-is	adulēscent-is	canis	gener-is
Dat.	ōrātōr-ī	adulēscent-ī	canī	gener-ī
Akk.	ōrātōr-em	adulēscent-em	canem	genus
Abl.	ōrātōr-e	adulēscent-e	cane	gener-e

	Plural			
Nom.	ōrātōr-ēs	adulēscent-ēs	can-ēs	gener-a
Gen.	ōrātōr-um	adulēscent-ium	can-um	gener-um
Dat.	ōrātōr-ibus	adulēscent-ibus	can-ibus	gener-ibus
Akk.	ōrātōr-ēs	adulēscent-ēs	can-ēs	gener-a
Abl.	ōrātōr-ibus	adulēscent-ibus	can-ibus	gener-ibus

i-Stämme: turris *(f.) – (der) Turm;* mare *(n.) – (das) Meer;*
animal *(n.) – (das) Tier*

	Singular		
Nom.	turr-is	mar-e	animal
Gen.	turr-is	mar-is	animāl-is
Dat.	turr-ī	mar-ī	animāl-ī
Akk.	turr-im	mar-e	animal
Abl.	turr-ī	mar-ī	animāl-ī

	Plural		
Nom.	turr-ēs	mar-ia	animāl-ia
Gen.	turr-ium	mar-ium	animāl-ium
Dat.	turr-ibus	mar-ibus	animāl-ibus
Akk.	turr-īs/-ēs	mar-ia	animāl-ia
Abl.	turr-ibus	mar-ibus	animāl-ibus

Tabellen zur Formenlehre — Anhang

b) Adjektive der 3. Deklination

Drei Typen im Nominativ Singular:

① verschiedene Signale für Maskulinum, Femininum und Neutrum:
   celer, celeris, celere – *schnell*
② ein Signal für Maskulinum und Femininum, eins für das Neutrum:
   ūtilis, ūtile – *nützlich*
③ ein Signal für *alle* drei Genera:
   audāx – *kühn,* vehemēns – *heftig*

	Singular		Plural	
	m./f.	n.	m./f.	n.
Nom.	ūtilis	ūtile	ūtil-ēs	ūtil-**ia**
Gen.	ūtil-is		ūtil-**ium**	
Dat.	ūtil-ī		ūtil-ibus	
Akk.	ūtil-em	ūtile	ūtil-ēs	ūtil-**ia**
Abl.	ūtil-ī		ūtil-ibus	

Eine Handvoll Adjektive der 3. Deklination hat im Plural nicht -ia bzw. -ium, sondern -a und -um, z. B. vetus, -teris: vetera, veterum. Der Abl. Sg. lautet bei ihnen in der Regel auf -e.

N 1.3 Die u-Deklination

↗ CG 6.1

frūctus – *(der) Ertrag*

	Singular	Plural
Nom.	frūctu-s	frūctū-s
Gen.	frūctū-s	frūctu-um
Dat.	frūctu-ī	frūcti-bus
Akk.	frūctu-m	frūctū-s
Abl.	frūctū	frūcti-bus
Neutra:	cornū	cornua

N 1.4 Die e-Deklination

↗ CG 7.2

rēs – *(die) Sache;* diēs – *(der) Tag*

	Singular	Plural	Singular	Plural
Nom.	rē-s	rē-s	diē-s	diē-s
Gen.	rē-ī	rē-rum	diē-ī	diē-rum
Dat.	rē-ī	rē-bus	diē-ī	diē-bus
Akk.	re-m	rē-s	die-m	diē-s
Abl.	rē	rē-bus	diē	diē-bus

Anhang — Tabellen zur Formenlehre

↗ CG 11.1.2

N 1.5 Die Komparation der Adjektive

Der Komparativ folgt der 3. Deklination.

	Singular		Plural	
	m./f.	n.	m./f.	n.
Nom.	dīgniŏr	dīgnius	dīgniōrēs	dīgniōra
Gen.	dīgniōris		dīgniōrum	
Dat.	dīgniōrī		dīgniōribus	
Akk.	dīgniōrem	dīgnius	dīgniōrēs	dīgniōra
Abl.	dīgniōre		dīgniōribus	

N 2 Partizipien und Verbaladjektive

↗ CG 9.1

N 2.1 Das Partizip der Gleichzeitigkeit Aktiv (PGA)

folgt der 3. Deklination:

Singular	m.	f.	n.
Nom.		labōrāns	
Gen.		labōrantis	
Dat.		labōrantī	
Akk.		labōrantem	labōrāns
Abl.		labōrante	

Plural	m.	f.	n.
Nom.		labōrantēs	labōrantia
Gen.		labōrantium	
Dat.		labōrantibus	
Akk.		labōrantēs	labōrantia
Abl.		labōrantibus	

↗ CG 8.1

N 2.2 Das Partizip der Vorzeitigkeit Passiv (PVP)

folgt der a-/o-Deklination, *Beispiele:*

m.	f.	n.
laudātus, -ī	laudāta, -ae	laudātum, -ī
missus, -ī	missa, -ae	missum, -ī

N 2.3 Das Partizip der Nachzeitigkeit Aktiv (PNA)

folgt der a-/o-Deklination, *Beispiele:*

laudā-**tūr**-us, -a, -um   mis-**sūr**-us, -a, -um
esse: fu-tūr-us, -a, -um

Übersetzung: ↗ CG 12.3.2

Tabellen zur Formenlehre — Anhang

N 2.4 Das Gerundivum

↗ CG 15.1

folgt der a-/o-Deklination:

	Singular	Plural
Nom.	laudandus, -a, -um	laudandī, -ae, -a
Gen.	laudandī, -ae, -ī	laudandōrum, -ārum, -ōrum
Dat.	laudandō, -ae, -ō	laudandīs
Akk.	laudandum, -am, -um	laudandōs, -ās, -a
Abl.	laudandō, -ā, -ō	laudandīs

Übersetzung: ↗ CG 15.2

N 3 Pronomina

N 3.1 is, ea, id

↗ CG 6.4.1

Stellvertreter und Verweiser: *er, sie, es; der, die, das* (betont); *dieser, diese, dieses*

	Singular			Plural		
	m.	f.	n.	m.	f.	n.
Nom.	is	ea	id	eī/iī	eae	ea
Gen.		ēius		eōrum	eārum	eōrum
Dat.		eī			eīs/iīs	
Akk.	eum	eam	id	eōs	eās	ea
Abl.	eō	eā	eō		eīs/iīs	

N 3.2 Relativ- und Interrogativpronomen

N 3.2.1 Das Relativpronomen

↗ CG 3.1.1

quī, quae, quod: *der, die, das; welcher, welche, welches*

	Singular			Plural		
Nom.	quī	quae	quod	quī	quae	quae
Gen.		cūius		quōrum	quārum	quōrum
Dat.		cui			quibus	
Akk.	quem	quam	quod	quōs	quās	quae
Abl.	quō	quā	quō		quibus	

Anhang — **Tabellen zur Formenlehre**

N 3.2.2 Das Interrogativpronomen

a) Das **adjektivische** Interrogativpronomen (Fragepronomen) hat dieselben Formen wie das Relativpronomen (s. o. 3.2.1).
b) Das **substantivische** Interrogativpronomen weist keinen Plural auf und unterscheidet nur zwischen Fragen nach Personen (quis/quem) und Sachen/Vorgängen (einschließlich Tieren: quid).

Nom.	quis	quid
Gen.	cūius	
Dat.	cui	
Akk.	quem	quid
Abl.	quō	

↗ CG 6.2

N 3.3 Demonstrativpronomina

N 3.3.1 **hic, haec, hoc:** *der, die, das hier; dieser, diese, dieses*

	Singular			Plural		
	m.	*f.*	*n.*	*m.*	*f.*	*n.*
Nom.	hic	haec	hŏc	hī	hae	haec
Gen.	hūius			hōrum	hārum	hōrum
Dat.	huic			hīs		
Akk.	hunc	hanc	hŏc	hōs	hās	haec
Abl.	hōc	hāc	hōc	hīs		

N 3.3.2 **ille, illa, illud:** *der, die, das (dort); jener, jene, jenes*

	Singular			Plural		
	m.	*f.*	*n.*	*m.*	*f.*	*n.*
Nom.	ille	illa	illud	illī	illae	illa
Gen.	illīus			illōrum	illārum	illōrum
Dat.	illī			illīs		
Akk.	illum	illam	illud	illōs	illās	illa
Abl.	illō	illā	illō	illīs		

N 3.3.3 **iste, ista, istud:** *der, die, das da*

	Singular			Plural		
	m.	*f.*	*n.*	*m.*	*f.*	*n.*
Nom.	iste	ista	istud	istī	istae	ista
Gen.	istīus			istōrum	istārum	istōrum
Dat.	istī			istīs		
Akk.	istum	istam	istud	istōs	istās	ista
Abl.	istō	istā	istō	istīs		

Tabellen zur Formenlehre — Anhang

N 3.4 ipse, ipsa, ipsum: „selbst"

→ CG 9.3

ipse hebt den Begriff, bei dem es steht, besonders hervor.

	Singular m.	f.	n.	Plural m.	f.	n.
Nom.	ipse	ipsa	ipsum	ipsī	ipsae	ipsa
Gen.		ipsīus		ipsōrum	ipsārum	ipsōrum
Dat.		ipsī			ipsīs	
Akk.	ipsum	ipsam	ipsum	ipsōs	ipsās	ipsa
Abl.	ipsō	ipsā	ipsō		ipsīs	

N 3.5 īdem, eadem, idem: derselbe, dieselbe, dasselbe

	Singular m.	f.	n.	Plural m.	f.	n.
Nom.	īdem	eadem	ĭdem	īdem	eaedem	eadem
Gen.		ēiusdem		eōrundem	eārundem	eōrundem
Dat.		eīdem			īsdem	
Akk.	eundem	eandem	ĭdem	eōsdem	eāsdem	eadem
Abl.	eōdem	eādem	eōdem		īsdem	

N 3.6 Das Personalpronomen

→ CG 6.3

a) 1. und 2. Person: ich, wir; du, ihr

	1. Sg.	1. Pl.	2. Sg.	2. Pl.
Nom.	egō	nōs	tū	vōs
Gen.	meī	nostrī nostrum	tuī	vestrī vestrum
Dat.	mihĭ	nōbīs	tibĭ	vōbīs
Akk.	mē	nōs	tē	vōs
Abl.	mē	nōbīs	tē	vōbīs

b) 3. Person

① → is, ea, id (CG 6.4.1; oben N 3.1)
② reflexiv:

	Sg./Pl.
Nom.	–
Gen.	suī
Dat.	sibĭ
Akk.	sē
Abl.	sē

c) Possessivpronomina

1. P.	meus, -a, -um	noster, -tra, -trum	
2. P.	tuus, -a, -um	vester, -tra, -trum	
3. P.	(ēius)*	(eōrum, eārum)*	suus, -a, -um*

* ↗ CG 6.4

N 3.7 Indefinitpronomina

Die folgenden sog. *unbestimmten Pronomina* werden wie **quī, quae, quod** dekliniert:

a) aliquis, aliquid und **aliquī, aliqua, aliquod**
alicūius, alicui, aliquem, aliquō/aliquā *usw.*

> *Bedeutung:* irgendeiner, -eine, -etwas *(unbekannt)*

Desgleichen: **quis, quid** (verkürzte Formen von **aliquis, aliquid**, die nach bestimmten Konjunktionen, Fragewörtern und Relativpronomina auftreten)

> *Bedeutung:* unbetontes aliquis, aliquid (wie deutsch: „da kommt wer" oder „wenn einer …")

b) quīdam, quaedam, quoddam
cūiusdam, cuidam *usw.*

> *Bedeutung:* einer, ein Bestimmter *(bekannt, im Zusammenhang aber nicht genauer benannt)*

c) quisquis, quidquid (quicquid)
begegnet so gut wie ausschließlich im Nominativ oder im Ablativ (quōquō modō: *auf jede Weise*)

> *Bedeutung:* jeder *(aus einer bestimmten Gruppe, der für sich aber unbekannt ist)*

d) quisque, quaeque, quidque/quodque
cūiusque, cuique *usw.*

> *Bedeutung:* jeder für sich, jeder Einzelne
> *beim Superlativ:* optimus quisque *gerade die Besten (dt. Plural!)*

e) quīcumque, quaecumque, quodcumque
cūiuscumque, cuicumque *usw.*

> *Bedeutung:* wer auch immer, jeder, der; *(Ntr.)* alles, was

f) quisquam, (quaequam), quidquam (quicquam)
cūiusquam, cuiquam *usw.*

> *Bedeutung:* (irgend)jemand, irgendeiner

Tabellen zur Formenlehre — **Anhang**

N 3.8 Pronominaladjektive

Unter dem Begriff *Pronominaladjektive* werden bestimmte Adjektive und Pronomina zusammengefasst, die – außer im Gen. und Dat. Sg. – der a-/o-Deklination folgen. In diesen Kasus haben sie wie die Pronomina die Endungen **-īus** bzw. **-ī**:

Singular	m.	f.	n.
Nom.	sōlus	sōla	sōlum
Gen.		sōlīus	
Dat.		sōlī	
Akk.	sōlum	sōlam	sōlum
Abl.	sōlō	sōlā	sōlō

Der **Plural** weist keine Besonderheiten auf.

Zu diesen Wörtern gehören z. B.:

ūnus, -a, -um	einer	alter, -ra, -rum	der andere (von zweien)
sōlus, -a, -um	allein	uter, utra, utrum	welcher/wer (von zweien)
tōtus, -a, -um	ganz (Pl. alle)	neuter, -tra, -trum	keiner (von zweien)
alius, -a, ud (!)	ein anderer	nūllus, -a, -um	keiner

N 3.9 Deklination von Zahlen

↗ CG S. 67

Wie im Deutschen sind im Lateinischen einige Zahlen deklinierbar:

ūnus	ūna	ūnum	duo	duae	duo	trēs	tria
	ūnīus		duōrum	duārum	duōrum		trium
	ūnī		duōbus	duābus	duōbus		tribus
ūnum	ūnam	ūnum	duō(s)	duās	duo	trēs	tria
ūnō	ūnā	ūnō	duōbus	duābus	duōbus		tribus

Die **Hunderter** (außer centum selbst) flektieren nach der o-/a-Deklination:

ducentī, ducentae, ducenta usw.

Zu **mīlle** gehört ein deklinierter **Plural**:
(duo usw.) mīlia, mīlium, mīlibus, mīlia, mīlibus.

Flexion der **Ordnungszahlen** (↗ S. 67): nach der o-/a-Deklination.

Anhang — Cursus grammaticus

Übersicht über die Funktionen der Satzglieder und ihre Füllungsarten

Zu Beginn des Cursus grammaticus wurde dir (↗ S. 4) ein **allgemeines Satzmodell** vorgestellt. Im Verlauf des Lehrgangs hast du gesehen, dass Satzglieder *in verschiedenen grammatischen Formen* auftreten können: Zum Beispiel kann ein Subjekt die Form eines Relativsatzes haben, ein Objekt die eines AcI oder eine adverbiale Bestimmung die eines adverbialen Gliedsatzes mit einer Konjunktion.

All dies findest du hier in einer Übersicht zusammengefasst. Du siehst, dass die verschiedenen Satzglieder unterschiedliche Funktionen erfüllen und auf unterschiedliche Weise „gefüllt" sein können; das nennt man die **Füllungsarten** der Satzglieder.

Beachte: Natürlich kann nicht jede Form eines Attributs zu jeder Füllungsart eines anderen Satzglieds treten!

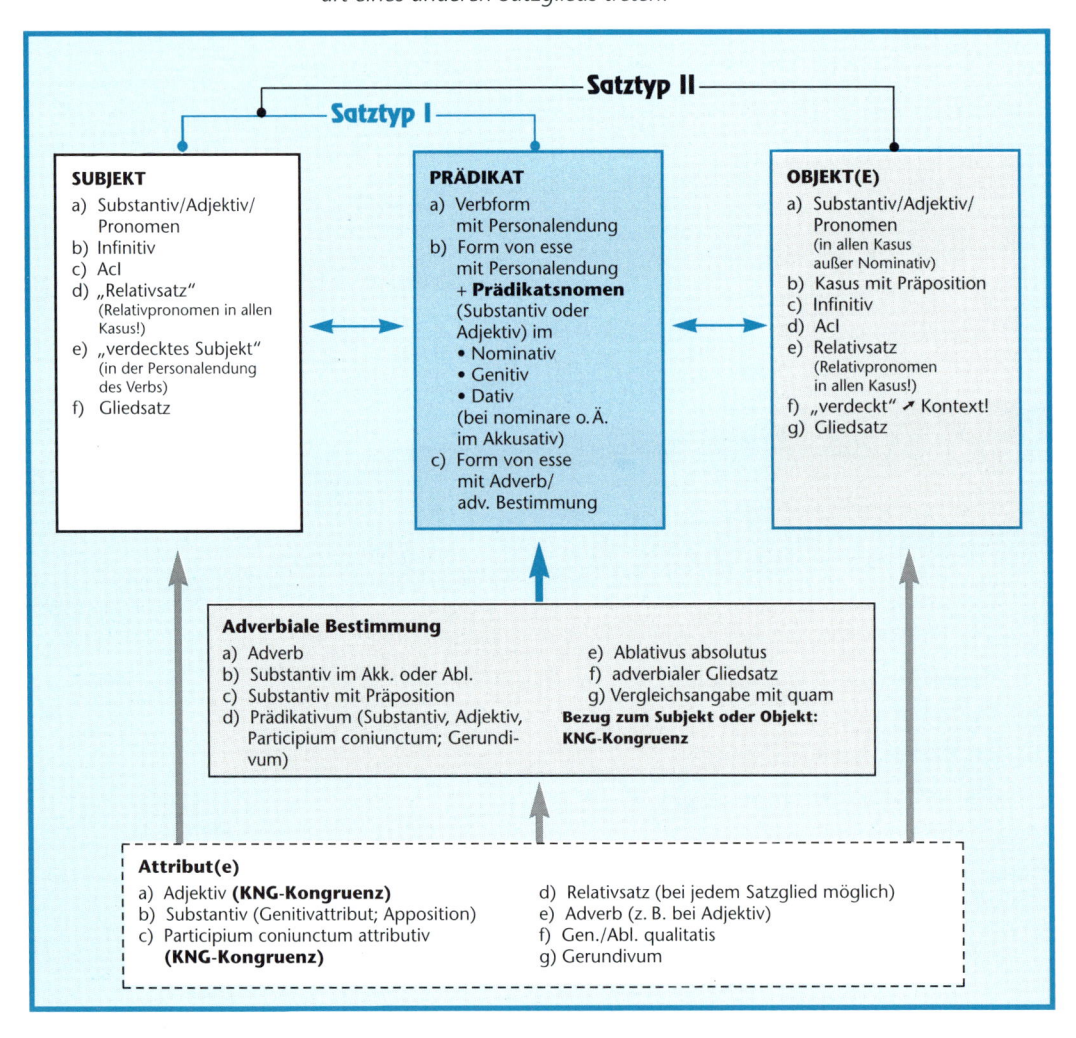

Satztyp II
Satztyp I

SUBJEKT
a) Substantiv/Adjektiv/ Pronomen
b) Infinitiv
c) AcI
d) „Relativsatz" (Relativpronomen in allen Kasus!)
e) „verdecktes Subjekt" (in der Personalendung des Verbs)
f) Gliedsatz

PRÄDIKAT
a) Verbform mit Personalendung
b) Form von esse mit Personalendung + **Prädikatsnomen** (Substantiv oder Adjektiv) im
• Nominativ
• Genitiv
• Dativ
(bei nominare o. Ä. im Akkusativ)
c) Form von esse mit Adverb/ adv. Bestimmung

OBJEKT(E)
a) Substantiv/Adjektiv/ Pronomen (in allen Kasus außer Nominativ)
b) Kasus mit Präposition
c) Infinitiv
d) AcI
e) Relativsatz (Relativpronomen in allen Kasus!)
f) „verdeckt" ↗ Kontext!
g) Gliedsatz

Adverbiale Bestimmung
a) Adverb
b) Substantiv im Akk. oder Abl.
c) Substantiv mit Präposition
d) Prädikativum (Substantiv, Adjektiv, Participium coniunctum; Gerundivum)
e) Ablativus absolutus
f) adverbialer Gliedsatz
g) Vergleichsangabe mit quam
Bezug zum Subjekt oder Objekt: KNG-Kongruenz

Attribut(e)
a) Adjektiv **(KNG-Kongruenz)**
b) Substantiv (Genitivattribut; Apposition)
c) Participium coniunctum attributiv **(KNG-Kongruenz)**
d) Relativsatz (bei jedem Satzglied möglich)
e) Adverb (z. B. bei Adjektiv)
f) Gen./Abl. qualitatis
g) Gerundivum

STAMMFORMEN (PERFEKTBILDUNG) WICHTIGER VERBEN

Die hervorgehobenen Verben gehören zu den Lernwörtern dieses Buches; bei den übrigen handelt es sich um weitere in Itinera vorkommende wichtigere Verben des Klettschen Grundwortschatzes.

a-Konjugation

Normaltyp: Perfekt auf -vī
laudāre, laudō, laudāvī, laudātum — loben

Perfekt auf -uī
1. vĕtāre, vĕtuī, vetĭtum — verbieten, verhindern

Perfekt mit Dehnung oder Reduplikation
2. dăre, dō, dĕdī, dătum — geben
   circúmdăre, circúmdĕdī, circúmdătum — umgeben
   prōdere, prōdidī, prōditum — hervorbringen, preisgeben, verraten
3. adiuvāre, adiūvī, adiūtum — unterstützen, helfen
4. lăvāre, lāvī, lautum — waschen
5. stāre, stō, stĕtī, stătum — stehen
   cōnstāre, -stat, -stitit — feststehen
   īnstāre, īnstitī — drohen, bevorstehen

e-Konjugation

Normaltyp: Perfekt auf -uī
terrēre, terreō, terruī, territum — (jmdn.) erschrecken
im PVP weichen hiervon ab:
6. cēnsēre, cēnsuī, cēnsum — schätzen, meinen
7. dŏcēre, docuī, doctum — lehren, unterrichten
8. miscēre, miscuī, mixtum — mischen
9. tenēre, tenuī, tentum — halten, besitzen
   dētinēre, dētinuī, dētentum — festhalten, zurückhalten
   sustinēre, sustinuī, sustentum — aushalten, ertragen
   retinēre, retinuī, retentum — zurückhalten, festhalten

Perfekt auf -vī
10. dēlēre, dēlēvī, dēlētum — zerstören, vernichten
11. flēre, flēvī, flētum — weinen, beklagen
12. complēre, complēvī, complētum — anfüllen

Perfekt auf -sī
13. ārdēre, ārsī, ārsum — brennen
14. haerēre, haesī, haesum — stecken bleiben, hängen
15. iubēre, iussī, iussum — befehlen, anordnen
16. mănēre, mānsī, mānsum — bleiben, warten
    permănēre, permānsī, permānsum — verweilen, fortdauern
17. rīdēre, rīsī, rīsum — lachen, verspotten
18. suādēre, suāsī, suāsum — raten, empfehlen
    persuādēre, persuāsī, persuāsum — überreden, überzeugen

Perfekt mit Dehnung des Stammvokals
19. căvēre, cāvī, cautum — sich hüten, Vorsorge treffen
20. mŏvēre, mōvī, mōtum — bewegen, veranlassen
    commŏvēre, commōvī, commōtum — bewegen, veranlassen
21. sedēre, sēdī, sessum — sitzen
    possidēre, possēdī, possessum — besitzen
22. vĭdēre, vīdī, vīsum — sehen
    invidēre, invīdī, invīsum — beneiden
    prōvidēre, prōvīdī, prōvīsum — vorhersehen, sorgen für

Perfekt mit Reduplikation
(bei Komposita z. T. ohne Reduplikation)
23. respondēre, respondī, respōnsum — antworten

ī-Konjugation (langes ī)

Normaltyp: Perfekt auf -vī
audīre, audiō, audīvī, audītum — hören
Im PVP weichen hiervon ab:
24. sepelīre, sepelīvī, sepultum — bestatten

Perfekt auf -uī
25. aperīre, aperuī, apertum — öffnen, aufdecken

Perfekt auf -sī
26. sentīre, sēnsī, sēnsum — merken, empfinden
    dissentīre, dissēnsī, dissēnsum — nicht übereinstimmen, widersprechen

Stammformen — Cursus grammaticus

Perfekt mit Dehnung oder Reduplikation des Stammvokals

27. **venīre**, vēnī, ventum — kommen
    advenīre, advēnī, adventum — ankommen
    convenīre, convēnī, conventum — zusammenkommen, zusammentreffen
    ēvenīre, ēvēnī, ēventum — ablaufen, sich ereignen
    invenīre, invēnī, inventum — finden, erfinden
    pervenīre, pervēnī, perventum — (ans Ziel) gelangen, hinkommen
    subvenīre, subvēnī, subventum — zu Hilfe kommen, beistehen

Perfekt mit Reduplikation
(bei Komposita z. T. ohne Reduplikation)

28. **reperīre**, répperī, repertum — wiedergewinnen, finden

Konsonantische Konjugation

Bei dieser Konjugation existiert kein „Normal- Typ".

Perfekt auf -vī

29. **arcessere**, arcessīvī, arcessītum — herbeirufen, holen
30. **cernere**, crēvī, crētum — sehen, wahrnehmen
31. **petere**, petīvī, petītum — (nach etwas) streben, bitten
    appetere, appetīvī, appetītum — begehren
    repetere, repetīvī, repetītum — zurückverlangen, wiederholen
    suppetere, suppetīvī, suppetītum — (ausreichend) zur Verfügung stehen
32. **quaerere**, quaesīvī, quaesītum — suchen, fragen
    acquīrere, acquisīvī, acquisītum — hinzuerwerben, gewinnen
    conquīrere, conquisīvī, conquisītum — zusammensuchen, sammeln
    requīrere, requīsīvī, requīsītum — aufsuchen, nachforschen
33. **sinere**, sīvī, sītum — lassen, zulassen
    dēsinere, dēsī(v)ī, dēsitum — ablassen, aufhören
34. **sternere**, strāvī, strātum — hinbreiten, niederwerfen

Verben auf -scō (Verba incohativa)

35. **cōgnōscere**, cōgnōvī, cōgnitum — erkennen, erfahren
    īgnōscere, īgnōvī, īgnōtum — verzeihen
36. **crēscere**, crēvī, crētum — wachsen

Perfekt auf -uī

37. **alere**, aluī, altum — (er)nähren, großziehen
38. **colere**, coluī, cultum — bewirtschaften, pflegen, verehren
    incolere, incoluī, incultum — (be)wohnen
39. **cōnsulere**, cōnsuluī, cōnsultum — um Rat fragen, sorgen für
40. **dēserere**, dēseruī, dēsertum — im Stich lassen, verlassen
    disserere, disseruī, dissertum — über etwas sprechen, erörtern
41. **pōnere**, posuī, positum — stellen, setzen, legen
    compōnere, composuī, compositum — zusammenstellen, ordnen
    dēpōnere, dēposuī, dēpositum — niederlegen, aufgeben
    disponere, disposuī, dispositum — verteilen, einteilen
    expōnere, exposuī, expositum — aus(einander)setzen, darlegen
    impōnere, imposuī, impositum — einsetzen, auferlegen
    prōpōnere, prōposuī, prōpositum — vorlegen, vorschlagen
    recomponere, recomposuī, recompositum — wieder in Ordnung bringen

Perfekt mit unverändertem Präsensstamm

42. **incendere**, incendī, incēnsum — anzünden, entflammen
43. **dēfendere**, dēfendī, dēfēnsum — abwehren, verteidigen
    offendere, offendī, offēnsum — anstoßen, beleidigen
44. **metuere**, metuī — fürchten
45. **comprehendere**, -ndī, -ēnsum — ergreifen, begreifen
    dēprehendere, -ndī, -ēnsum — ergreifen, ertappen
46. **ascendere**, -ndī, -ēnsum — hinaufsteigen, besteigen
    dēscendere, -ndī, -ēnsum — herabsteigen
47. **solvere**, solvī, solūtum — lösen, bezahlen
    absolvere, absolvī, absolūtum — ablösen, freisprechen
48. **statuere**, statuī, statūtum — aufstellen, festsetzen
    cōnstituere, cōnstituī, cōnstitūtum — aufstellen, beschließen

Cursus grammaticus — Stammformen

	īnstituere, īnstituī, īnstitūtum	einrichten, unterrichten
	restituere, restituī, restitūtum	wiederherstellen
49.	tribuere, tribuī, tribūtum	zuteilen, zuweisen
50.	vertere, vertī, versum	wenden, drehen
	animadvertere, -vertī, -versum	Acht geben, bemerken
	convertere, convertī, conversum	umwenden, verwandeln
	ēvertere, ēvertī, ēversum	umstürzen, zerstören
51.	vīsere, vīsī	besichtigen, besuchen
52.	volvere, volvī, volūtum	wälzen, rollen

Perfekt mit Reduplikation
(bei Komposita z. T. ohne Reduplikation)

53.	bĭbere, bĭbī	trinken
54.	cădere, cĕcĭdī	fallen
	accidere, áccĭdit, áccĭdit	sich ereignen, geschehen
	concidere, cóncĭdī	zusammenfallen, einstürzen
	incidere, íncĭdī	in etwas geraten, sich ereignen
55.	caedere, cecīdī, caesum	zu Fall bringen, niederhauen
56.	currere, cucúrrī, cursum	laufen, eilen
	concurrere, -currī, -cursum	zusammenlaufen
	occurrere, -currī, -cursum	entgegenlaufen, begegnen
	succurrere, -currī, -cursum	zu Hilfe eilen, beistehen
57.	condere, condidī, conditum	(er)bauen, gründen
	abscondere, abscon(di)dī, absconditum	verbergen
58.	crēdere, crēdidī, crēditum	glauben, anvertrauen
59.	dēdere, dēdidī, dēditum	hingeben, ausliefern
	abdere, abdidī, abditum	verbergen, verstecken
	ēdere, ēdidī, ēditum	herausgeben
	perdere, perdidī, perditum	zugrunde richten, verlieren
	reddere, reddidī, redditum	zurückgeben, machen zu
	trādere, trādidī, trāditum	übergeben, überliefern
	vendere, vendidī, venditum	verkaufen
60.	discere, dídicī	lernen, erfahren
61.	fallere, fefellī	täuschen

62.	pellere, pépulī, pulsum	(ver)treiben, schlagen
	expellere, éxpulī, expulsum	vertreiben, verbannen
	impellere, ímpulī, impulsum	anstoßen, antreiben
63.	pendere, pependī, pēnsum	aufhängen, (be)zahlen
64.	poscere, poposcī	fordern
65.	cōnsistere, cōnstitī	sich aufstellen, Halt machen
	circumsistere, circumstetī	umringen, umdrängen
	dēsistere, dēstitī	aufhören, ablassen
	resistere, restitī	widerstehen
66.	tangere, tétigī, tāctum	berühren
	contingere, cóntigī, contāctum	berühren, zuteil werden
67.	tendere, tetendī, tentum	spannen, strecken, streben
	contendere, contendī, contentum	sich anstrengen, eilen, streiten
	intendere, intendī, intentum	anstrengen, richten auf
	ostendere, ostendī, ostentum	zeigen, darlegen

Perfekt mit Dehnung des Stammvokals

68.	agere, ēgī, āctum	(be)treiben, handeln
	cōgere, cōgō, coēgī, coāctum	zusammentreiben, zwingen
	exigere, exēgī, exāctum	vertreiben, (ein)fordern
69.	cōnsīdere, cōnsēdī, cōnsessum	sich niederlassen, sich lagern
70.	ĕdere, ēdī, ēsum	essen, verzehren
71.	ĕmere, ēmī, ēmptum	nehmen, kaufen
72.	frangere, frēgī, frāctum	(zer)brechen
73.	fundere, fūdī, fūsum	(aus)gießen, zerstreuen
74.	legere, lēgī, lēctum	sammeln, lesen
	colligere, collēgī, collēctum	sammeln
	dēligere, dēlēgī, dēlēctum	wählen, auswählen
75.	relinquere, relīquī, relictum	zurücklassen, verlassen
76.	rumpere, rūpī, ruptum	zerbrechen, zerreißen
	corrumpere, -rūpī, -ruptum	verderben, bestechen
	irrumpere, irrūpī, irruptum	hineinstürzen
77.	vincere, vīcī, victum	siegen, besiegen

Perfekt auf -sī

78.	carpere, carpsī, carptum	pflücken, abreißen

Stammformen — Cursus grammaticus

79. **cēdere**, cessī, cessum — gehen, weichen
    accēdere, accessī, accessum — herantreten, hinzukommen
    dēcēdere, dēcessī, dēcessum — weggehen
    discēdere, discessī, discessum — auseinander gehen, weggehen
    excēdere, excessī, excessum — hinausgehen, sich entfernen
    procēdere, processī, processum — vorankommen, vorrücken
    succēdere, successī, successum — nachfolgen, gelingen
80. **cingere**, cinxī, cinctum — umgürten, umgeben
    circumcingere, circumcinxī, circumcinctum — umgeben, umschließen
81. **claudere**, clausī, clausum — schließen, einschließen
82. **contemnere**, -tempsī, -temptum — verachten, gering schätzen
83. **dīcere**, dīxī, dictum — sagen, sprechen
84. **dīvidere**, dīvīsī, dīvīsum — trennen, teilen
85. **dūcere**, dūxī, ductum — führen
    addūcere, addūxī, adductum — heranführen, veranlassen
    condūcere, condūxī, conductum — zusammenführen, mieten
    dēdūcere, dēdūxī, dēductum — wegführen, hinführen
    ēdūcere, ēdūxī, ēductum — herausführen
    indūcere, indūxī, inductum — einführen, verleiten
    obdūcere, obdūxī, obductum — überziehen, bedecken
    perdūcere, perdūxī, perductum — veranlassen, verleiten
    prōdūcere, prōdūxī, prōductum — vorführen, ausdehnen
86. **fingere**, fīnxī, fictum — formen, (er)dichten
    effingere, effīnxī, effictum — abbilden, darstellen
87. **flectere**, flexī, flexum — beugen, biegen
88. **fluere**, flūxī — fließen, strömen
89. **gerere**, gessī, gestum — tragen, (aus)führen
90. **iungere**, iūnxī, iūnctum — verbinden, vereinigen
    coniungere, coniūnxī, coniūnctum — verbinden, vereinigen
91. **laedere**, laesī, laesum — verletzen, beschädigen
92. **dīligere**, dīlēxī, dīlēctum — hoch achten, lieben
    intellegere, intellēxī, intellēctum — bemerken, verstehen
    neglegere, neglēxī, neglēctum — vernachlässigen, nicht beachten
93. **lūdere**, lūsī, lūsum — spielen
94. **mittere**, mīsī, missum — schicken, lassen
    admittere, admīsī, admissum — zulassen, hinzuziehen
    committere, commīsī, commissum — zustande bringen, anvertrauen
    dīmittere, dīmīsī, dīmissum — entlassen, aufgeben
    intermittere, intermīsī, intermissum — unterbrechen
    ŏmittere, ŏmīsī, ŏmissum — loslassen, aufgeben
    permittere, permīsī, permissum — überlassen, erlauben
    praetermittere, praetermīsī, praetermissum — vorbeigehen lassen, übergehen
    prōmittere, prōmīsī, prōmissum — versprechen, in Aussicht stellen
95. pingere, pīnxī, pictum — (be)malen
96. **premere**, pressī, pressum — drücken, drängen
    opprimere, oppressī, oppressum — bedrängen, unterdrücken
97. **rĕgere**, rēxī, rēctum — lenken, leiten
    dīrigere, dīrēxī, dīrēctum — lenken, bestimmen
    ērigere, ērēxī, ērēctum — aufrichten, errichten
    pergere, perrēxī, perrēctum — fortfahren, weitermachen
    surgere, surrēxī, surrēctum — aufstehen, sich erheben
    assurgere, assurrēxī, assurrēctum — sich erheben
98. **scrībere**, scrīpsī, scrīptum — schreiben
    describere, dēscrīpsī, dēscrīptum — aufschreiben, beschreiben
99. exstinguere, -stīnxī, -stīnctum — löschen, tilgen
100. **īnstruere**, īnstrūxī, īnstrūctum — einrichten, unterrichten
101. **sūmere**, sūmpsī, sūmptum — (an sich) nehmen
    cōnsūmere, cōnsūmpsī, cōnsūmptum — verbrauchen, erschöpfen
102. **tĕgere**, tēxī, tēctum — (be)decken, schützen
103. **invādere**, invāsī, invāsum — eindringen, angreifen
104. **vehere**, vēxī, vectum — (etwas) fahren, ziehen
105. **vīvere**, vīxī — leben

Cursus grammaticus — Stammformen

Gemischte Konjugation

(Konsonantische Konjugation mit i-Erweiterung)

Perfekt mit Dehnung des Stammvokals

106. **capere**, capiō, cēpī, captum — nehmen, fassen
  accĭpere, accĭpiō, accēpī, acceptum — annehmen, vernehmen
  excipere, excipiō, excēpī, exceptum — ausnehmen, aufnehmen
  incipere, incipiō, coepī, inceptum — anfangen
  recipere, recipiō, recēpī, receptum — zurücknehmen, aufnehmen
  suscipere, suscipiō, suscēpī, susceptum — übernehmen, unternehmen
107. **facere**, faciō, fēcī, factum — tun, machen
  afficere, afficiō, affēcī, affectum — antun, mit etwas versehen
  cōnficere, cōnficiō, cōnfēcī, cōnfectum — fertig machen, vollenden
  dēficere, dēficiō, dēfēcī, dēfectum — abnehmen, schwinden
  interficere, interficiō, interfēcī, interfectum — niedermachen, töten
  perficere, perficiō, perfēcī, perfectum — ausführen, vollenden
  reficere, reficiō, refēcī, refectum — wiederherstellen, erneuern
108. **fŭgere**, fugiō, fūgī — fliehen, meiden
  effŭgere, effugiō, effūgī — entfliehen, entkommen
109. **iácere**, iaciō, iēcī, iactum — werfen
  adicere, adiciō, adiēcī, adiectum — hinzufügen
  conicere, coniciō, coniēcī, coniectum — zusammenbringen, vermuten
  obicere, obiciō, obiēcī, obiectum — vorwerfen, entgegnen
  subicere, subiciō, subiēcī, subiectum — unterwerfen

Perfekt auf -sī

110. **aspicere**, aspiciō, aspēxī, aspectum — erblicken
  circumspicere, circumspiciō, circumspēxī, circumspectum — umherschauen, sich umschauen
  cōnspicere, cōnspiciō, cōnspēxī, cōnspectum — erblicken
  respicere, respiciō, respēxī, respectum — zurückschauen, berücksichtigen

Perfekt auf -vī

111. **cupere**, cupiō, cupīvī, cupītum — wünschen, begehren

Perfekt auf -uī

112. **rapere**, rapiō, rapuī, raptum — raffen, rauben
  dēripere, dēripiō, dēripuī, dereptum — entreißen
  ēripere, ēripiō, ēripuī, ēreptum — entreißen

Perfekt mit Reduplikation

113. **parĕre**, pariō, péperī, partum — hervorbringen, gebären, erwerben

Deponentien

(aller Konjugationsgruppen)

114. **adipīscī**, adipīscor, adeptus, -a sum — erringen, erlangen
115. **experīrī**, experior, expertus, -a sum — versuchen, erfahren
116. **fatērī**, fateor, fassus, -a sum — bekennen, gestehen
117. **fierī**, fiō, factus, -a sum — werden, geschehen, gemacht werden
118. **fruī**, fruor, frūctus, -a sum — genießen, sich erfreuen
119. **fungī**, fungor, fūnctus, -a sum — verrichten, verwalten
120. **aggredī**, aggredior, aggressus, -a sum — herangehen, angreifen
  ēgredī, ēgredior, ēgressus, -a sum — hinausgehen, verlassen
  ingredī, ingredior, ingressus, -a sum — betreten, beginnen
121. **loquī**, loquor, locūtus, -a sum — sprechen, reden
122. **morī**, morior, mortuus, -a sum — sterben
123. **nancīscī**, nancīscor, na(n)ctus, -a sum — bekommen, erlangen
124. **nāscī**, nāscor, nātus, -a sum — geboren werden, entstehen
125. **oblīvīscī**, oblīvīscor, oblītus, -a sum — vergessen
126. **orīrī**, orior, ortus, -a sum — entstehen, abstammen
127. **pătī**, patior, passus, -a sum — (zu)lassen, leiden
128. **querī**, queror, questus, -a sum — klagen, sich beklagen

Stammformen   Cursus grammaticus

129. **sequī**, sequor, secūtus, -a sum — folgen, sich anschließen
     assequī, assequor, assecūtus, -a sum — einholen, erreichen
     cōnsequī, cōnsequor, cōnsecūtus, -a sum — nachfolgen, erreichen
     persequī, persequor, persecūtus, -a sum — verfolgen, einholen
130. **proficīscī**, proficīscor, profectus, -a sum — aufbrechen, reisen
131. **tuērī**, tueor, tūtātus, -a sum — anschauen, beschützen
132. **ūtī**, ūtor, ūsus, -a sum — gebrauchen, benutzen
133. **vehī**, vehor, vectus, -a sum — fahren, befördert werden
134. **vidērī**, videor, vīsus, -a sum — scheinen

Semideponentien

135. **audēre**, audeō, ausus, -a sum — wagen
136. **cōnfīdere**, cōnfīdō, cōnfīsus, -a sum — vertrauen
137. **gaudēre**, gaudeō, gavīsus, -a sum — sich freuen
138. **revertī**, revertor, revertī — zurückkehren
139. **solēre**, soleō, solitus, -a sum — gewohnt sein, pflegen

esse, velle

140. **esse, sum, fuī** — sein, existieren
     abesse, absum, āfuī — abwesend sein, fehlen
     adesse, adsum, adfuī — anwesend sein, helfen
     deesse, dēsum, dēfuī — abwesend sein, mangeln
     inesse, īnsum, īnfuī — enthalten sein, sich befinden
     interesse, intersum, interfuī — dazwischen sein, teilnehmen
     posse, possum, pŏtuī — können, vermögen
     praeesse, praesum, praefuī — an der Spitze stehen, befehligen
     prōdesse, prōsum, prōfuī — nützen, nützlich sein
     superesse, supersum, superfuī — übrig sein, überlegen sein
141. **velle, vŏlō, vŏluī** — wollen
     mālle, mālō, māluī — lieber wollen
     nōlle, nōlō, nōluī — nicht wollen

Verben mit verschiedenen Stämmen

142. **ferre, ferō, tulī, lātum** — tragen, bringen, ertragen
     afferre, áfferō, attulī, allātum — herbeibringen, melden
     auferre, auferō, abstulī, ablātum — wegbringen, beseitigen
     cōnferre, cōnferō, contulī, collātum — zusammentragen, vergleichen
     dēferre, dēferō, dētulī, dēlātum — hinbringen, melden, berichten
     differre, differō, distulī, dīlātum — aufschieben, sich unterscheiden
     efferre, efferō, extulī, ēlātum — hervorbringen, erheben
     īnferre, īnferō, intulī, illātum — hineintragen, zufügen
     offerre, offerō, obtulī, oblātum — anbieten
     perferre, perferō, pertulī, perlātum — überbringen, ertragen
     praeferre, praeferō, praetulī, praelātum — vorzeigen, vorziehen
     referre, referō, rettulī, relātum — bringen, berichten
     tollere, tollō, sustulī, sublātum — aufheben, beseitigen
143. **īre, eō, iī, itum** — gehen
     abīre, abeō, abiī, abitum — weggehen
     adīre, adeō, adiī, aditum — herangehen, bitten
     exīre, exeō, exiī, exitum — herausgehen
     interīre, intereō, interiī, interitum — (ver)schwinden, zugrunde gehen
     perīre, pereō, periī, peritum — zugrunde gehen, umkommen
     praeterīre, praetereō, praeteriī, praeteritum — vorübergehen, (jmdn.) übergehen
     redīre, redeō, rediī, reditum — zurückgehen, zurückkehren
     subīre, subeō, subiī, subitum — darunter gehen, sich unterziehen
     trānsīre, trānseō, trānsiī, trānsitum — hinübergehen, überschreiten
     vēnīre, vēn**eō**, vēniī — verkauft werden

Verben mit unvollständigen Formenreihen

144. **meminisse**, meminī — sich erinnern, daran denken
145. **nōvisse**, nōvī — kennen, wissen
146. **ōdisse**, ōdī — hassen

Lesevokabular — I, 2

In dem folgenden **Lesevokabular zu den Lesestücken** werden alle Wörter eines Lesestücks in der Reihenfolge, wie sie im jeweiligen Text vorkommen, aufgeführt, allerdings immer nur einmal.
Die **fett** gedruckten Wörter sind **Lernwörter**, sie sind auch im 1. Teil im Lernvokabular enthalten. Sie werden **nur dort** aufgeführt, wo sie das erste Mal vorkommen – danach wird vorausgesetzt, dass du diese Wörter gelernt hast und wiedererkennst. Wenn du einmal ein Lernwort nicht mehr weißt, musst du im *alphabetischen Wörterverzeichnis* (ebenfalls im Teil 1) nachschlagen.
Neben den Spalten findest du die Ziffern der jeweiligen Lesestücke von **1** bis **55** sowie die zugehörigen Überschriften. Die normal gedruckten Ziffern am Rand verweisen auf die Zeilen in den Texten: So weißt du besser, an welcher Stelle du jeweils zu suchen hast.

Caput prīmum

1 Ein Hof in Lucania

ecce	sieh da!
illīc *(Adv.)*	da, dort
casa	Hütte, Häuschen
parvus, -a, -um	klein
est	ist
esse	sein, vorhanden sein
2 **ager**, agrum *m.*	Acker(land), Feld, Gebiet
lapidōsus, -a, -um	steinig, voller Steine
hortus	Garten
fēcundus, -a, -um	fruchtbar
et	und, auch
cingere	gürten, umgeben
3 **hīc** *(Adv.)*	hier
rūsticus (-a, -um)	Bauer; ländlich, bäurisch
rūstica	Bäuerin
vīvere	leben
labōrāre	sich anstrengen, arbeiten, leiden
vīta	Leben, Lebensweise
agere	treiben, betreiben, handeln, verhandeln; vītam agere: Leben verbringen
dūrus, -a, -um	hart, beschwerlich
5 **sed**	aber, sondern
nōn	nicht
miser, -ra, -rum	elend, unglücklich
eam *(Akk. Sg. f.)*	sie, diese
incolere	bewohnen
praeter *(beim Akk.)*	außer
-que *(angehängt)*	und
līberī, -ōs *(Pl.)*	Kinder
quattuor *(undekl.)*	vier
fīlius	Sohn
7 **duo**, duae, duo	‚zwei'
fīlia	Tochter
ūnus, -a, -um	ein, einzig(artig)
servus	Sklave, Knecht
neque ... neque ...	weder ... noch ...
vērō *(Adv.)*	wirklich, tatsächlich
9 **possidēre**	besitzen
colōnus	Bauer, Pächter
sunt	sind
prope *(beim Akk.)*	nahe bei, in der Nähe von
stabulum	Stall
eō *(Adv.)*	dorthin, dort
frūmentum	Getreide, Feldfrucht
condere	verwahren, unterbringen
11 **praetereā** *(Adv.)*	außerdem
nōnnūllī, -ae, -a	einige, manche
īnstrūmentum	Werkzeug, Gerät
inesse, inest, insunt	enthalten sein, sich befinden
Molossus	Molosserhund
canis, canem *m./f.*	Hund
12 **validus**, -a, -um	gesund, stark
aedificium	Gebäude
cūstōdīre	bewachen
lupus	Wolf
alius, alia, aliud	ein anderer
bēstia	Tier (das wilde Tier)
etiam	auch, noch, sogar
fūrunculus	Dieb, Spitzbube
terrēre	(er)schrecken, abschrecken
fugāre	vertreiben, in die Flucht schlagen

2 Der Fremde

māne *(Adv.)*	frühmorgens
et ... et	sowohl ... als auch
id est	das heißt
cūnctus, -a, -um	gesamt, ganz; cūnctī, -ae, -a: alle

I, 2 — Lesevokabular

2 **familia** — Hausgemeinschaft, Familie
labor, -ōrem *m.* — Arbeit, Mühe, Anstrengung
suus, -a, -um — sein, ihr
suscipere, -iō — unternehmen, auf (sich) nehmen
bōs, bovem *m./f.* — Rind, Kuh
iungere — verbinden, vereinigen; boves: anspannen
3 **in** *(beim Akk.)* — in … hinein, nach … hin, gegen
fabrica — Werkstatt
contendere — sich anstrengen, eilen, kämpfen, behaupten
īgnis, -em *m.* — Feuer, Brand
hesternus, -a, -um — gestrig
excitāre — (auf)wecken, erregen, *(hier:)* entfachen
intereā *(Adv.)* — unterdessen, inzwischen
soror, -ōrem *f.* — Schwester
aqua — Wasser
farīna — Mehl
sāl, salem *m.* — Salz
miscēre — mischen
5 **tum** *(Adv.)* — da, dann; damals
māssa *(griech.)* — Teig
orbis, orbem *m.* — Kreis, Scheibe, Erdkreis
dīvidere — trennen, teilen
focus — Herd, Feuer, Glut
īnferunt *(Inf.* īnferre*)* — sie tragen/legen hinein
sīc *(Adv.)* — so, auf diese Weise
pānis, -em *m.* — Brot
parāre — (vor-)bereiten, (sich) verschaffen
7 **quoque** *(Adv.)* — auch
relinquere — zurücklassen, verlassen
lūdus — Spiel, Schule
petere — streben (wohin, nach etw.), sich an jd. wenden, bitten
ut *(Adv.)* — wie
parentēs, parentēs *(Pl.)* — Eltern
crēdere — glauben, anvertrauen
neque — und nicht, auch nicht
magister, -trum *m.* — Lehrer, Meister
hodiē *(Adv.)* — heute
adīre, -eō — herangehen, aufsuchen, bitten
ad *(beim Akk.)* — bei, an, zu, nach
via — Weg, Straße
pūblicus, -a, -um — öffentlich, staatlich; via pūblica: Staatsstraße
currere — laufen, eilen
domitor, -ōrem — Dompteur, Tierbändiger
9 **enim** — denn, nämlich
aliēnus, -a, -um — fremd; Fremder

vēnātiō, -ōnem *f.* — Jagd, Tierhetze
dūcere — ziehen, führen
camēlus *(griech.)* — Kamel
leō, -ōnem *m.* — Löwe
elephantus *(griech.)* — Elefant
panthēra *(griech.)* — Panther
11 **multī**, -ae, -a — viele
homō, hominem *m.* — Mensch, Mann; hominēs *(auch):* Leute
adesse, adest, adsunt — anwesend sein, da sein
agmen, *(Pl.:)* agmina *n.* — Zug, Heereszug
spectāre — betrachten, (zu)schauen
inter *(beim Akk.)* — zwischen, unter
eōs *(Akk. Pl. m.)* — sie
adulēscēns, -ntem — junger Mann
quīdam, quaedam, quoddam — (irgend)einer, ein bestimmter
cōnspicuus, -a, -um — sichtbar, auffällig
asinus — Esel
sēcum — bei sich, mit sich
habēre — haben, halten (für)
itaque *(Adv.)* — daher, und so
nōn modo … sed etiam … *(Adv.)* — nicht nur … sondern auch …
aspicere, -iō — anschauen, erblicken

3 Einladung

circumstantēs — die Um(her)stehenden
appellāre — anreden, nennen, benennen
cīvis, cīvem *m./f.* — Bürger
audīre — hören
ēsurīre — hungern
dēfessus, -a, -um — müde, erschöpft
prandium — Frühstück
atque, ac — sowie, und, und auch
dēversōrium — Herberge
3 **vel** — oder (auch), oder sogar
tēctum — Dach, Haus
certē *(Adv.)* — sicherlich, gewiss, wenigstens
quaerere — suchen, fragen, erwerben
statim *(Adv.)* — sofort, auf der Stelle
vir, -um — Mann
respondēre — antworten
-ne — *(kennzeichnet Frage)*
bonus, -a, -um — gut
5 **dēsīderāre** — ersehnen, vermissen, wünschen
vīnum — Wein
optimus, -a, -um — der beste
venīre — kommen
pulcher, -chra, -chrum — schön, vortrefflich
taberna — Laden, Kneipe

Lesevokabular I, 4

meus, -a, -um	mein	**virgō**, -ginem f.	Mädchen, junge Frau
proximus, -a, -um	nächster, sehr nahe	**domī** (Adv.)	zu Hause
cēna	Mahlzeit, Hauptmahlzeit	**manēre**	bleiben, warten
7 **undique** (Adv.)	von allen Seiten, (von) überall	3 **dēbēre**	sollen, müssen, schulden, verdanken
accēdere	herantreten, hinzukommen	**marītus**	Ehemann
		exspectāre	ausschauen, (er)warten
clāmāre	schreien, rufen	**meum est ...**	es ist meine Aufgabe zu ...
rīdēre	lachen, verspotten		
dīcere	sagen, sprechen, behaupten, nennen	**coquere**	kochen
acētum	Essig	**tractāre**	behandeln, verarbeiten
9 **īgnōrāre**	nicht wissen, nicht kennen; nōn īgnōrāre: wohl wissen, gut kennen	**lāna**	Wolle
		hortus	Garten
		colere	bearbeiten, pflegen, verehren
		summa	Vorrang; Hauptsache; Gesamtheit, ad summam: also, kurzum
tuus, -a, -um	dein		
fūrunculus	Dieb, Spitzbube	**tū**	du
venēficus	Giftmischer	**autem**	aber
discēdere	auseinander gehen, weggehen, verschwinden	5 **pecūnia**	Geld, Vermögen
		varius, -a, -um	verschieden(artig), bunt, vielfältig
hinc (Adv.)	von hier	**potes**	du kannst
locus	Ort, Platz, Stelle	**māter**, -trem f.	Mutter
polluere	besudeln, beschmutzen	**semper** (Adv.)	immer
11 **vidēre**, video	sehen	**garrīre**	schwatzen
nec ... nec ...	weder ... noch ... (= neque ... neque ...)	**per** (beim Akk.)	durch, durch ... hindurch
quid?	was?	**īre**, eō	gehen, fahren, reisen (→ V 3.5)
ergō (Adv.)	also, deshalb		
nunc (Adv.)	jetzt, nun	**perīculum**	Gefahr, Versuch
stupēre	stutzen, staunen	7 **sē committere**	sich begeben
tamquam (Adv.)	so wie, als ob	**noster**, -tra, -trum	unser
hircus	Ziegenbock	**castellum**	Festung, Bollwerk
ervilia	(Kicher)Erbse	**beātus**, -a, -um	glücklich, reich
14 **dum**	während, solange	**tūtus**, -a, -um	geschützt, sicher
eum (Akk. Sg. m.)	ihn	**forīs** (Adv.)	draußen, von draußen
illūdere	verspotten	**dissentīre**	uneins sein, anderer Meinung sein, widersprechen
scīre	wissen, kennen		
putāre	glauben, meinen, halten für	**valdē** (Adv.)	sehr
vādere	schreiten, gehen	**nam**	denn, nämlich
mēcum	mit mir (→ CG 4.1.1 b)	10 **iam** (Adv.)	schon, gleich; noch
		timēre	(sich) fürchten
		ubi (Adv.)	wo (Frage und relativisch)

4 Reisen, ferne Länder ...

		ibī (Adv.)	dort
hūc (Adv.)	hierher	**vērus**, -a, -um	wahr(haft), echt
illūc (Adv.)	dahin, dorthin	13 **nārrāre**	erzählen
ambulāre	(umher)gehen, spazieren gehen	**intrāre** (mit Akk.)	eintreten, betreten
		num (Frage)	etwa?
terra	Erde, Land	**ōtiōsus**, -a, -um	unbeschäftigt, untätig, friedlich
extrēmus, -a, -um	äußerster, letzter		
oppidum	Stadt, Befestigung	**fēriae**, -ās f. (Pl.)	Feiertage, Ferien
cōgnōscere	kennen lernen, erkennen, erfahren	**fērias agere**	Ferien machen
		numquid ...?	etwa?
ego	ich	**impius**, -a, -um	pflichtvergessen, gottlos
quia	weil		

107

I, 4 — Lesevokabular

ūsque ad *(beim Akk.)*	bis zu
15 **nox**, noctem f.	Nacht; multa nox: tiefe Nacht
sedēre	sitzen
oleum	Olivenöl
perdere	zugrunde richten, verlieren; oleum perdere: Öl verschwenden
circumspicere, -spiciō	sich umschauen
nocturnus, -a, -um; → nox	nächtlich; nocturnae (Pl.) (hier:) Nachtwesen
malus, -a, -um	schlecht
17 **vōs** *(Nom./Akk.)*	ihr, euch
deus	Gott, Gottheit
penātēs *(Pl.)*	Penaten (Hausgötter)
prīmum *(Adv.)*	zuerst
advocāre	herbeirufen
deinde *(Adv.)*	darauf, ferner
somnus	Schlaf

Caput secundum

5 Verlockendes Angebot

eho	He! Hör mal!
vērē *(Adv.)*	wirklich, tatsächlich
surgere	aufstehen, sich erheben
ante *(beim Akk.)*	vor
lūx, lūcem f.	Licht, Helligkeit
ante lūcem	vor Sonnenaufgang
id *(Nom./Akk. Sg. n.)*	das, dies, es
officium	Dienstleistung, Dienst, Pflicht
cum *(Konjunktion)*	(dann,) wenn
gallus	Hahn
canere	singen, *(hier:)* krähen
3 **māgnus**, -a, -um	groß
tē *(Akk.)*	dich
iubēre	befehlen, auffordern
mīrus, -a, -um	wunderbar, erstaunlich
dēnique *(Adv.)*	schließlich, endlich
5 **mē** *(Akk.)*	mich
nē ... quidem *(Adv.)*	nicht einmal ...
tremor, -ōrem m.	Zittern, Beben
sentīre	fühlen, (be)merken, verstehen
hercle	beim Hercules! bei Gott!
tibĭ *(Dat.)*	dir
nimis *(Adv.)*	zu sehr
8 **invidēre** *(mit Dat.)*	beneiden; tibi invideō: ich beneide dich, bin neidisch auf dich
appārēre	erscheinen, offenkundig sein
alius ... alius, alia, aliud	der eine ... der andere

fortūnātus, -a, -um	glücklich, begütert
10 **nōn iam**	nicht mehr
certus, -a, -um	sicher, gewiss
nihil	nichts
ita *(Adv.)*	so
praeceptor, -ōrem m.	Lehrer
solēre	gewohnt sein, pflegen
prō(h) *(mit Nom./Akk.)*	o! ach! bei ...!
prō(h) Iuppiter	Bei Jupiter!
intermittere	unterbrechen
paulum *(Adv.)*	(nur) ein wenig
12 **amīcus**	Freund
vādere	schreiten, gehen

6 Aus in der „fabrica"

fabrica	Werkstatt
officīna	Werkstatt
appropinquāre	sich nähern
mūrus	‚Mauer'
cōnspicere, -iō	erblicken
salūs, -ūtem f.	Wohlergehen, Heil, Rettung; salūtem dīcere: grüßen
is *(Nom. Sg. m.)*	er, der (→ N 3.1)
discēns, -ntem	Lehrling, Schüler
apertum est	es ist offenkundig
malum	Übel, Leid
4 **aliquī, aliqua, aliquod**	(irgend)einer, eine, eines
impendēre	über etw. hängen, drohend bevorstehen
operārius	Arbeiter
vōx, vōcem f.	Stimme, Laut, Wort
tālis	so beschaffen, solch ein
dominus	Herr, Hausherr
servāre	behüten, bewahren, retten
pauper, -rem	arm
cūrāre *(mit Akk.)*	sorgen, sich kümmern
plēbs, plēbem f.	(einfaches) Volk, Volksmenge
floccus	Flocke, Kleinigkeit
facere, ~~faciō~~	tun, machen, herstellen
8 **mihĭ** *(Dat.)* → ego	mir
mihĭ sunt ...	ich habe ... (→ CG 2.2.2)
uxor, -ōrem f.	Ehefrau
quīnque	fünf
cūr? *(Adv.)*	warum?
stupēre	stutzen, staunen
decūriō, -ōnem m.	Ratsherr
cōnsulere	um Rat fragen, sorgen für
10 **eques**, equitem m.	Reiter, Ritter

Lesevokabular — III, 7

opēs, opes f. (Pl.)	(Macht-)Mittel, Vermögen, Reichtum
omnēs m./f. (Pl.), n. (Pl.) -ia	alle
eīs (Dat. Pl.; m.)	ihnen
dīves, dīvitem	reich
adiuvāre, -iŭvō (mit Akk.)	unterstützen, helfen
Sāturnālia n. (Pl.)	Saturnalien (mehrtägiges karnevalähnliches Fest)
Sāturnālia agere	die Saturnalien feiern
leō, -ōnem m.	Löwe
12 **lupus**	Wolf
rapidus, -a, -um	reißend schnell, reißend
nōbīs (Dat.)	uns
populus	Volk, Bevölkerung; (Pl.:) Leute
prōvidēre	vor(her)sehen, sorgen für, sich kümmern um
ŏdium	Hass
ŏdiō esse → ŏdium	X mihi ŏdiō est: ich hasse X
emere	kaufen
parvī emere	für wenig, billig kaufen
apud (beim Akk.)	bei, nahe bei
Gallī, -ōs m.	Gallier
Germānī, -ōs m.	Germanen
vitrum	Glas, Kristall
14 **vendere**	verkaufen
ea (Nom./Akk. Pl.; n.)	es, dies(es)
quantī	(hier:) für so viel, wie
volunt, (Inf. velle)	sie wollen (→ V 3.5)
praeferre, -ferō	vorantragen, vorziehen
neglegere	vernachlässigen, nicht beachten
16 **fortūna**	Schicksal, Glück
deesse, dēsum	abwesend sein, mangeln, fehlen
nēmō Akk.: nēminem	niemand, keiner
succurrere	zu Hilfe eilen, beistehen
ei (Dat. Sg.; m./f./n.)	ihm, ihr, dem
corruere	(einstürzen), pleite sein
cēterī, -rae, -ra	die übrigen
20 **dīmittere**	entsenden, entlassen
domum (Adv.)	nach Hause
ī → īre	Imp. zu īre: gehen (→ V 3.5)
lentē (Adv.)	langsam
abīre, abeō → īre	weggehen
aliquamdiū (Adv.)	eine Zeit lang
22 **quī** (Adv.)	wie, wie denn
bucca	Backe, (panis) Bissen
pānis, -em m.	Brot
invenīre	finden (hingelangen)
possum → posse	ich kann (→ V 1.1)
cīvitās, -tātem f.	Stadt, Staat, Gemeinde, Bürgerrecht
retrōversus (Adv.)	rückwärts
crēscere	wachsen
cauda	Schwanz
vitulus	Kalb

Caput tertium

7 Entschluss

vestis, -em f.	Kleid
conquīrere → quaerere	zusammensuchen, sammeln
quī, quae, quod (Relativpronomen)	welcher, welche, welches; der, die, das
iter, St. itiner- n.	Weg, Reise; Tagesstrecke
iter facere	eine Reise machen
2 **vult**, (Inf. velle)	(er, sie, es) will (→ V 3.5)
necessārius, -a, -um	notwendig
paenula (griech.)	Reisemantel
ventus	‚Wind'
plŭvia	Regen
arcēre	abwehren, abhalten, fern halten
petăsus	Reisehut
sōl, sōlem m.	Sonne
prohibēre	fern halten, hindern, verbieten
marsūpium	Geldbeutel
impōnere (mit Dat.)	hineinlegen
5 **clam** (Adv.)	heimlich
saccus (griech.)	Sack
āmūlētum	Amulett
aestimāre	schätzen, meinen; plurimi aest.: äußerst hoch achten
figūra	Gebilde, Gestalt
Mercurius	(→ Namen)
effingere	abbilden, darstellen
murmurāre	murmeln
7 **auxilium**	Hilfe
contrā (beim Akk.)	gegen
audēre	wagen
sānctus, -a, -um	heilig, unverletzlich, erhaben
cum (Konjunktion)	als
cernere	wahrnehmen, sehen, erkennen
puer, -um m. → puella	Kind, Junge
illūdere (mit Akk. oder Dat.)	verspotten
heia!	ei! sieh an! he!
pérbonus, -a, -um	sehr gut, ausgezeichnet

III, 7

10 **argentum**	Silber
ferrum	Eisen, Waffe, Schwert
fallere	täuschen, betrügen
ferōx, -ōcem	wild, trotzig
nocēre	schaden
12 **laedere**	verletzen
interficere, -iō	töten
rārus, -a, -um	selten
avis, -em m./f.	Vogel
ubīque (Adv.)	überall
auxiliō esse (mit Dat.)	Hilfe sein, helfen

8 Ein Opfer zum Abschied

pater familiās → familia	das Familienoberhaupt
interim (Adv.)	inzwischen
agnus	Lamm
āra	Altar
situs, a, um	gelegen, liegend
adōrāre	anbeten, zu jd. beten
penātēs (Pl.)	Penaten (Hausgötter)
sacrificāre	opfern
3 **intendere**	anspannen, richten auf, beabsichtigen
ōrāre	bitten, beten; sprechen
dea	Göttin
sē in viam dăre	sich auf den Weg begeben, aufbrechen
5 **abesse**, absum	abwesend sein, fehlen
malĕficus, -a, -um	bösartig, schädlich
umbra	Schatten
hostia	Opfertier
culīna	Küche
8 **ferre**, ferō	tragen; bringen, ertragen (→ V 3.5)
viāticus, -a, -um	zur Reise gehörig; cēna viātica: Abschiedsessen vor der Reise

9 Aufbruch

Ab hier wird bei Substantiven mit Stammveränderungen zusätzlich zum Nominativ der Genitiv angegeben, wie es in lateinischen Lexika und Lehrwerken üblich ist.

impedīmentum	Hindernis; (Pl.) Gepäck
asinus	Esel
portāre	tragen, bringen
incipere, -iō	anfangen
plēnus, -a, -um (mit Gen.)	voll
pedes, peditis m.	Soldat zu Fuß, Infanterist
3 carrus	Karren, Wagen
plaustrum	(Last-)Karren (zweirädrig)
frequentāre	zahlreich bzw. oft besuchen, bevölkern
armātus, -a, -um	bewaffnet
praeterīre, -eō (mit Akk.) → īre	vorübergehen
raeda	Kutsche, Reisewagen
nōbilis, -e	berühmt, adlig, vornehm
praesidium	Schutz, Besatzung
praesidiō esse	als Schutz dienen, schützen
vehiculum	Fahrzeug
5 rŏta	Rad
ingēns, -ntis	ungeheuer, gewaltig
cisium	Reisewagen
haerēre	hängen bleiben, stecken bleiben
frangere	zerbrechen; frāctus, -a, -um: zerbrochen, gebrochen
reliquiae, -ārum f. (Pl.)	Überreste
7 **subitō** (Adv.)	plötzlich
grex, gregis m.	Herde; Schar; Trupp
celer, -ris, -re	schnell
advolāre	herbeieilen
retinēre	festhalten, zurückhalten
en	siehe (da)! auf!
cavēre (mit Akk.)	sich hüten, sich vorsehen
audāx, -ācis	kühn, frech, verwegen
istum (Akk. Sg. m.)	diesen da
9 **insānus**, -a, -um	wahnsinnig
medius, -a, -um	mittlerer, mitten
incurrere	hineinlaufen, (hier:) hineinreiten

10 Unterwegs

celeber, -bris, -bre	berühmt, weit verbreitet, viel besucht
vix (Adv.)	kaum
crēdibilis, -e	glaublich, glaubhaft
quantus, -a, -um	wie groß, wie viel
multitūdō, tūdinis f.	Menge
viātor, -ōris m.	Wanderer, Reisender
3 **genus**, -eris n.	Geschlecht, Art
carrus	Karren, Wagen
trānsīre, -eō → īre	hinübergehen, überschreiten; vorbeigehen
angustus, -a, -um	eng
antepōnere	vorziehen
5 **bene** (Adv.)	gut
strātus, -a, -um	(hier:) gepflastert
dēversōrium	Herberge, Wirtshaus
suppetere	(ausreichend) zur Verfügung stehen

Lesevokabular III, 12

7 receptāculum	Schlupfwinkel, Behälter	bellus, -a, -um	hübsch, nett
		lūdibrium	Spiel, Spott; lūdibriō habēre: zum Besten halten
potius *(Adv.)*	vielmehr, eher		
caupō, -ōnis *m.*	Gastwirt		
fallax, -ācis	trügerisch	9 nōnnumquam *(Adv.)*	manchmal
negāre	nein sagen, verneinen, bestreiten	**summus**, -a, -um	oberster, höchster
		Amor, -ōris *m.*	(→ Namen)
profectō *(Adv.)*	in der Tat, sicherlich	P. Ovĭdius Nāsō, -ōnis	Ovid (→ Namen)
sordidus, -a, -um	schmutzig	poēta, *m. (griech.)*	Dichter, Schriftsteller
10 avārus, -a, -um	habgierig, geizig	Bacchus	(→ Namen)
molestus, -a, -um	beschwerlich, lästig	inventor, -ōris *m.*	Erfinder
ēgregius, -a, -um	hervorragend, ausgezeichnet	ubicumque *(Adv.)*	wo auch immer, überall
prōmittere	versprechen	**gēns**, gentis *f.*	Geschlecht, Stamm, Volk
ēgregius, -a, -um	hervorragend, ausgezeichnet	ubicumque gentium	überall auf der Welt
nisi	wenn nicht, außer	12 pōtāre	trinken, zechen, saufen
eōrum *Gen. Pl. m./n.*	von ihnen, deren	sīcut *(Adv.)*	so wie, gleich wie
prĕtium	Preis, Wert, Lohn	corrigere	berichtigen, zurechtweisen, gerade biegen
12 similis, -e *(mit Gen. oder Dat.)*	ähnlich		
quīdam, quaedam, quoddam	(irgend)einer, ein bestimmter	iniūria	Unrecht
		īnferre, īnferō	hineintragen, hineintun; (jd. etw.) antun
cūrātor, -ōris *m.*	Wärter		
tribūtum	Abgabe, Steuer	**numquam** *(Adv.)*	niemals
postulāre	fordern	15 tantus, -a, -um	so groß, so viel
		iīs *(Dat. Pl. f.)*	ihnen, diesen, für sie

11 Raststation

		satis *(Adv.)*	genug
sub *(beim Akk.)*	unter, unter … hin, unmittelbar vor/nach, gegen	sapiēns, -ntis	weise, vernünftig
		īgnōscere	verzeihen
vesper, -erī	Abend; sub vesperum: gegen Abend	**tēcum**	mit dir (→ CG 4.1.1b)
		certāre	wetteifern, kämpfen, streiten
dēversōrium	Herberge	17 velle, volō	wollen (→ V 3.5)
porta	Tor, Pforte	bibulus, -a, -um	trinkfreudig; Säufer
mulier, -eris *f.*	Frau	**mēns**, mentis *f.*	Verstand, Gedanke, Gesinnung
stāre, stō	stehen		
eōs *(Akk. Pl. m.) …, quī*	diejenigen, die	venīre in mentem	in den Sinn kommen
		fābula	Erzählung, Geschichte
taberna	Kneipe	iūcundus, -a, -um	angenehm, erfreulich; interessant
caupō, -ōnis *m.*	Gastwirt		
invītāre	einladen, auffordern	**amāre**	lieben
4 **nōlle**, nōlō	nicht wollen (→ V 3.5)	quaesō *(1. P. Sg.)*	bitte
lautus, -a, -um	(gewaschen), sauber, fein	sī *(Konjunktion)*	wenn, falls, ob

12 ♦ Wie Bacchus die Weinrebe entdeckte

cibus	Speise, Nahrung	Dionȳsus	(→ Namen)
pérbonus, -a, -um	sehr gut	Latīnē *(Adv.)*	lateinisch
lectus	Bett, Sofa	Līber, -erī *m.*	(→ Namen)
mercātor, -ōris *m.*	Kaufmann	quidem *(Adv.)*	wenigstens
mīles, mīlitis *m.*	Soldat	cantāre	singen
7 rūsticus	Bauer	fingere	sich denken, vorstellen
nauta, -ae *m. (griech.)*	Matrose, Seemann	quaesō *(1. P. Sg.)*	bitte
tālus	(Fuß-)Knöchel, Würfel	adhūc *(Adv.)*	bis jetzt, noch
iacere, iaciō	werfen	īnsula	Insel
cantāre	singen	Naxus, -i *f.*	(→ Namen)
hospita	Wirtin		
ádmodum *(Adv.)*	ziemlich, sehr		

III, 12 — Lesevokabular

4 nōmen, -inis n.	Name	ruber, rubra, rubrum	rot
humī (Adv.)	am Boden, zu Boden	mālum	Apfel
ubicumque (Adv.)	wo auch immer, überall	cŭcŭmis, -meris m.	Gurke
		cāseus	Käse
lūdere	spielen	pānis, -is m.	Brot
post (beim Akk.)	nach	cădere	fallen, sinken
paulum (Adv.)	(nur) ein wenig	3 cubiculum	Schlafzimmer
quiēscere	ruhen	somnum capere	einschlafen
aliquis, aliquid	(irgend)jemand, (irgend)etwas (→ N 3.7)	laetē (Adv.)	fröhlich
		cantāre	singen
		āh	ah!; ach!
corpus, -oris n.	Körper	perīre, -eō → īre	zugrunde gehen
contingere	berühren	prīscus, -a, -um	altehrwürdig, streng
6 tollere	(auf)heben, beseitigen	supercĭlium	Augenbraue
oculus	Auge	6 pōnere	setzen, stellen, legen
herba	Kraut, Gras	merum	(nicht mit Wasser vermischter) Wein
carpere	pflücken, abreißen		
propter (b. Akk.)	wegen	tālus	(Fuß-)Knöchel, Würfel
calor, -ōris m.	Wärme, Glut		
ŏs, ŏssis n.	Knochen	crāstinum	der morgige Tag
properāre	eilen	mors, mortis f.	Tod
sēcum	mit sich, bei sich (→ CG 4.1.1 b)	vellere	zupfen; mors vellens: der Tod, der schon zupft
10 sūmere	nehmen, annehmen		
leō, -ōnis m.	Löwe	āit	er, sie, es sagt(e)
prōcēdere	voranschreiten, vorrücken		

Caput quārtum

dēsinere	aufhören, ablassen		
permāgnus, -a, -um	riesig		
asinus	Esel		
trēs, tria	drei		

14 Nach Paestum

12 vehementer (Adv.)	heftig, stark	altus, -a, -um	hoch, tief
vītis, -is f.	Weinstock, Rebe	in (beim Abl.)	in, an, auf, bei
dulcis, -e	süß	caelum	Himmel; Wetter, Klima
vīs, vim f.	Kraft, gewalt, Macht	mīlliārium	Meilenstein
animus	Geist, Seele, Mut	statiō, -ōnis f.	Standort, (Wach-)Posten, Wache
quaeso	bitte	2 legere	lesen, sammeln
multum (Adv.)	viel, oft, sehr	Paestum	(→ Namen)
laetē (Adv.)	fröhlich	decem	‚zehn'
fortis, -e	tapfer, mutig	mīlia passuum → mille	Meilen
18 pugnāre	kämpfen	hercle	beim Hercules! bei Gott!
pōtāre	zechen, saufen		
stultus, -a, -um	töricht, dumm	mīlle, (Pl.) mīlia	tausend
fīunt	sie werden	passus, -ūs m.	Schritt, Doppelschritt
fortāsse	vielleicht	ā, ab (beim Abl.)	von, von … her
fidēlis, -e	treu	colōnia → colere	Siedlung
dēfessus, -a, -um	müde	sūdor, -ōris m.	Schweiß
stăbulum	Stall	4 īmus, -a, -um	unterster; ad īmōs tālōs: bis unten an die Knöchel
21 cautus, -a, -um	vorsichtig		
circumspicere, -iō	umherschauen	tālus	(Fuß-)Knöchel, Würfel
vīnolentus, -a, -um	betrunken	mānāre	fließen, rinnen
		nōlī (Imp.) → nōlle	wolle nicht! (→ CG 12.5.3; V 1.2)

13 ◆ Ein Lied zur Nacht

hospita	Wirtin
(nux) castanea	Kastanie
nux, nucis f.	Nuss
offerre, offerō	anbieten

Lesevokabular IV, 15

gemere	stöhnen
incēdere	(einher)schreiten, gehen, vorbeiziehen
trēs, tria *(dekliniert)*	‚drei'
ferē *(Adv.)*	fast, etwa, ungefähr
hōra	Stunde, Zeit
spatium	Raum, Strecke, Zeitraum
6 **cōnficere**, -iō	vollenden, bewältigen
verbum	Wort
operārius	Arbeiter
cum *(beim Abl.)*	mit, zusammen mit
praefectus → facere	Vorgesetzter, Befehlshaber
advĕnīre	(her)ankommen
pāla	Spaten
sēcum *(Abl. Sg./Pl.)*	(= cum sē) bei sich, mit sich
pars, partis *f.*	Teil, Seite, Richtung
10 **reficere**, -iō	wiederherstellen, erneuern
dīligentia	Sorgfalt, Umsicht
nucleus	(Nuss)Kern, *(hier:)* Straßenkern
rūderātiō, -ōnis	Estrich(masse)
īnspicere, -spiciō	ansehen, besichtigen
dolābra	Hacke, Brechaxt
complānāre	einebnen
lapis, -idis *m.*	Stein
aptus, -a, -um	passend, geeignet
recompōnere	wieder in Ordnung bringen
14 **adulēscēns**, -ntis	junger Mann; jung
quam *(Adv.)*	wie, als
neglegenter *(Adv.)*	nachlässig
mūnīre	bauen, befestigen
veterānus	Veteran, altgedienter Soldat
perītus, -a, -um *(mit Gen.)*	erfahren
et ... et ...	sowohl ... als auch ...
bellum	Krieg
gerere	tragen, (aus)führen; bellum gerere: Krieg führen
imperium	Befehl, Herrschaft, Herrschaftsgebiet, Reich
17 **sub** *(beim Abl.)*	unter, unterhalb von
P. Aelius Hadriānus	röm. Kaiser (→ Namen)
iacēre	liegen; *(hier:)* ins Stocken geraten, brachliegen
sine *(beim Abl.)*	ohne
virtūs, tūtis *f.*	Tüchtigkeit, Tapferkeit, Tugend, Leistung
fortitūdō, tūdinis *f.*	Tapferkeit
Rōma	Rom
dēfessus, -a, -um	müde
senex, sĕnis *m./f.*	alt; alte(r) Mann/Frau, Greis(in)
inūtilis, -e	unnütz, überflüssig
ōlim *(Adv.)*	einst
20 subtrahere	wegziehen
meā refert	mich interessiert
prae *(beim Abl.)*	vor, im Vergleich zu
tam *(Adv.)*	so
bellicōsus, -a, -um	kriegerisch

15 ◆ Ein Fest der Isis

procul *(Adv.)*	von fern, aus der Ferne
Paestum	(→ Namen)
templum	Heiligtum, Tempel
māgnificus, -a, -um	großartig, prächtig
splendidus, -a, -um	glänzend, prächtig
quamquam	obwohl
dēfessus, -a, -um	müde
dēcurrere	herablaufen
mox *(Adv.)*	bald
turba	Gewühl, Menge, Masse
impedīre	hindern, verhindern
cōnfluere	zusammenströmen
exsultāre	jubeln
celebrāre	zahlreich besuchen, feiern
fēstum, -ī *n.*	Fest(tag)
Īsis, Īsidis *f.*	*ägyptische Göttin*
5 paulātim *(Adv.)*	allmählich
praecēdere *(mit Akk.)*	vorangehen, übertreffen
pompa	Umzug, Prozession
antelūdium	Vorspiel
persōnātus, -a, -um	maskiert, verkleidet
gladius	Schwert
agitāre	eifrig betreiben, erwägen; hin und her bewegen, schwingen
gerere	*(hier:)* jds. Rolle spielen, darstellen
vēnābulum	Jagdspieß
vēnātor, -ōris *m.*	Jäger
facere, iō	machen (zu)
fēmina	Frau
ostendere	zeigen; sē ostendere: sich zeigen, geben
sēricus, -a, -um	seiden
8 illūdere *(mit Akk. oder Dat.)*	verspotten
fascēs, -ium *m.*	Rutenbündel *(Zeichen der staatl. Strafgewalt)*
purpura	Purpur, Purpurstreifen *(eines Amtsträgers)*
ultimus, -a, -um	entferntester, äußerster, letzter
incēdere → cēdere	(einher)schreiten, gehen, vorbeiziehen
barba	Bart

pallium	Mantel
philosophus (griech.)	Philosoph
fingere	(hier:) vorgeben, -täuschen
10 succēdere	(nach)folgen
applaudere	Beifall klatschen
circumstāre, -stō	um(her)stehen, umringen
post (beim Akk.)	nach
eās (Akk. Pl. f.)	sie, diese
oblectātiō, ōnis f.	Unterhaltung, Vergnügen
candidus, -a, -um	strahlend, schneeweiß
flōs, flōris m.	Blume, Blüte
ē, ex (beim Abl.)	aus, aus … heraus
grĕmium	Schoß
sternere	(aus)streuen
spargere	(aus)streuen, versprengen, besprengen
platēa	Straße, Gasse
unguentum	Salböl, Parfum
14 symphōnia	Harmonie, Klang
dehinc (Adv.)	von hier aus, hierauf
suāvis, -e	süß, angenehm
fistula	Röhre, Hirtenpfeife
tībia	Flöte, Pfeife
modulus	Maß, Rhythmus, Melodie
dulcis, -e	süß, lieblich
personāre	erschallen, widerhallen
praedĭcāre	rühmen, ausrufen
viam facilem dare → via	Weg bahnen, Platz machen
sacrum	Heiligtum, Opfer
16 sacerdōs, -dōtis m./f.	Priester(in)
sīgnum	Zeichen, Kennzeichen
lucerna	Leuchte, Lampe
aureus, -a, -um	golden
altāria (n. Pl.)	Opferaltar, Brandgerüst (zum Verbrennen der Opfertiere)
palma	Palmzweig
aureātus, -a, -um	vergoldet
vās, vāsis n.	Gefäß
bōs, bovis m./f.	Rind, Kuh
ērēctus, -a, -um	aufrecht; erhaben
simulācrum	Bildnis
părere, părio	hervorbringen, gebären
omnis, -e	jeder, ganz; (Pl.) alle
20 nec	und nicht, auch nicht
mora	Aufenthalt, Verzögerung; nec mora: ohne Pause, unverzüglich
fēlix -īcis	glücklich
imāgō, -ginis f.	Bild; Statue, Büste
venerābilis, -e	ehrwürdig, verehrt
nūmen, -minis n.	die göttliche Macht; Gottheit
lentē (Adv.)	langsam

ex oculīs abīre, -eō	aus dem Blickfeld verschwinden

16 Auf dem Sklavenmarkt

catasta (griech.)	Schaugerüst
līgneus, -a, -um	hölzern
circumsistere	umringen, umdrängen
mangō, -ōnis m.	Sklavenhändler
merx, mercis f.	Ware
ostendere	zeigen, darlegen; sē ost.: sich erweisen
rōbustus, -a, -um	kräftig
gracilis, -e	schlank, dünn
Paestum	(→ Namen)
Putéolī, -ōrum (Pl.)	(→ Namen)
5 asper, -era, -erum	rau
hercle	bei Gott!
rārus, -a, -um	selten
Italia	Italien (ohne das heutige Norditalien)
nātus, -a, -um	geboren
ē, ex (beim Abl.)	aus, aus … heraus, von … her
Āfrica	die römische Provinz Afrika
ortus, -a, -um	gebürtig
importāre	einführen
Alexandrīa	(→ Namen)
aut	oder, oder aber
Carthāgō, -inis f.	(→ Namen)
Thanae, -ārum	(→ Namen)
fortāsse (Adv.)	vielleicht
8 **interrogāre**	fragen
quōmodo (Adv.)	wie, auf welche Weise
rārus, -a, -um	selten
apportāre	(herbei)bringen
furcifer, -i m.	Galgenstrick
vōbīs (Dat. und Abl.)	euch
rēx, rēgis m.	König
Aethiopēs, -um	Äthiopier (→ Namen)
incola, -ae m./f.	Einwohner(in)
rēgnum	Königsherrschaft, Königreich
11 **mittere**	schicken, gehen lassen
vēnīre, vēneō	verkauft werden
quamquam	obwohl
tribūtum	Abgabe, Steuer
solvere	lösen, befreien, bezahlen
apertus, -a, -um	offen(kundig)
obscūrus, -a, -um	dunkel; unklar
luxŭria	Überfluss, Genusssucht, Luxus
egēre (mit Abl.)	nicht haben, brauchen
14 quis (unbetont, nachgestellt)	irgendwer, jemand (→ N 3.7b)
sēstertia, -ōrum n.	Sesterze

Lesevokabular — V, 18

amor, -ōris *m.*	Liebe
vincere	siegen, besiegen
turpis, -e	hässlich, schändlich
īnfēlīx, -īcis	unglücklich
17 dubium	Zweifel
līber, -era, -erum	frei
at	aber, jedoch, dagegen
L. Annaeus Seneca	(→ Namen)
philosophus *(griech.)*	Philosoph
aliter ac ... *(Adv.)*	anders als ...
cōgitāre	denken, überlegen
famīliāris, -e	vertraut, freund-(schaft)lich; Familien-
humilis, -e	niedrig, gering
21 tantundem → tantus	ebensoviel
aestimāre	*(hier:)* halten für
licet	es ist erlaubt, es ist möglich, man darf
audācia	Kühnheit, Frechheit
arrogantia	Anmaßung
hostis, -is *m.*	Feind
incitāre	antreiben, reizen
totidem *(undekl.)*	ebenso viele
25 stupēre	starr sein, staunen
inaudītus, -a, -um	unerhört
arrīdēre → rīdēre	zulächeln

Caput quīntum

17 Mord im Gasthaus

Ab hier wird bei Verben die 1. Pers. Sg. des Perfekts mit angegeben. Bei den Verben der a- und ī-Konjugation wird sie nur angegeben, wenn das Perfekt nicht auf v- gebildet wird, bei denen der ē-Konjugation nur, wenn es sich nicht um die Perfektbildung auf -u handelt.

aliquandō *(Adv.)*	irgendwann, einmal
Athēnae, -ārum *f. (Pl.)*	Athen
ūnā *(Adv.)*	zusammen, zusammen mit
facere, -iō, fēcī	tun, machen
Megara, -ōrum *n.*	(→ Namen)
Graecia	Griechenland
venīre, vēnī	kommen
alter ... alter ..., altera, alterum	der eine ... der andere ... (von zweien)
taberna	Kneipe
adīre, -eō, -iī	aufsuchen, herangehen, bitten
hospes, hospitis *m.*	Gast, Fremder
3 **sibī** *(Dat. Sg./Pl.)*	sich
nōtus, -a, -um	bekannt
petere, petīvī	bitten, streben, sich an jd. wenden
somnium	Traum
comes, comitis *m.*	Begleiter, Gefährte
vidēre, vīdī	sehen
subvenīre, -vēnī	kommen, beistehen
caupō, -ōnis *m.*	Gastwirt
īnsidiae, -ārum *f. (Pl.)*	Falle, Hinterlist
pōnere, posuī	setzen, stellen, legen
prōsilīre, -siluī	herausspringen
lectus	Bett, Sofa
velle, volō, voluī	wollen (→ V 3.5)
cōnsilium	Rat, Plan, Beschluss
6 **ōmittere**, -mīsī	loslassen, aufgeben
repetere, -petīvī	(wieder) aufsuchen, wiederholen; somnum r.: sich wieder schlafen legen
dīcere, dīxī	sagen, sprechen, behaupten, nennen
nīl	nichts
vānus, -a, -um	leer, nichtig
esse, sum, fuī	sein, vorhanden sein (→ V 1.1)
iterum *(Adv.)*	wiederum, zum zweiten Mal
mortuus, -a, -um	tot
vulnus, -eris *n.*	Wunde
9 **gravis**, -e	schwer, wichtig
ostendere, -ndī	zeigen
occīdere, occīdī	niederhauen, töten
plaustrum	Lastwagen
corpus, -oris *n.*	Körper; Leichnam
stercus, -oris *n.*	Kot, Mist
operīre, -ruī	bedecken, verbergen, verschließen; opertus, -a, -um: bedeckt
11 **tandem** *(Adv.)*	endlich
oboedīre → audīre	gehorchen, sich fügen
currere, cucurrī	laufen, eilen
invenīre, -vēnī	finden
iūdex, -dicis *m.*	Richter
trādere, trādidī	übergeben, überliefern, berichten

18 Rast am Vesuv

pulvis, -veris *m.*	Staub, Asche
annus	Jahr
mediocris, -e	mittelmäßig, gewöhnlich
flōrēre	blühen, in Blüte stehen
3 **cinis**, cineris *m.*	Asche
Vesuvius	(→ Namen)
pūmex, -micis *m./f.*	Bimsstein, Lava(stein)
Herculāneum	(→ Namen)
Stabiae, -ārum *f. (Pl.)*	(→ Namen)
Pompēī, -ōrum *m. (Pl.)*	(→ Namen)

circumspicere, -iō, -spexī	umherschauen	invalēscere, -valuī	zunehmen, stärker werden
silentium	Ruhe, Stille	crēdere, -didī	glauben, anvertrauen
ubīque (Adv.)	überall	movēre, mōvī	bewegen
quondam (Adv.)	einst	ēvertere, -vertī	umstürzen, zerstören
5 mōns, montis m.	Berg	5 inrumpere/irrumpere, -rūpī	hineinstürzen
dēlēre, -ēvī	zerstören, vernichten	cubiculum	Schlafzimmer
tacēre	schweigen, verschweigen	surgere, surrēxī	aufstehen, sich erheben
pergere, perrēxī	fortsetzen, weitermachen	volēbam → velle	ich wollte (→ V 3.5)
stupēre	stutzen, staunen	aedēs, aedis (Sg.), aedium (Pl.) f.	(Sg.) Tempel, (Pl.) Haus
prō(h)	o! ach! bei …!	relinquere, -līquī	zurücklassen, verlassen
Iūp(p)iter, Iovis	(→ Namen)	residere, -sēdī	sich setzen, sich legen
immātūrus, -a, -um	unreif, vorzeitig	ārea	freier Platz, Fläche
mors, mortis f.	Tod	mare, maris n.	Meer
obīre, -eō, -iī (mit Akk.)	entgegengehen; (mortem) den Tod finden, sterben	dīvidere, -vīsī	trennen, teilen
		8 prīmus, -a, -um	erster
		adhūc (Adv.)	bis jetzt, noch
9 nōnne (im Fragesatz)	doch wohl	dubius, -a, -um	zweifelhaft, unentschieden; dubia lux: Zwielicht
interesse, -sum ,-fuī (mit Dat.)	dazwischen sein, teilnehmen, dabei sein		
rīdēre, rīsī	lachen	labāre	schwanken, wanken
praepositus, -ī m.	Vorsteher	vehiculum	Fahrzeug
quadrāgintā (indekl.)	vierzig	prōdūcere, -dūxī	vorführen
nātus (mit Akk.)	alt (an Jahren)	iubēre, iussī	befehlen, auffordern
accidere, accĭdit	sich ereignen, geschehen	10 plānus, -a, -um	flach, eben
		campus	freier Platz, Feld
quīnquāgintā (indekl.)	fünfzig	contrārius, -a, -um	entgegengesetzt
13 testis, -is m.	Zeuge	quasi (Adv.)	wie wenn, als ob; gleichsam
calamitās, -tātis f.	Schaden, Unglück		
nōvisse, nōvī	kennen, wissen	repellere, repellō, reppulī	zurücktreiben, abweisen
Gāius Plīnius Secundus Minor	Plinius der Jüngere (→ Namen)	lītus, -oris n.	Küste, Strand
horribilis, -e	schrecklich	prōcēdere, -cessī	voranschreiten, vorrücken
dēscrībere, -scrīpsī	aufschreiben, beschreiben, in Listen erfassen		
		siccus, -a, -um	trocken
		harēna	Sand, sandiges Meeresufer

19 Der Ausbruch des Vesuvs im Jahre 79 n. Chr.

annum X agere	im xten Jahr stehen	dētinēre	festhalten, zurückhalten
duodēvīcēsimus, -a, -um	der achtzehnte	13 stupēre	stutzen
		accedere, -cessī	herantreten, hinzukommen
Mīsēnum	(→ Namen)		
stŭdium	Vorliebe, Bemühung, Beschäftigung, Studium	avunculus	Onkel
		Pompēī, -ōrum m.	Pompeji (→ Namen)
		vīvere, vīxī	leben
ōtium	(arbeitsfreie Zeit:) Freizeit, Muße	salvus, -a, -um	wohlbehalten, unverletzt
causā (beim Gen.)	wegen	perīre, -eō, -iī	zugrunde gehen, umkommen
praecēdere, -cessī (mit Akk.)	vorangehen, übertreffen		
aliquantum	ziemlich viel (an); temporis: ziemlich lange Zeit	superstes, -stitis	überlebend
		proinde (Adv.)	also
		16 cessāre	zögern, aufhören
tempus, -oris n.	Zeit	ēvādere, -vāsī	herauskommen, entkommen
3 tremor, -ōris m.	Zittern, Beben	turba	Gewühl, Menge, Masse
vehemēns, -ntis	heftig		
		coniūnx, coniŭgis m./f.	Gatte, Gattin

Lesevokabular — VI, 20

requīrere, -quīsīvī	(auf)suchen
novissimus, -a, -um	neuester; letzter
mundus	Welt, Weltall
advĕnīre, -vēnī	(her)ankommen
20 respicere, -iō, -spexī	zurückschauen, berücksichtigen
nūbēs, -is f.	Wolke
āter, ātra, ātrum	schwarz, düster
dēscendere, -ndī	herabsteigen
operīre, -ruī	bedecken, verbergen, verschließen
cingere, cīnxī	gürten, umgeben
Capreae, -eārum (Pl.)	Capri (→ Namen)
abscondere, -condī und -condidī	verbergen
dēnsus, -a, -um	dicht
cālīgō, -ginis f.	Dunkel, Finsternis, Rauch, Qualm
tergum	Rücken
imminēre	(be)drohen
22 paulum (Adv.)	ein wenig
relūcēscere	wieder hell werden
tenebrae, -ārum f. (Pl.)	Dunkelheit
rūrsus (Adv.)	wieder, wiederum
cinis, cineris m.	Asche
multus, -a, -um	viel
excutere, -cutiō, -cussī	herausschlagen, abschütteln
25 fūmus	Rauch, Dampf
nĕbula	Nebel
-ve (angehängt)	oder
discēdere, -cessī	verschwinden, weggehen
mox (Adv.)	bald
effulgēre, -fulsī	hervorleuchten, aufstrahlen
lūridus, -a, -um	blass(gelb), fahl
tamen (Adv.)	dennoch, (je)doch
quālis, -e	wie beschaffen, (gleich) wie
dēficere, -iō, -fēcī (mit Akk.)	abfallen, schwinden, fehlen; (hier:) sich verfinstern
occurrere, occurrī	entgegentreten, begegnen
ŏculus	Auge
mūtāre	tauschen, wechseln, ändern; mūtātus, -a, -um: verändert, verwandelt
nix, nivis f.	Schnee, Schneemasse
28 obdūcere, -dūxī → dūcere	überziehen; obductus, -a, -um: überzogen, bedeckt
timor, -ōris m.	Furcht, Angst
exigere, -ēgī	vollenden; einfordern; verbringen
persevērāre	verharren, fortdauern

Caput sextum

20 In Puteoli

ēn	siehe (da)! auf!
aditus, -ūs m.	Zugang
hĭc, haec, hŏc	dieser (hier), der hier
horreum	Scheune, Lagerhaus
merx, mercis f.	Ware
inesse, -sum, -fuī (mit Dat.)	enthalten sein, sich befinden
intimus, -a, -um	innerster
3 **ille, illa, illud**	dieser (dort), der dort, jener
lucerna	Leuchte, Lampe
āh	ah
oleum	Olivenöl
is, ea, id	er (sie, es), dieser, der(jenige)
deesse, -sum, -fuī	abwesend sein, fehlen
iste, ista, istud	dieser, diese, dieses (da)
amphora (griech.)	Amphore
oleārius, -a, -um	Öl-
vigil, -ilis m.	Wächter
modo … modo … (Adv.)	bald … bald …
angulus	Ecke, Winkel
6 occultāre	verbergen, verstecken
reperīre, repperī	(wieder) finden
incendere, -ndī	anzünden, entflammen
circumspicere, -iō, -spexī	umherschauen
varietās, -tātis f.	Mannigfaltigkeit, Abwechslung
immēnsus, -a, -um	unermesslich, riesig
10 **expōnere**, -pŏsuī	aussetzen, darlegen
rēvērā (Adv.)	wirklich, tatsächlich
praefectus → facere	Vorgesetzter, Befehlshaber
dispōnere, -pŏsuī	verteilen, (an)ordnen
receptāculum	Schlupfwinkel, Behälter
legūmen, minis n.	Hülsenfrucht (bes. Bohne, Erbse)
condere, -didī	verwahren, unterbringen
cibāria, -ōrum n. (Pl.)	Lebensmittel
exercitus, -ūs m.	Heer
nāvālis, -e	See-
suppeditāre	liefern, reich vorhanden sein
Mīsēnum	(→ Namen)
collocāre	aufstellen, stationieren; collocātus, -a, -um: stationiert
frūctus, -ūs m.	Frucht, Ertrag, Gewinn; fructum capere: Gewinn erzielen
classis, -is f.	Abteilung; Flotte

VI, 20

Hadriānus	Hadrian (→ Namen)
imperātor, -ōris m.	Befehlshaber, Feldherr, Kaiser
15 portus, -ūs m.	Hafen
contentus, -a, -um (mit Abl.)	zufrieden
cāsus, -ūs m.	Fall, Zufall
incultus, -a, -um	schmucklos, einfach
pérbonus, -a, -um	sehr gut, ausgezeichnet
centuriō, -ōnis m.	Zenturio, Hauptmann
ōh	o! ach!
dē (beim Abl.)	von, von … herab, über, (hier:) hinsichtlich
plēnus, -a, -um (mit Gen. oder Abl.)	voll
modicus, -a, -um	‚mäßig', bescheiden
20 gregārius, -a, -um	Mannschafts-,
bibere, bibī	trinken
sūmptus, -ūs m.	Aufwand, Kosten
manus, -ūs f.	Hand; Schar; inter manūs est: es liegt auf der Hand
ūsus, -ūs m.	Gebrauch, Nutzen, Umgang
ūsuī esse	von Nutzen sein

21 Das Orakel der Sibylle

sinister, -tra, -trum	links
Cūmae, -ārum f.	(→ Namen)
situs, -a, -um	gelegen, liegend
crēdibilis, -e	glaubwürdig: vix credibile: kaum zu glauben
inquit (eingeschoben)	sagt(e) er/sie
mōnstrāre	zeigen
peregrīnus, -a, -um	fremd, ausländisch; Fremder, Ausländer
vīsitāre	besuchen
domus, -ūs f.	Haus
specus, -ūs m.	Höhle
vātēs, -is m./f.	Weissager(in), Seher(in), Dichter(in)
nōmen, -minis n.	Name, Begriff
Sibylla	Sibylle (→ Namen)
puerulus	kleiner Junge, Kind
5 ipse, ipsa, ipsum	selbst (hoc ipsum: genau dies)
respondēre, -ndī	antworten
perparvus, -a, -um	sehr klein
rugōsus, -a, -um	faltenreich, runzelig
ampulla	Fläschchen
pariēs, -ĕtis m.	Wand
pendēre, pepéndī	hängen, schweben
dēcēdere, -cessī	weggehen; dē vītā dēcēdere: aus dem Leben scheiden, sterben
8 nīmīrum (Adv.)	allerdings
proprius, -a, -um	eigen
lēgātiō, -ōnis f.	Gesandtschaft
ōrāculum → ōrāre	Götterspruch, Orakelstätte
admonēre	ermahnen, erinnern
10 quiētus, -a, -um	ruhig, still
haerēre, haesī	hängen(bleiben), stecken bleiben
vīs, vim, vī; (Pl.) virēs (f.)	Kraft, Gewalt, Macht
senectūs, tūtis f.	hohes Alter, (Greisen-)Alter
curvātus, -a, -um	gebeugt, gekrümmt
cornū, -ūs n.	‚Horn', Heeresflügel
cēnsēre	schätzen, meinen
modo (Adv.)	eben (gerade), nur
referre, referō, rettulī	bringen, berichten
rīdiculus, -a, -um	lächerlich
13 ēventus, -ūs m.; → vĕnīre	Ausgang, Ereignis
ratiō, -ōnis f.	Berechnung, Methode, Vernunft, Grund
hūmānus, -a, -um	menschlich, gebildet
fāma	Gerücht, Geschichte (hier:) berichten
ferre, ferō, tulī	
saeculum	Zeitalter, Jahrhundert
prōvidēre, -vīdī	vor(her)sehen, sorgen für, sich kümmern um
praedīcere, -dīxī → dīcere	vorhersagen
dux, dŭcis m.	Führer, Feldherr
sēnsus, -ūs m.	Wahrnehmung, Empfindung, Sinn
carēre (mit Abl.)	frei sein von, nicht haben
18 nihilōmĭnus (Adv.)	trotzdem
Caesar, -ris	Caesar, (als Titel) Kaiser
etiamnunc (Adv.)	auch jetzt noch, noch immer
Sibyllīnus, -a, -um	sibyllinisch (von Sibylle → Namen)
cōnsulere, -suluī	um Rat fragen, sorgen für; befragen
pāx, pācis f.	Frieden
ex(s)tāre, -stō, –	bestehen, existieren
21 L. Tarquinius Prīscus	(→ Namen)
dīcunt → dīcere	(die Leute) sagen, man sagt
māiōrēs, -rum	Vorfahren, Ahnen
Apollō, -linis m.	(→ Namen)
templum	Heiligtum, Tempel
23 pietās, -tātis f.	Pflichtgefühl, Ehrfurcht
magistrātus, -ūs m.	Amt, Amtsträger, Behörde, Beamter
ineptiae, -ārum f.	Albernheiten, Unsinn
nīl nisi	nur
fraus, fraudis f.	Betrug, Schaden, Täuschung
expertus, -a, -um	erfahren, kundig

Lesevokabular

22 In Capua

	immemor, -ŏris (mit Gen.)	nicht denkend an, vergessend
	gladiātorius, -a, -um	Gladiatoren-
	mūnus, -eris n.	Amt, Aufgabe, Geschenk; mūnus gladiātōrium: Gladiatorenspiel
	beneficium	Wohltat, Großzügigkeit
3	dēcūriō, -ōnis m.	Ratsherr
	sānē (Adv.)	gewiss, allerdings
	negōtium	Geschäft, Aufgabe, Arbeit
	occupāre	einnehmen, besetzen, beschäftigen
7	gladiātor, -ōris m.	Gladiator
	pūgnāre	kämpfen
	alacer, -cris, -cre	lebhaft
	gestus, -ūs m.	Gebärde
	convertere, -vertī	umwenden; sē convertere: sich verändern, wandeln
	dē (mit Abl.)	(hier:) mit
10	**quō** (Adv.)	wo
	splendidus, -a, -um	glänzend, prächtig
	tōtus, -a, -um	ganz
	capere, iō, cēpī	(hier:) einnehmen, anziehen
	amphitheātrum (griech.)	Amphitheater
	vocāre	rufen, nennen, bezeichnen
	peregrīnus, -a, -um	fremd, ausländisch; Fremder, Ausländer
	ōrātor, -ōris m.	Redner
	dēclāmāre	(laut) vortragen
	festīnāre	eilen, sich beeilen
13	concurrere, -currī	zusammenlaufen
	sinere, sīvī	(zu)lassen, erlauben
	sēdēs, sēdis f.	Sitz, Wohnsitz
	volvere, volvī	drehen; (Pass.:) sich drehen, ablaufen
	haesitāre	festhängen, zögern
	etiamnunc (Adv.)	auch jetzt noch, noch immer
	dubius, -a, -um	zweifelhaft, unentschieden
	suādēre, suāsī	raten
17	arrīdēre, -rīsī → rīdēre	zulächeln
	persuādēre, -suāsī (mit Dat.)	überreden, überzeugen
	tessera (griech.)	Marke, Eintrittskarte
	distribuere, -uī	verteilen, einteilen

23 Beim Gladiatorenkampf

Ab hier wird bei Verben das Partizip der Vorzeitigkeit Passiv mit angegeben.

	incĭpere, -iō, coepī, coeptum	anfangen
	concursus, -ūs m.	Auflauf
	amphitheātrum (griech.)	Amphitheater
	īnferre, īnferō, intulī, illātum	hineintun, antun; sē īnferre: sich begeben
	omnis, -e	jeder, ganz; (Pl.) alle
	cavea	Zuschauerraum
	cōnspectus, -ūs m.	Anblick
	asinus	Esel
	movēre, mōvī, mōtum	bewegen
	cadāver, -eris n.	Leichnam; Kadaver
	cruentus, -a, -um	blutig, blutbefleckt
	leō, -ōnis m.	Löwe
4	**pēs**, pĕdis m.	Fuß
	lacerāre	zerfleischen
	cūstōs, -ōdis m.	Wächter
	abdūcere, -dūxī, -ductum	wegführen, entführen
	harēna	Sand, Arena
	sanguis, sanguinis m.	Blut
	pūrgāre	reinigen
	acclāmātiō, -ōnis f.	Zuruf; Beifall
	spectātor, -ōris m.	Zuschauer
	plērīque, -aeque, -aque	die meisten
	favēre, fāvī, fautum (mit Dat.)	begünstigen, favorisieren
7	gladiātor, -ōris m.	Gladiator
	rēte, rētis n.	Netz
	pūgiō, -ōnis m.	Dolch
	tridēns, -ntis m.	Dreizack
	gladius	Schwert
	scūtum	Schild
	armāre	bewaffnen, ausrüsten
9	**sīgnum**	Zeichen, Feldzeichen, Merkmal
	pūgna	Kampf, Schlacht
	dare, dō, dedī, dătum	geben
	adversārius	Gegner, Feind
	petere, petīvī, petītum	streben, bitten, angreifen
	māximus, -a, -um	der größte
	ingemiscere, -gemuī	aufstöhnen, aufseufzen
	paulum (Adv.)	ein wenig
	recipere, -iō, -cēpī, -ceptum	zurücknehmen, aufnehmen; sē r.: sich zurückziehen
	intentus, -a, -um	aufmerksam
	gladius	Schwert
	observāre	beobachten, beachten
12	illūc (Adv.)	dahin, dorthin
	iacere, -iō, iēcī, iactum	werfen
	impetus, -ūs m.	Angriff

VI, 23 — Lesevokabular

simulāre	darstellen, vortäuschen
simul (Adv.)	gleichzeitig, zugleich
dissimulāre	verheimlichen, sich verstellen
ferīre	schlagen, treffen
aura	Luft, Hauch, Gunst
pellere, pepulī, pulsum	(ver)stoßen, schlagen
văcuum	die Leere
iactāre → iacere	schleudern, werfen
saevīre	wüten, rasen
agite!	Auf! Vorwärts!
fugāre	vertreiben, in die Flucht schlagen
15 **occīdere**, occīdī, occīsum	niederhauen, töten
verberāre	schlagen
ūrere, ussī, ustum	versengen, verbrennen, brennen
quārē (Adv.)	weshalb? warum?
timidus, -a, -um	furchtsam
incurrere, -currī, -cursum	hineinlaufen
parum (Adv.)	wenig, zu wenig
libenter (Adv.)	gern
obīre, -eō, -iī, -itum (mit Akk.)	entgegengehen; mortem obīre: den Tod finden, sterben
iugulāre	die Kehle durchschneiden, erstechen
prōrumpere, -rūpī, -ruptum	hervorbrechen; (Pass.:) hervorstürzen
imprōvīsō (Adv.)	unversehens, unvermutet
20 **super** (beim Akk. oder Adv.)	über, über … hinaus, darüber
caput, capitis n.	Kopf, ‚Haupt'; Hauptstadt
prōsternere, -strāvī, -strātum	niederstrecken; sē pr.: sich niederwerfen
subitus, -a, -um	plötzlich, unerwartet
involvere, -volvī, -volūtum	einwickeln, umwickeln
humī (Adv.)	am Boden, zu Boden
trepidāre	zittern, zappeln
piscis, -is m.	Fisch
capere, -iō, cēpī, captum	nehmen, fassen, fangen
plausus, -ūs m.	Beifall
āctum est dē mē	es ist um mich geschehen
macte	Bravo!
laudāre	loben, preisen
contrā (Adv.)	dagegen
25 **parāre**	(hier:) vorhaben, sich anschicken
ēdītor, -ōris m.	Veranstalter
vultus, -ūs m.	(Gesichts-)Ausdruck, Miene
crescere, crēvī, crētum	wachsen
iūdicāre	urteilen, (be-)urteilen, richten
exsībilāre	auspfeifen
mittere, mīsī, missum	werfen, schicken, gehen lassen
praemium	Belohnung, Prämie
ōrnāre (mit Abl.)	schmücken, ausstatten
30 **grātus**, -a, -um	angenehm, dankbar
vidērī, videor, vīsus, -a sum (Pass. zu vidēre)	gesehen werden, (er)scheinen
dīcunt → dīcere, dīcō, dīxī, dictum	(die Leute) sagen, man sagt
vincere, vīcī, vīctum	siegen, besiegen
sēmivīvus, -a, -um	(halblebendig:) halbtot
necāre	töten, hinrichten
Charōn, -ntis	Charon (→ Namen)
vestīre, vestiō	(be)kleiden
post (beim Akk.)	hinter, nach
nex, necis f.	Tod, Mord
horribilis, -e	schrecklich
nūntiāre	berichten, verkünden
perficere, -iō, -fēcī, -fectum	ausführen, vollenden
accipere, -iō, -cēpī, -ceptum	annehmen, vernehmen, empfangen
merēre	verdienen, sich verdient machen

Caput septimum

24 „Nāvigāre necesse est!"

equidem (egō + quidem)	ich für meine Person
Bāiae, -ārum (Pl.)	Baiae (→ Namen)
Formiae, -ārum (Pl.)	Formia (→ Namen)
Antium	Anzio (→ Namen)
loca, -ōrum n. (Pl. zu locus)	Orte; Gegend; Gelände
cōnfluere, -flūxī	zusammenströmen
recreāre, sē	erfrischen, sē r.: sich erholen
inānis, -e	leer, wertlos, unnütz
5 **probus**, -a, -um	tüchtig, brav
ūtilis, -e	nützlich, brauchbar
suscipere, -iō, -cēpī, -ceptum	übernehmen, auf(sich)nehmen
nāvigāre → nāvis, agere	segeln, zur See fahren
necesse est	es ist nötig

25 Entlang an der Küste Kampaniens

diēs, diēī m./f.	Tag (m.); Termin (f.)
tranquillus, -a, -um	still, windstill
lentus, -a, -um	langsam, ruhig
nāvis, -is f.	Schiff

Lesevokabular

ēdūcere, -dūxī, -ductum → dūcere	herausführen, (hier:) auslaufen lassen
2 gubernātor, -ōris m.	Steuermann
addūcere, -dūxī, -ductum → dūcere	heranführen, veranlassen; (hier:) zu jmdm. führen
vector, -ōris m.	Passagier
probus, -a, -um	tüchtig, brav
speciēs, -iēī f.	Blick, Anschein, Gestalt
praebēre → habēre	gewähren, zeigen, (an)bieten
Ōstia, -ōrum n. (Pl.)	(→ Namen)
quaesō (1. P. Sg.)	bitte
5 annuere, -nuī	nicken, zustimmen
nāvis onerāria	Frachtschiff
vēnālis, -e	käuflich
rēs, reī f.	Gegenstand, Sache, Angelegenheit
cōnstruere, -strūxī, -strūctum	bauen
iuvenis, -is m.	junger Mann
laetus, -a, -um	froh, fröhlich, heiter
ascendere, -ndī, -ēnsum	hinaufsteigen, besteigen
lēnis, -e	lind, mild, langsam
vehī, vehor, vectus, -a sum	fahren, befördert werden
Campānia	(→ Namen)
ōra	Küste
9 vīlla	Landhaus, Landgut
maritimus, -a, -um	am Meer gelegen
faciēs, -iēī f.	Gestalt, Anblick
dēlectāre	erfreuen, unterhalten
sevērus, -a, -um	ernst, streng
tālis, -e	derartig, solch
Éphĕsus, -ī f.	(→ Namen)
habitāre	wohnen, bewohnen
cūriōsus, -a, -um	sorgfältig, neugierig
13 respondēre, -spondī, -spōnsum	antworten
profugus, -a, -um	flüchtig
quidem (Adv.)	gewiss, wenigstens, allerdings, zwar
spēs, speī f.	Hoffnung, Erwartung
tenēre, tenuī, tentum	(fest)halten, besitzen
fidēs, fideī f.	Treue, Zuverlässigkeit, Vertrauen
perniciēs, -iēī, f.	Verderben, Unglück
15 Lēx Iūlia	Name eines Gesetzes (s. L 51)
caput rērum	Hauptstadt der Welt
auctor, -ōris m.	Urheber, Schriftsteller
rēs adversae (Pl.)	Unglück

26 Sturm auf See

loquī, loquor, locūtus, -a sum	sprechen, reden
inhorrescere, -horruī	erbeben, rau werden
nūbēs, -is f.	Wolke
tenebrae, -ārum f. (Pl.)	Dunkelheit
obruere, -ruī, -rŭtum	überschütten, verhüllen
discurrere, discurrī, discursum	hin und her laufen, sich ausbreiten
vēlum	Segel; Pl. Sonnensegel
tempestās, -tātis f.	Wetter, Unwetter, Sturm
3 subdūcere, -dūxī, -ductum → dūcere	entziehen, einziehen vor etw. (mit Dat.)
rēmus	Ruder
ūtī, ūtor, ūsus, -a sum (mit Abl.)	gebrauchen, benutzen
puppis, -is f.	Achterdeck, Schiff
morārī	sich aufhalten, verzögern
admīrārī → mīrus, -a, -um	bewundern, sich wundern
unda	Welle, Woge
persequī, -sequor, -secūtus, -a sum	(ver)folgen, einholen
5 recitāre	vorlesen, vortragen
aspicere, -iō, -spēxī, -spectum	anschauen, erblicken
quōcumque (Adv.)	wohin auch immer
pontus	Meer
āēr, āĕris m. (griech.)	Luft
flūctus, -ūs m.	Flut
tumidus, -a, -um	aufgewühlt, stürmisch
mināx, -ācis	drohend
versus, -ūs m.	Vers
dulcis, -e	süß, lieblich
Ovidius	Ovid (→ Namen)
gubernātor, -ōris m.	Steuermann
īrātus, -a, -um	zornig, aufgebracht
9 uterque, utraque, utrumque	jeder, jede, jedes (von zweien), beide
vehementer (Adv.)	heftig
invehī, -vehor, -vectus, -a sum	jmd. anfahren, (be)schimpfen
etiamnunc (Adv.)	auch jetzt noch, noch immer
vester, -tra, -trum	euer
ōtiōsus, -a, -um	unbeschäftigt, untätig, friedlich
fruī, fruor, frūctus, -a sum (mit Abl.)	genießen, sich erfreuen
intuērī, intuitus, -a sum	betrachten, anschauen
Dīus Fidius	mē Dīus Fidius: so wahr mir (der) Gott (F. = Gott der Treue) helfe!
11 auxiḷiārī → auxilium	helfen
sequī, sequor, secūtus, -a sum (mit Akk.)	folgen, sich anschließen
Neptūnus	(→ Namen)
īrāscī, īrātus, -a sum	zürnen

iocōsus, -a, -um — scherzhaft
querī, queror, questus, -a sum — klagen, sich beklagen

27 Ankunft bei Nacht

sub noctem → nox — spätabends
Ōstia, -ōrum n. (Pl.) — (→ Namen)
residere, -sēdī, sessum — sich setzen, sich legen
2 **procul** (Adv.) — fern (von), aus der Ferne
gubernātor, -ōris m. — Steuermann
oblīvīscī, oblītus, -a sum (mit Gen.) — vergessen
īra → īrātus, -a, -um — Zorn
explicāre — erklären
turris, -is f. — Turm
dicitur, dicuntur (mit NcI) — er, sie, es soll; sie sollen (→ CG 7.6)
5 Claudius — (→ Namen)
prīnceps, -cipis m. — „erster": Fürst, Kaiser, Princeps
exstruere, -strūxī, -strūctum — errichten
Pharus, -ī f. — (→ Namen)
Alexandrīa — (→ Namen)
ēmicāre, -micuī, -micātum — aufleuchten, aufblitzen
micāre, -micuī — leuchten, strahlen
regere, rēxī, rēctum — lenken, leiten
fatērī, fateor, fassus, -a sum — gestehen
grātia — Beliebtheit, Ansehen; Gefälligkeit, Dank
grātiās agere, ēgī, actum — Dank abstatten, danken
illūstrāre — erhellen
8 **dīligēns**, -ntis — sorgfältig, gewissenhaft
dīrigere, -rēxī, -rēctum — lenken, steuern
mōlēs, -is f.; → molestus — Masse, Steindamm
introitus, -ūs m. — Eingang
Tiberius — (→ Namen)
10 **statuere**, -uī, -ūtum — aufstellen, beschließen
profundus, -a, -um — tief
anteā (Adv.) — vorher, früher
onustus, -a, -um — bepackt, beladen
dēmergere, -mersī, -mersum — untertauchen, versenken; (Pass.) untergehen
obeliscus — Obelisk, Spitzsäule
Aegyptus f. — Ägypten
advehere, -vēxī, -vectum — etw. heranfahren, heranschaffen
13 **appellere**, -pulī, -pulsum — (etw.) herantreiben; (Pass.) landen
taberna — Kneipe
proficīscī, -ficīscor, -fectus, -a sum — aufbrechen, (ab)reisen; marschieren

Caput octāvum

28 Vor den Toren Roms

mūliō, -ōnis m. — Maultiertreiber
colloquī, -loquor, -locūtus, -a sum → loquī — sich besprechen, sich unterhalten
ālea — Würfel(spiel)
exercēre — (aus)üben, bearbeiten
propinquus, -a, -um — nahe (liegend), benachbart; verwandt; Nachbar
taberna — Kneipe
thermopōlium (griech.) — Imbissstube, Gastwirtschaft
dēgere → agere — verbringen, verleben
incendere, -ndī, -cēnsum — entzünden, entflammen
vigil, -ilis m. — Wächter
5 inclāmāre — (an)schreien, (an)rufen
hercle — bei Gott!
īnsānus, -a, -um — wahnsinnig
claudere, -sī, -sum — abschließen, einschließen
interdiū (Adv.) — bei Tage
pultāre → pellere — klopfen
paene (Adv.) — beinahe, fast
retinēre, -tinuī, -tentum — festhalten, zurückhalten
plaustrum — Lastwagen
pōmum — Obstfrucht, (Pl.) Obst
recēns, -ntis — neu, frisch
onerāre — beladen, belasten
tēgula — Dachziegel
vehere, vēxī, vectum — ziehen, bringen, (etwas) fahren
9 **senātor**, -ōris m. — Senator
Tullius — Eigenname
aperīre, -ruī, -rtum — öffnen, aufdecken
advocāre — herbeirufen
clāmitātiō, -iōnis — (heftiges) Geschrei, Lärm
mălum — (Ausruf des Unwillens) zum Henker, zum Teufel!
an? — oder?
rūrī (Adv.) — auf dem Land
cēnsēre, -uī, -cēnsum — schätzen, meinen
abscēdere, -cessī, -cessum — fortgehen
abīre, -eō, -iī, -itum — weggehen
rūs (Adv.) — (Akk.) aufs Land
unde (relativisch) — woher, von wo
venīre, -io, vēnī, ventum — kommen
vehiculum — Fahrzeug
prō(h) Iuppiter — Bei Jupiter!
Ēn! — siehe (da)! auf!
obolēre, -oluī — riechen nach
14 āllium — Knoblauch

Lesevokabular VIII, 29

rūsticus, -a, -um	ländlich, bäurisch
hircus	Ziegenbock
hara	(Schweine-)Stall
sūs, suis m./f.	Schwein
caper, -pri m.	Ziegenbock, Bocksgeruch
commiscēre, -miscuī, -mixtum	vermischen, vermengen
post (beim Akk.)	nach
dictum → dīcere	Wort, Äußerung, Spruch
circumstāre, -stětī, -stătum	umherstehen
rīsus, -ūs m.	Lachen, Gelächter
comprimere, -pressī, -pressum	unterdrücken
17 effundere, -fūdī, -fūsum	ausgießen, ausschütten
ōrātiō, -ōnis f.	Rede
superāre	überwinden, überwältigen
metus, -ūs m.	Furcht, Besorgnis
clam (Adv.)	heimlich

29 Leben in der Großstadt

rīxa	Streit
taberna	Kneipe
ēlegāns, -ntis	geschmackvoll, fein
vestīre	(be)kleiden
alloquī, -loquor, -locūtus, -a sum	ansprechen, anreden
dīgressus, -ūs m.	Weggang, Trennung
commovēre, -mōvī, -mōtum → movēre	bewegen, veranlassen
discēdere, -cessī, -cessum	auseinander gehen, weggehen, verschwinden
6 tot (nicht dekliniert)	so viele
saevus, -a, -um	wütend, grimmig
urbs, urbis f.	(Haupt-)Stadt; oft: Rom
horrēre (mit Akk.)	starr sein, (zurück-)schaudern vor
incendium	Brand, Feuer
lapsus, -ūs m.	Fall, (Ein-)Sturz
assiduus, -a, -um	beständig, unablässig
imprīmīs (Adv.)	besonders, vor allem
mēnsis, -is m.	Monat
Augustus	(der Monat) August
ubicumque (Adv.)	wo auch immer, überall
versus, -ūs m.	Vers
male (Adv.)	schlecht
cupere, -iō, -īvī, -ītum	wünschen, wollen, begehren
immō (Adv.)	ja (sogar), ja vielmehr
hercle	bei Gott!
difficilis, -e	schwierig
satūra	Satire
10 cōnsentīre, -sēnsī, -sēnsum	übereinstimmen, zustimmen
ēnumerāre	aufzählen
taedium	Ekel, Widerwillen
taediō esse	Ekel erregen, anekeln
ferre, ferō, tulī, lātum	tragen, bringen, ertragen (→ V 3.5)
quōcumque (Adv.)	wohin auch immer
Graeculus	Griechlein (abschätzig)
cernere, crēvī, crētum	wahrnehmen, sehen, erkennen
ubīque (Adv.)	überall
nūllus, -a, -um	kein, keiner
arcessere, arcessīvī, arcessītum	herbeirufen, holen
inundāre	überschwemmen
15 molestus, -a, -um	lästig
tolerābilis, -e	erträglich
latrō, -ōnis m.	Räuber
ōh	O! Ach!
respicere, -iō, -spexī, -spectum	zurückschauen, berücksichtigen
dīversus, -a, -um	entgegengesetzt, verschieden
testa	Ziegelstein, Scherbe
animadvertere, -vertī, -versum	Acht geben, bemerken
cerebrum	Gehirn, Kopf
ferīre	schlagen, treffen
fenestra	Fenster
vās, vāsis n.	Gefäß
praeterīre, -eō, -iī, -ītum	vorübergehen
19 quot (nicht dekliniert)	wie viele
patēre	offen stehen, sich erstrecken
nocturnus, -a, -um → nox	nächtlich
ŏdiō esse → ŏdium	X mihi odiō est: ich hasse X
stāre, stō, stětī, (stătūrum)	stehen
aliquis, aliquid	(irgend)jemand, (irgend)etwas (→ N 3.7)
exclāmāre	(aus)rufen
perterrēre	(sehr) erschrecken
23 calx, calcis	Ferse; Huf; (hier:) Fußtritt; calcem accipere: einen Fußtritt bekommen
īdem, éadem, ĭdem	der-, die-, dasselbe
tacitus, -a, -um	schweigend, verschwiegen
-ve (angehängt)	oder
recēdere, -cessī, -cessum	zurückweichen, sich zurückziehen
restāre, -stitī	übrig bleiben
pulsāre → pellere	schlagen, prügeln
rogāre	fragen, bitten

paucī, -ae, -a	wenige, nur wenige	
sinere, sīvī, situm	(zu)lassen, erlauben	
revertī, -vertor, -vertī	zurückkehren	

30 Rom – Stoff für Satiren!

cōgnōscere, -gnōvī, -gnitum	kennen lernen, erkennen, erfahren
fēlīx, -īcis	glücklich, glückbringend, erfolgreich; felīciter! *(hier):* Glück und Wohlergehen!
senātus, -ūs *m.*	Senat
5 **illūstris**, -e	berühmt
mundus	Welt
D. Iūnius Iuvenālis	(→ Namen)
praeclārus, -a, -um	ausgezeichnet, berühmt
sē cōnferre, -tulī, -lātum	sich begeben
meminisse *(mit Gen.)*	sich erinnern, daran denken
Porta Capēna	*Stadttor zur Via Appia*
10 **domicilium** → domus	Wohnstätte
mēnsa	Tisch, Essen
cista *(griech.)*	Kiste
pōnere, pŏsuī, pŏsitum	setzen, stellen, legen
dīvīnus, -a, -um	göttlich
mūs, mūris *m.*	Maus
rōdere, rōsī, rōsum	(an)nagen, benagen
perdere, -didī, -ditum	zugrunde richten, verlieren
īnfēlīx, -īcis	unglücklich
dēlēre, dēlēvī, dēlētum	zerstören, vernichten
14 **hospitium**	Gastfreundschaft, Herberge
adiuvāre, -iūvī, -iūtum *(mit Akk.)*	unterstützen, helfen
nusquam *(Adv.)*	nirgends

31 ◆ Romulus und Remus

Rōmulus	(→ Namen)
Rĕmus	(→ Namen)
expōnere, -pŏsuī, -pŏsitum	aussetzen, darlegen
ēducāre	aufziehen, erziehen
quoniam *(Konj.)*	da ja
geminī, -ōrum *m. (Pl.)*	Zwillinge
discrīmen, -minis *n.*	Unterschied, Entscheidung
fierī, fīō, factus, -a sum	werden, geschehen, gemacht werden (→ CG 9.2)
certāmen, -minis *n.*	Wettstreit, Kampf
auspicium	Vogelschau
dirimere, -imō, -ēmī, -ēmptum → emere	(ent)scheiden

constituere, -uī, -ūtum	aufstellen, festsetzen, beschließen
5 **prīmō** *(Adv.)*	anfangs, zuerst
augurium	Vorzeichen
sex *(indekl.)*	sechs
vultur, -ris *m.*	Geier
duplex, -plicis	doppelt
nōmināre	(be)nennen
caedēs, -is *f.*	Morden, Schlachten
vertere, vertī, versum	(sich) wenden, drehen
ictus, -a, -um (→ icere)	getroffen
10 **trānsilīre**, -uī → salīre	hinüberspringen
lūdibrium	Spott
ob *(beim Akk.)*	wegen
īrātus, -a, -um	zornig, aufgebracht
interficere, -iō, -fēcī, -fectum	töten

Caput nōnum

32 Freundlicher Empfang in der domus urbana

domus urbāna → urbs	Stadthaus, Stadtvilla
Germānus, -a, -um	germanisch, Germane
sērō *(Adv.)*	spät, zu spät
advĕnīre, vēnī, -ventum	(her)ankommen
indūcere, -dūxī, -ductum	hineinführen
nōlle, nōlō, nōluī	nicht wollen (→ V 3.5)
tumultus, -ūs *m.*	Lärm, Unruhe
ātrium	Atrium, Halle
inopīnātus, -a, -um	unerwartet
5 **litterae**, -ārum *f. (Pl.)*	Schrift, Brief, Literatur, Wissenschaft
vestibulum	Vorhalle, Eingang
mănēre, mānsī, mānsum	bleiben, warten
crās *(Adv.)*	morgen
quaerere, quaesīvī, quaesītum	suchen, fragen, erwerben
receptāculum	Schlupfwinkel, Behälter
quaesō *(1. P. Sg.)*	bitte
sānus, -a, -um	gesund, bei Verstand
10 **affirmāre**	bekräftigen
Éphĕsus, -ī *f.*	(→ Namen)
Asia	Kleinasien (!)
patria → pater	Vaterland, Heimat, Heimatstadt
flōrēns, -entis	blühend
diū *(Adv.)*	lange
vīvere, vīxī, (vīctūrum)	leben
assuēscere, -suēvī, -suētum *(mit Dat.)*	sich gewöhnen
aestuāre	glühen, kochen
strepere, strepuī, strepitum	lärmen, tosen

Lesevokabular — IX, 33

fragor, -ōris m.	Krachen, Getöse	disputātiō, -ōnis f.	Erörterung, Unterredung
auris, auris f.	Ohr	persuadēre, -suāsī, -suāsum (mit Dat.)	überreden, überzeugen
percutere, -iō, -cussī, -cussum	erschüttern, schleudern	vānus, -a, -um	leer, nichtig
15 interrumpere, -rūpī, -ruptum	unterbrechen	superstitiō, -ōnis f.	Aberglaube
Iuvenālis, -is m.	(→ Namen)	prōvincia	Amtsbereich, Provinz
Ōstiēnsis, -e	Adj. zu Ostia	Trānsalpīnus, -a, -um	jenseits der Alpen (wohnend)
incidere, -cidī	in etw. geraten, auf jmden./etwas stoßen; sich ereignen	7 exclāmare	(aus)rufen
		prōcēdere, -cessī, -cessum	voranschreiten, vorrücken
mediocris, -e	mittelmäßig, gewöhnlich	quaesītiō, -ōnis f.	Untersuchung, Suche
hūmānitās, -tātis f.	Menschlichkeit, Bildung	factum	Handlung, Tat(sache)
		infectus, -a, -um	ungetan, unausführbar
satura	Satire	gravitās, -tātis f.	Gewicht, Bedeutung
placēre	gefallen	incertus, -a, -um	unsicher, ungewiss
20 displicēre	missfallen	verērī, veritus, -a sum	sich scheuen, fürchten (nē ...: dass ...), verehren
fēmina	Frau		
ērudītus, -a, -um	gebildet		
studēre (mit Dat.)	sich bemühen, betreiben, studieren	accipere, -iō, -cēpī, -ceptum	(hier:) übernehmen
convīvium	Gastmahl	12 religiō, -ōnis f.	Gottes-/Götterverehrung, Religion, Aberglaube
colloquī, -loquor, -locūtus, -a sum → loquī	sich besprechen, sich unterhalten		
25 cēdere, cessī, cessum	gehen, weichen	anīlis, -e	altweiberhaft, Ammen-
grammaticus (griech.)	(Sprach)Lehrer	contendere, -tendī, -tentum	sich anstrengen, eilen, kämpfen, behaupten
rhētor, -ōris m.	Redner, Redelehrer		
dēfessus, -a, -um	müde	certus, -a fierī, fīō, factus, -a sum	(einer Sache) sicher sein
quiēs, -ētis f.	Ruhe, Erholung		
ancilla	Magd, Dienerin	prō (beim Abl.)	vor, für
sitis, -is f.	Durst	Lucrētius	Lukrez (→ Namen)
famēs, famis f.	Hunger	17 contemnere, -mpsī, -mptum	verachten, gering schätzen
31 pānis, -is m.	Brot		
cāseolus	kleines Stück Käse	regiō, -ōnis f.	Richtung, Gegend
farcīmen, -minis n.	Wurst	horribilis, -e	schrecklich
culīna	Küche	mortālēs, -ium m./f.	die Sterblichen (d. h. die Menschen)
apportāre	(herbei)bringen		
balneum	Bad	īnstāre, -stō, -stitī	drohen, bevorstehen
cubiculum	Schlafzimmer	20 oppōnere, -pōsuī, -positum	entgegensetzen, einwenden
corōllārium	Kränzchen, Trinkgeld		
		memōria	Gedächtnis, Erinnerung
		taurus	Stier
33 Diskussion über Religion		Eurōpa	phöniz. Königstochter
		Crēta	Kreta (→ Namen)
prō(h)	o! ach! bei ...!	īnsula	Insel
prō dolor!	O weh! Tut mir Leid!	aquila	Adler
receptāculum	Schlupfwinkel	Ganymēdēs, -is	Ganymed (→ Namen)
nescīre	nicht wissen, nicht kennen	Olympus	Olymp (→ Namen)
		rapere, -iō, rapuī, raptum	‚raffen', rauben
Iānuārius	Januar		
nōbīscum	mit uns	rēvērā (Adv.)	wirklich, tatsächlich
persaepe (Adv.)	sehr oft	sacer, sacra, sacrum	geweiht, heilig, verflucht
concilium	Versammlung		
Chrīstiānus (griech.)	christlich; Christ	intrā (beim Akk.)	innerhalb von, in
frequentāre	zahlreich bzw. oft besuchen	spīritus, -ūs m.	Hauch, Atem, Geist
		observātor, -ōris m.	Beobachter
4 dissuādēre, -suāsī, -suāsum	abraten	25 prout	so wie
		suprā (beim Akk.)	oberhalb, über

IX, 33 — Lesevokabular

exsurgere, -surrēxi, -surrēctum → surgere	sich erheben, aufstehen	
consilia (Pl. n.) dare	Rat geben, Ratschläge erteilen	
māgnificus, -a, -um	großartig, prächtig	
ērēctus, -a, -um	aufrecht; erhaben	
ūnusquisque, -quaeque, -quodque	jeder Einzelne	
quis	irgendein(er) (→ N 3.7)	
alii ... alii ..., -ae, -a	die einen ... die anderen ...	
Iūp(p)iter, Iovis	(→ Namen)	
Mārs, Mārtis m.	(→ Namen)	
Cerēs, Cereris f.	(→ Namen)	

34 ◆ Midas

adnuere, -nuō, -nuī	beistimmen
optātum	Wunsch
Midās, -ae m.	(→ Namen)
pollicērī, -icitus, -a sum	versprechen
tangere, tetigī, tāctum	berühren
singulī, -ae, -a	einzeln, je ein
temptāre	betasten, versuchen, auf die Probe stellen
virēns, -entis	grün, blühend
virga	Rute, Zweig
dētrahere, -trāxī, -tractum	herabziehen, abreißen
aureus, -a, -um	golden
5 tollere, tollō, sustulī, sublātum	(auf)heben, beseitigen
humus, -ī f.	Erdboden, Erde; humō (Abl.): vom Boden, von der Erde
saxum	Fels(block), Stein
pallēscere, palluī	bleich/gelblich werden
decerpere, -cerpsī, -cerptum → carpere	abpflücken, abreißen
arista	Ähre
messis, -is f.	Ernte, Ertrag
dēmere, -mpsī, -mptum	wegnehmen
pōmum	Obstfrucht, (Pl.) Obst
Hesperides, -dum f.	Hesperiden
mālum	Apfel
8 ubī (Konjunktion)	sobald, (als)
lavāre, lāvī, lautum	waschen
dēfluere, -fluō, -flūxī	herabfließen
splendēre	glänzen
animō capere	sich vorstellen
fingere, finxī, fictum	sich denken, vorstellen
mēnsa	Tisch, Essen
minister, -trī m.	Diener
posuēre	= posuērunt
exstruere, -strūxī, -strūctum	errichten; (hier:) beladen
daps, dapis f.	Speise

13 sīve ... sīve	sei es, dass ... oder dass ...
contingere, -tigī, -tāctum	berühren
pōculum	Becher
attonitus, -a, -um	bestürzt, entsetzt
novitās, -tātis f.	Neuheit
vovēre, vōvī, vōtum	wünschen; feierlich versprechen, geloben
ōdisse, ōdī	hassen (Perfekt mit Präsensbedeutung → CG 5.2.3)
17 famēs, famis f.	Hunger
relevāre	lindern, mildern
sitis, -is f.	Durst
aridus, -a, -um	trocken, ausgedörrt
guttur, -uris n.	Kehle
ūrere, ussī, ustum	(ver)brennen, versengen
20 venia	Gnade, Verzeihung; veniam dare: Verzeihung gewähren, verzeihen
Lēnaeus pater	= Bacchus
peccāre	sündigen, sich irren
miserērī (mit Gen.)	sich erbarmen
precārī	bitten
speciōsus, -a, -um	schön, blendend, täuschend
ēripere, -iō, -uī, -reptum	entreißen, befreien
damnum	Schaden, Unheil, Fehler
23 benīgnus, -a, -um	gütig
solvere, solvī, solūtum	lösen, befreien, bezahlen
Pactōlus	(→ Namen)
fōns, fontis m.	Quelle
subdere, -didī, -ditum	untersetzen, untertauchen

Caput decimum

35 Nero – ein Kaiser auf der Bühne

theātrum (griech.)	Theater
vel ... vel ... (Konj.)	entweder ... oder ...
cōmoedia (griech.)	Komödie
tragoedia (griech.)	Tragödie
agere, ēgī, āctum	(hier:) spielen
Plautus	(→ Namen)
permāgnus, -a, -um	riesig
aulaeum	Theatervorhang
vēlum	Segel; (Pl.) Sonnensegel
condere, -didī, -ditum	erbauen, gründen
Augustus Caesar	(→ Namen)

Lesevokabular

5 gener, -erī m. — Schwiegersohn
dēdere, -didī, -ditum — übergeben, widmen
quīn etiam (Adv.) — ja sogar
exōrnāre — ausschmücken
singulāris, -e — einzigartig
artificium — Kunstwerk
memento — denk daran …
  Imp. zu meminisse
circumspicere, -iō, -spexī, -spectum — um(her)schauen
Nĕrō, -ōnis Caesar — (→ Namen)
nōnnumquam (Adv.) — manchmal
histriō, -ōnis m. — Schauspieler
cantor, -ōris m. — Sänger
partēs agere — eine Rolle übernehmen, spielen
9 cōram (beim Abl.) — in Gegenwart von
cantāre — singen
perītus, -a, -um (mit Gen.) — erfahren
esse sibi vīsus est — „er schien sich so" = er glaubte es von sich
excēdere, -cessī, -cessum — hinausgehen, verlassen
complēre, -plēvī, -plētum — (an)füllen
fautor, -ōris m. — Anhänger
corrumpere, -rūpī, -ruptum — verderben, bestechen
Nĕrō, -ōnis m. — (→ Namen)
acclāmāre → clāmāre — zurufen, bejubeln
vigil, -ilis m. — Wächter
14 spectātor, -ōris m. — Zuschauer
observāre — beobachten
sībilāre — zischen, pfeifen, flüstern
pulsāre → pellere — schlagen, prügeln; (hier:) stampfen
licet, licuit, licitum est — es ist erlaubt/möglich, man darf
ferunt → ferre — (hier:) man berichtet
efferre, efferō, extulī, ēlātum — hinaustragen
reddere, reddidī, redditum — zurückgeben; zu etw. machen
circus (griech.) — Kreis, Rennbahn, Zirkus
amphitheātrum (griech.) — Amphitheater
sē cōnferre, -tulī, -lātum — sich begeben
17 rugītus, -ūs m. — das Brüllen
leō, -ōnis m. — Löwe
crēdibilis, -e — glaubwürdig
inaudītus, -a, -um — unerhört

36 Im Theater

ūrere, ussī, ustum — (ver)brennen, versengen
plūrimī, -ae, -a — die meisten, sehr viele
spectātor, -ōris m. — Zuschauer
pilleus — (Filz-)Kappe, Mütze
aestus, -ūs m. — Hitze, Glut
mātrōna — Ehefrau
nūtrīx, -trīcis f. — Amme
umbella — Sonnenschirm
tuērī, tueor, tūtātus, -a sum — anschauen, beschützen
īnfāns, -ntis — Kleinkind
theātrum (griech.) — Theater
3 vēlum — Segel
tegere, tēxī, tēctum — (be)‚decken', schützen
perpetuō (Adv.) — fortwährend, beständig
cantāre — singen
sībilāre — zischen, pfeifen, flüstern
histriō, -ōnis m. — Schauspieler
prōdīre, -eō, -iī, -ĭtum — hervortreten
porrigere, -rēxī, -rēctum — ausstrecken
prōnūntiāre — verkünden, bekannt machen
7 opera — Arbeit, Mühe; operam dare: sich bemühen, aufpassen
argūmentum — Beweis, Inhalt, Stück
exōrdīrī, -ōrdior, -ōrsus, -a sum — beginnen, einleiten
acclāmāre → clāmāre — zurufen, bejubeln
cōmoedia (griech.) — Komödie
silēre, siluī — schweigen
advertere, -vertī, -versum — hinwenden, richten auf; animum adv.: Gedanken, Aufmerksamkeit richten auf, aufmerken
imperātor histricus — Theaterdirektor
ēsurīre, ēsuriō — hungern
satur, -ra, -rum — satt
13 nōndum (Adv.) — noch nicht
omnīnō (Adv.) — völlig, überhaupt
minārī, minor, minātus, -a sum — drohen
exsurgere, -surrēxī, -surrēctum → surgere — sich erheben, aufstehen
praecō, -ōnis m. — Ausrufer
facere, -iō, fēcī, factum — (hier:) verschaffen
audientia — Gehör, Aufmerksamkeit
minūtulus, -a, -um — ganz klein
prōcūrāre — versorgen, verwalten
spectāculum — Schauspiel
19 levis, -e — leicht, leichtsinnig
callidus, -a, -um — schlau

dēcipere, -iō, -cēpī, -ceptum	täuschen	causa	Ursache, Grund; Streitsache; quā dē causā?: aus welchem Grund, weshalb?
cavea	Zuschauerraum; (hier:) Publikum		
nōnnumquam (Adv.)	manchmal	distribuere, -uī, -ūtum	verteilen, einteilen
scaena (griech.)	Bühne, Szene	melior, melius; -ōris	besser (→ CG 11.1.4)
applaudere, -sī, -sum	Beifall klatschen	peior, peius; -ōris	schlechter (→ CG 11.1.4)
sophōs (Adv.)	Bravo! Gut!		
mōs, mōris m.	Sitte, Brauch	permultī, -ae, -a	sehr viele
Latīnus, -a, -um	latinisch, lateinisch	plūs, -ris; (Pl.) plūres, -ra; -ium	mehr; mehrere, Mehrheit (→ CG 11.1.4)
23 modus	Maß, Art, Weise		
iterum iterumque (Adv.)	immer wieder	plūris aestimāre	höher (ein)schätzen
		agere, ēgī, āctum	(hier:) vergehen
revocāre	(zur Wiederholung) zurückrufen	posteritās, ātis f. → post	Nachwelt
fīnis, -is m.	Grenze, Ende, Ziel, (Pl.) Gebiet	praeceptor, -ōris m.	Lehrer
		cōnsentīre, -sēnsī, -sēnsum	übereinstimmen, zustimmen
		20 merērī, meritus, -a sum	verdienen, sich verdient machen
		quisque, quaeque, quidque	(ein) jeder; optimus quisque: gerade die Besten (→ N 3.7)

Caput ūndecimum

37 In der Bibliotheca Ulpia

		maximē (Adv.)	am meisten, besonders
		ars dīcendī	Redekunst, Rhetorik
imāgō, -ginis f.	Bild; Büste, Statue		
Cornēlius Nĕpōs, -pōtis	(→ Namen)		

38 Ein „poeta divinus"

Titus Līvius	(→ Namen)	praeceptor, -ōris m.	Lehrer
bibliothēca	Bibliothek	disputāre	auseinander setzen, für und wider sprechen
praefectus bibliothēcae	Bibliotheksdirektor		
doctus, -a, -um	gelehrt, gebildet	calvus, -a, -um	glatzköpfig
ērudītus, -a, -um	gebildet	bibliothēca	Bibliothek
nūper (Adv.)	neulich, unlängst	prōnūntiāre	verkünden
nōvisse, nōvī, nōtum	kennen, wissen	spērāre	hoffen, erwarten
digitus	Finger, Zehe	spīritus, -ūs m.	Hauch, Atem, Geist
armārium	Schrank, Bücherregal	quārē (quā rē)	weshalb; daher
5 ars ōrātōria	Redekunst, Rhetorik	vestīre, vestiō	(be)kleiden
volūmen, -minis n.	(Schrift-)Rolle, Buch	propter (beim Akk.)	wegen
prōmere, prōmpsī, prōmptum	hervorholen	5 umquam (Adv.)	jemals
		arduus, -a, -um	steil, schwierig
dīgnitās, -tātis f.	Würde	pōmum	(Obst-)Frucht
prōnūntiāre	verkünden	pendēre, pependī	hängen, schweben
celeber, -bris, -bre	berühmt, weit verbreitet, viel besucht	carpere, -psī, -ptum	pflücken, abreißen
		10 Tantalus	(→ Namen)
10 porrō (Adv.)	weiter	īnfēlīx, -īcis	unglücklich
Quīntiliānus	Quintilian (→ Namen)	vōtum	Gelübde, Wunsch
ingenium	Begabung, Anlage, Talent	premere, pressī, pressum	drücken, drängen
		circumstāre, -stĕtī, -stātum	um(her)stehen, umringen
Cicerō, -ōnis m.	(→ Namen)		
dubium	Zweifel	abscēdere, -cessī, -cessum	fortgehen
dīgnus, -a, -um	würdig, wert	ēvānēscere, -vānuī	verschwinden
longē (Adv.)	weit, bei weitem	pestis, -is f.	Unheil, Untergang; abī in malam pestem: scher' dich zum Henker!
Tacitus	(→ Namen)		
aequālis, -e	gleich(altrig); (hier:) Zeitgenosse		
		13 versus, -ūs m.	Vers
diálogus (griech.)	Dialog	ēvolvere, -volvī, -volūtum	aus(einander)rollen
14 minimī aestimāre	sehr gering achten		

Lesevokabular   XII, 40

	rīsus, -ūs *m.*	Lachen, Gelächter	
16	tōnsor, -ōris *m.*	Barbier	
	Phoebus	*Eigenname*	
	rādere, rāsī, rāsum	kratzen, rasieren	
	spongia *(griech.)*	Schwamm	
	operīre, -ruī, -rtum	bedecken	
	profugere, -fugiō, -fūgī	sich flüchten	

39 Phaedrī dē lupō et agnō fabulā

	volūmen, -minis *n.*	(Schrift-)Rolle, Buch
	angulus	Ecke, Winkel
	rīvus	Fluss
	lupus	Wolf
	agnus	Lamm
	sitis, -is *f.*	Durst
	compellere, -pulī, -pulsum	(zusammen)treiben; zwingen
	superior, -ius; -ōris	weiter oben
	īnferior, -ius; -ōris	tiefer gelegen
	tunc *(Adv.)*	damals, da
	faux, faucis *f.*	Rachen, Fressgier (*im Sg. nur Abl.:* fauce)
	improbus, -a, -um	schlecht, boshaft, gierig
5	latrō, -ōnis *m.*	Räuber
	iūrgium	Zank, Streit
	causa	Streitsache
	causam īnferre, -fero, -tulī, illātum	einen Vorwand suchen
	turbulentus, -a, -um	aufgewühlt, trübe
	lāniger, -geri *m.*	Schaf (Wolleträger)
	quaesō (1. P. Sg.)	bitte
	dēcurrere, -currī, -cursum	(herab)laufen
	haustus, -ūs *m.*	Schöpfen, Schluck
	liquor, -ōris *m.*	Flüssigkeit
10	repellere, repellō, reppulī, repulsum	zurücktreiben, abweisen
	vēritās, -tātis *f.*	Wahrheit
	sex *(indekl.)*	sechs
	āit, āiunt	sagt(e) er/sie, sag(t)en sie
	maledīcere, -dīxī, -dictum → dīcere	beschimpfen
	hercle	bei Gott!
	corripere, iō, -ripuī, -reptum	ergreifen
	lacerāre	zerfleischen
	iniustus, -a, -um	ungerecht
	nex, necis *f.*	Tod, Mord
16	**fingere**, fīnxī, fictum	bilden, darstellen, (sich) ausdenken
	innocēns, -ntis	unschuldig
	opprimere, -pressī, -pressum	bedrängen, unterdrücken
	nāscī, nāscor, nātus, -a sum	geboren werden, entstehen

Caput duodecimum

40 In der Villa Hadrians

	praefectus hortōrum	Parkaufseher
	loquāx, -ācis	geschwätzig, redselig
	fungī, fūnctus, -a sum	verwalten, ausüben
	herba	Kraut, Gras
	arbor, arbŏris *f.*	Baum
	interrumpere, -rūpī, -ruptum	unterbrechen
4	**lingua**	Zunge, Sprache; linguam tenēre: schweigen
	salūtāre	grüßen, begrüßen
	quod *(Konjunktion)*	*(Inhaltssatz:)* dass; *(kausal:)* da, weil
	circumdūcere, -dūxī, -ductum	herumführen
	hortus	Garten
	Caesar, -ris *m.*	der Caesar, Kaiser
	pulchritūdō, -tūdinis *f.*	Schönheit
	Hadriānus	Hadrian (→ *Namen*)
10	Tempē *(n. Pl., undekl.)*	Tempe-Tal (→ *Namen*)
	vallis, -is *f.*	Tal
	famōsus, -a, -um	berühmt
	imitārī	nachahmen
	perdūcere, -dūxī, -ductum	hinführen
15	rīvus	Fluss
	amoenus, -a, -um	lieblich, reizend gelegen
	fluere, flūxī, flūxum	fließen, strömen
	sōlus, -a, -um	allein
	accurrere, -currī, -cursum	herbeieilen
22	āvolāre	wegfliegen, davoneilen
	mox *(Adv.)*	bald
	redīre, -eō, -iī, -itum	zurückgehen, zurückkehren
	ubinam *(Adv.)*	wo denn?
	invenīre, -vēnī, -ventum	finden (hingelangen); *(Pass.:)* sich (be)finden
	quaerere, quaesīvī, quaesītum	suchen, fragen (ex…: jd.); erwerben
	propinquus	nahe (liegend), benachbart; Nachbar; ē propinquō: aus der Nähe
25	crās *(Adv.)*	morgen
	Augustus	der Augustus (= *Kaiser*)
	pūblicē *(Adv.)*	öffentlich
	reperīre, repperī, repertum	(wieder) finden
	sacrificāre	opfern
	Asia	(→ *Namen*)
	īnspicere, -iō, -spēxī, -spectum	ansehen, besichtigen
	cohors, -rtis *f.*	Kohorte, Leibwache
	praetoriānus, -a, -um	Prätorianer-

XII, 40

31 vagārī — umherziehen
lātus, -a, -um — weit, breit; longē latēque: weit und breit
arvum — Feld
peragrāre — durchwandern
horribilis, -e — schrecklich
interdum (Adv.) — manchmal
sapientia — Einsicht, Weisheit
valēre — gesund sein [valē, valēte: leb(t) wohl!]; Einfluss haben, wert sein

41 ◆ Hadrian auf Reisen

Asia, -ae f. — (→ Namen)
Achāia — Achaja, Griechenland
Hadriānus — Hadrian (→ Namen)
Eleusīnius, -a, -um — eleusinisch (Eleusis: Kultort bei Athen)
sacrum — Heiligtum, Opfer
Athēniēnsēs, -ium — (die) Athener
cōnferre, -ferō, -tulī, collātum — zusammenbringen, (hier:) hinbringen
Aetna — (→ Namen)
cōnscendere, -endī, -ēnsum — besteigen
ortus, -ūs m. — Aufgang, Ursprung
multum (Akk. n.) — viel
Āfrica — (→ Namen)
5 Āfricānus, -a, -um — afrikanisch; Afrikaner
attribuere, -tribuī, -tribūtum — zuteilen
quisquam, quidquam — jemand
peragrāre — durchwandern
oriēns, -ntis m. — (Land des Sonnenaufgangs:) Osten, Orient
opus, -eris n. — Werk, Arbeit; (hier:) Bau-, Kunstwerk
dēdicāre — weihen, widmen
ut — wie (z. B.)
Olympius, -a, -um — olympisch
10 cōnsecrāre — weihen, heiligen
versus, -ūs m. — Vers
dicitur, dicuntur (mit NcI) — er, sie, es soll; sie sollen (→ CG 7.6)
animula — das Seelchen
vagulus, -a, -um — umherschweifend, unbeständig
blandulus, -a, -um — schmeichlerisch, zärtlich
15 pallidulus, -a, -um — ziemlich blass
rigidus, -a, -um — starr, fest
nūdulus, -a, -um — nackt
iocus — Scherz, Spaß; iocōs dāre: Scherze machen

42 Sōl invictus

dōnum — Gabe, Geschenk; dōnō dare: widmen, weihen
īnscrīptiō, -ōnis f. — Inschrift
  → scrībere
adōrāre — anbeten, zu jd. beten
sacellum — Kapelle
aegrōtus, -a, -um — krank
Mithrās — (→ Namen)
utinam — wenn doch! (o) dass doch!
4 sānāre — heilen
nē mit Konjunktiv — (ja) nicht! hoffentlich nicht
morī, morior, mortuus, -a est — sterben
invictus, -a, -um — unbesiegt, unbesiegbar
taurus — Stier
pervalidus, -a, -um — sehr stark
perīculōsus, -a, -um — gefährlich, riskant
morbus — Krankheit
implōrāre — anflehen
7 adiūtor, -ōris m. — Helfer
fulgēre, -eō, fulsī — glänzen
propitius, -a, -um — gnädig
tardāre — aufhalten; (ver)zögern
vestibulum — Vorhalle, Eingang
cōnsistere, -stitī — sich aufstellen, Halt machen, stehen bleiben
12 superstitiō, -ōnis f. — Aberglaube
crēdere, -didī, -ditum (mit Akk.) — (hier:) glauben an
līberāre — befreien
vae! — wehe!
daemōn, -ōnis m. (griech.) — Dämon, Götze
damnāre — verurteilen, verdammen
novissimus, -a, -um — neuester, letzter; novissimus diēs: der Jüngste Tag
19 **excipere**, -iō, -cēpī, -ceptum — ausnehmen
forīs (Adv.) — draußen, von draußen
extrā (beim Akk.) — außerhalb von
venēficus — Giftmischer
mendācium — Lüge

Caput tertium decimum

43 „Quō, quō, scelestī, ruitis?"

pōns, pontis m. — Brücke
fluvius — Fluss
quandōcumque (Konj.) — wann nur immer, sooft

Lesevokabular

pervĕnīre, -vēnī, -ventum	hinkommen, (hin)gelangen
horribilis, -e	schrecklich
bellum cīvīle	Bürgerkrieg
optāre	wünschen
nē *m. Konj.*	dass nicht, damit nicht
5 internus, -a, -um	der innere, einheimisch; bellum i.: Krieg im Inneren *(des Staates)*
quamobrem *(Adv.)*	weswegen; deswegen
Caesar, -aris *m.*	(→ *Namen*)
Rubicōn, -ōnis *m.*	(→ *Namen*)
trānsgredī, -gredior, -gressus, -a sum	überschreiten
10 ālea	Würfel(spiel)
quō *(Adv.)*	wohin
ostentum	(Wunder-)Zeichen
inimīcus	Feind
inīquitās, -tātis *f.*	Ungleichheit, Ungerechtigkeit
futūrus, -a, -um	künftig: rēs futūrae: Zukunft
crūdēlis, -e	grausam
Horātius	Horaz (→ *Namen*)
15 acclāmāre → clāmāre	zurufen
scelestus, -a, -um	frevelhaft, verbrecherisch; Frevler, Verbrecher
ruere, ruī, rŭtum	stürzen, eilen
iūs, iūris *n.*	Recht, Gericht; iure *(Abl.)*: mit Recht
invehī, -vehor, -vectus, -a sum	jmd. anfahren, (be)schimpfen
monēre	erinnern, ermahnen, warnen
rēs novae *(Pl.)*	Umsturz, Revolution
21 **imperāre** *(mit Dat.)*	befehlen, (be)herrschen
quisquis, quidquid	wer/was auch immer; jeder, der; alles, was
dēlīrāre	wahnsinnig sein, Dummheiten begehen
plectī, plector	geschlagen werden, Prügel beziehen
Achīvī, -ōrum	Achiver, Griechen

44 Cicero – ein Zeuge der Bürgerkriege

si quidem	wenn wirklich, wenn nämlich
īnfēlīx, -īcis	unglücklich
Cicerō, -onis *m.*	(→ *Namen*)
sollicitāre	erregen, beunruhigen
status, -ūs *m.*	Zustand, Lage
5 quamdiū *(Adv.; Konj.)*	wie lange; solange
sŏcius	Gefährte, Begleiter, Bundesgenosse
nātiō, -ōnis *f.*	Volk(sstamm), Herkunft
refŭgium	Zufluchtsort
memŏria	Gedächtnis, Erinnerung; memoriā nostrā: zu unserer (meiner) Zeit
vexāre	quälen
exterus, -a, -um	auswärtig, ausländisch
9 nefārius, -a, -um	frevelhaft, schändlich
commemorāre	erwähnen, berichten
scelus, -eris *n.*	Verbrechen, Frevel
impūnītus, -a, -um	ungestraft, ungesühnt
13 **licentia**	Willkür, Macht

45 Augustus – Diktator und Mäzen

Octāviānus	Oktavian (→ *Namen*)
dubium	Zweifel
firmāre	festigen, (be)stärken
sevēritās, -tātis *f.*	Härte, Strenge
crūdēlitās, -tātis *f.*	Grausamkeit
caedēs, -is *f.*	Mord, Gemetzel, Schlacht
restituere, -stituī, -stitūtum	wiederherstellen
5 poēticus, -a, -um	dichterisch; ars poetica: Dichtkunst
Augustus	(→ *Namen*)
ubicumque *(Adv.)*	wo auch immer, überall; ubicumque imperiī: überall auf der Welt
Horātius	Horaz (→ *Namen*)
Vergilius	Vergil (→ *Namen*)
Ōvĭdius	Ovid (→ *Namen*)
litterātus, -a, -um	gebildet, gelehrt
Aenēis, -idos *f.*	„Aeneis" *(Epos Vergils über Aeneas)* (→ *Namen*)
Aenēās, -ae *m.*	(→ *Namen*)
Troīa	Troja (→ *Namen*)
11 Trōiānī, -ōrum	Trojaner
pererrāre	durchirren, durchschweifen
assequi, -sequor, -secūtus, -a sum	erreichen
versus, -ūs *m.*	Vers
15 rubēscere	rot werden
stēlla	Stern
Aurōra	*Göttin der Morgenröte*
fugāre	vertreiben, in die Flucht schlagen
collis, -is *m.*	Hügel
humilis, -e	*(hier:)* niedrig gelegen; Italia humilis: Flachküste Italiens
conclāmāre	(laut) rufen
Achātes	(→ *Namen*)
proāvus	Vorfahr

	Octāviānus	der spätere Kaiser Augustus
20	canere, cecinī, cantātum	(be)singen, (Instrument) spielen
	cremāre	verbrennen
	imperfectus, -a, -um	unvollkommen
	vitiōsus, -a, -um → vitium	fehlerhaft, lasterhaft
	obitus, -ūs m.	Tod
	iussū (Abl.)	auf Befehl
23	ēmendāre	verbessern
	Mantua	(→ Namen)
	gignere, genuī, genitum	erzeugen, hervorbringen
	Calabrī, -ōrum m.	Kalabrer (→ Namen)
	Parthenopē, -ēs f.	alter Name Neapels
	pāscuum	Weide
	rūs, rūris n.	Land, (Pl.) Ländereien

Caput quārtum decimum

46 Hannibals Alpenübergang

	Poenī, -ōrum m.	Punier (→ Namen)
	altitūdō, -tūdinis f.	Höhe, Tiefe
	nix, nivis f.	Schnee, Schneemasse
	prope (Adv.)	beinahe
	immiscēre, -miscuī, -mixtum (mit Dat.)	einmischen, verbinden
	propinquus	nahe (liegend), benachbart; Nachbar; ex propinquō: aus der Nähe
	terror, -ōris m.	Schrecken
	igitur (Adv.)	also, folglich
	lēgātus	Gesandter, hoher Offizier, Bevollmächtigter
	ut (Konj. mit Konjunktiv)	dass (Inhaltssatz)
	dēsistere, -stitī, -stitum	aufhören, ablassen
	nēve (m. Konjunktiv)	und nicht
	Alpēs, -ium f.	Alpen
5	trānscendere, -scendī, -scēnsum	übersteigen
	adicere, -iciō, -iēcī, -iectum	hinzufügen
	nūdus, -a, -um	nackt, unverhüllt
	cacūmen, -inis n.	Gipfel
	(ali)quid	(irgend)etwas (→ N 3.7a)
	pābulum	Futter
	obruere, -ruī, -rūtum	überschütten, verhüllen
	contingere, -tigī, -tāctum	berühren
	faucēs, -cium f. (Pl.)	Rachen, Schlucht; (Eng)Pass
	pervius, -a, -um	zugänglich, gangbar

	īnsuperābilis, -e	unüberwindbar
	nūntius	Bote, Nachricht
10	castra, -ōrum n. (Pl.)	Lager
	penna	Feder, Flügel
	sublīme (Adv.)	durch die Luft
	trānsgredī, -gredior, -gressus, -a sum	überschreiten
	sint (Konjunktiv)	mögen ... auch ... sein; auch wenn ...
14	impetrāre	erlangen, durchsetzen
	abicere, -iō, -iēcī, -iectum	wegwerfen, ablegen
	cum (Konj. mit Konjunktiv)	konzessiv: obwohl
	montānī, -orum m.	Bergbewohner
	saltus, -ūs m.	(Wald-)Schlucht, Pass
	cōpia	Vorrat, Fülle, Menge
2	cōpiae, -ārum f. (Pl.)	Truppen, Streitkräfte
	iungere, iūnxī, iūnctum	verbinden, vereinigen
	ars mīlitāris	Kriegskunst
	perītus, -a, -um (mit Gen.)	erfahren
	aggredī, -gredior, -gressus, -a sum	herangehen, angreifen
	ut (Konj. mit Konjunktiv)	(konsekutiv:) so dass
	Alpīnī, -ōrum m.	Alpenbewohner
	expellere, -pulī, -pulsum	vertreiben, verbannen
	inde (Adv.)	von dort
	latrōcinium	Raubzug
	mōs, mōris m.	Sitte, Brauch; (hier:) Art und Weise
5	concursāre	wiederholt angreifen
	modo ... modo ... (Adv.)	bald ... bald ...
	agmen prīmum, a. novissimum	Vorhut, Nachhut (einer militärischen Einheit)
	elephantus (griech.)	Elefant
	quamvīs (Konj. mit Konjunktiv)	wie sehr auch, obwohl
	artus, -a, -um	eng, fest
	praeceps, -cipitis	steil
	mora	Aufenthalt, Verzögerung
	cum (Konj. mit Konjunktiv)	(kausal:) da
8	īnsuētus, -a, -um	ungewohnt
	metuere, -uī	fürchten
	nōnus, -a, -um	der neunte
	iugum	Joch, Bergrücken
	bīduum	die Frist von zwei Tagen
	statīva, -ōrum n.	Standlager, Standquartier
	ut (Konj. mit Konjunktiv)	(final:) dass, damit; (oft:) um zu ...
	fessus, -a, -um	ermüdet, erschöpft
	incēdere, -cessī, -cessum; → cēdere	(einher)schreiten, gehen, vorbeiziehen

Lesevokabular

	pigritia	Faulheit, Unlust
	dēspērātiō, -ōnis f.	Verzweiflung
	ēminēre	hervorragen, sichtbar werden
	prōmunturium	Vorgebirge, Bergvorsprung
5	**ac = atque**	sowie, und
	prōspectus, -ūs m.	Aussicht, Anblick
	subicere, -iciō, -iecī, -iectum	unterwerfen
	subiectus, -a, -um	unterhalb liegend
	Alpīnus, -a, -um	Alpin-
	ostentāre	zeigen, hinweisen
	moenia, -ium n.	Stadtmauern
	affirmāre	bekräftigen
	multō (Adv.)	viel, um vieles
	ascēnsus, -ūs m.	Anstieg
	opplēre, -pleō, -plēvī, -plētum	(an)füllen
	lūbricus, -a, -um	schlüpfrig, glatt
10	**sustinēre**, -tinuī, -tentum	aufrecht halten, aushalten
	lapsus, -ūs m.	Fall, (Ein-)Sturz
	iūmentum	Zugvieh

47 Die Germanen – ein „wildes Volk"

	Carthāginiēnsēs, -ium m. (Pl.)	Karthager (→ Namen)
	dīversitās, -ātis f.	Verschiedenheit, Unterschied
	nātūra	Natur, Wesen
6	**opus**, -eris n.	Mauerwerk; Werk; Arbeit
	patientia	Ausdauer, Geduld
	trānsgredī, -gredior, -gressus, -a sum	überschreiten
	cum (Konj. mit Konjunktiv)	(adversativ:) während, wenn auch
	frīgus, -oris n.	Kälte, Frost
	inedia	Hungern, Fasten
	sitis, -is f.	Durst
	tolerāre	ertragen, erdulden
9	**molestus**, -a, -um	beschwerlich, lästig
	prīvātus, -a, -um	privat, persönlich
	armātus, -a, -um	bewaffnet
	convenīre, -vēnī, -ventum	zusammenkommen, sich einigen
	coīre, -eō, -iī, -ītum	zusammenkommen, sich versammeln
	incohāre	beginnen
	lūna → lūcēre	Mond
	implēre, -plēvī, -plētum	anfüllen
15	superstitiōsus, -a, -um	abergläubisch
	displicēre	missfallen
	sententia	Meinung, Ansicht
	fremitus, -ūs m.	das Brummen
	aspernārī	verschmähen

	sīn (Konj.)	wenn aber
	framea	Wurfspieß
	concutere, -cutiō, -cussī, -cussum	schütteln, erschüttern
	honōrātus, -a, -um	ehrenvoll, angesehen
	assēnsus, -ūs m.	Zustimmung, Beifall
18	sint (Konjunktiv)	mögen ... sein, vielleicht sind ...
	fortis, -e	tapfer, mutig
	amīcus, -a, -um	befreundet, (hier:) vernarrt, begeistert
	ōdisse, ōdī	hassen
	marītus	Ehemann
	propinquitās, -ātis f. → propinquus	Verwandtschaft
	proximum	Nachbarschaft, Nähe
	ululātus, -ūs m.	Geheule, Jammern
	vāgītus, ūs m.	Wimmern, Schreien
	īnfāns, -ntis	Kleinkind
23	numerāre	(auf)zählen
	afferre, afferō, attulī, allātum	herbeibringen, melden
	Vārus	(→ Namen)
	cōnfīdere, -fīdō, -fīsus, -a sum	vertrauen
25	atrōx, atrocis	schrecklich, grässlich
	poena	Buße, Strafe
	crēdulitās, ātis f.	Leichtgläubigkeit
	poenās dāre	bestraft werden
	vānus, -a, -um	leer
	assentīrī, -sentior, -sēnsus, -a sum	zustimmen

Caput quīntum decimum

48 Nach Germanien

	mercātūra	Handel
	Hermundūrī, -ōrum m.	(→ Namen)
	fīdus, -a, -um	treu, ergeben
	rīpa	Ufer
	Dānŭvius	Donau
	commercium	Handel, (Pl.:) Waren
	penitus (Adv.)	tief hinein, völlig
	splendidus, -a, -um	glänzend, prächtig
	Raetia	(→ Namen)
5	passim (Adv.)	überall
	patefacere, -iō, -fēcī, -factum → facere	öffnen
	perīculōsus, -a, -um	gefährlich, riskant
	barbarus, -a, -um (griech.)	fremd, ausländisch
11	vās, vāsis n.	Gefäß
	ōrnāmentum	Schmuck, Verzierung
	pellis, -is f.	Fell, Haut

XV, 48

sūcinum	Bernstein, (Pl.) Bernsteinschmuck
crinis, -is m.	Haar
flāvus, -a, -um	goldgelb, blond
nōnnumquam (Adv.)	manchmal
ergō (Adv.)	also, deshalb
negōtiārī	Geschäfte machen, Handel treiben
16 ut ita dīcam	(um es so zu sagen), sozusagen
voluntārius, -a, -um	freiwillig
servitūs, -tūtis f.	Sklaverei, Knechtschaft
ālea	Würfel(spiel)
temeritās, -tātis f.	Unbesonnenheit, Leichtfertigkeit
iactus, -ūs m. → iacere	Wurf
lībertās, -tātis f.	Freiheit
vincīre, -nxī, -nctum	binden, fesseln
20 stupēre, stupuī	stutzen, erstarren
pactum	Vertrag
barbarus	Barbar, Ausländer
aliter (Adv.)	anders
atque (Konj.)	(bei Vergleich:) als
exemplum	Beispiel, Vorbild
afferre, -ferō, attulī, allātum	(hier:) anführen
27 sē perdere, perdidī, perditum	sich zugrunde richten, ruinieren
iactūra → iacere	Verlust
perna	Hinterkeule, Schinken
pérbonus, -a, -um	sehr gut, ausgezeichnet
30 quōcumque (Adv.)	wohin auch immer
nūndīnae, -ārum f.	Markt(tag), Wochenmarkt
sūs, suis m./f.	Schwein
ictus, -ūs m.	Stoß
caedere, cecīdī, caesum	fällen, niederhauen, töten
dēspērāre → spērāre	die Hoffnung aufgeben, verzweifeln
seges, segetis f.	Saat
serere, sēvī, sătum	säen
33 ursus	Bär
sī minus (Konj.)	wenn nicht, wo nicht
comparāre → parāre	beschaffen, erwerben
vulgus, vulgī n.	Volk, die breite Masse

49 ◆ Die Reisegefährten

mercārī	Handel treiben
aliquantus, -a, -um	ziemlich viel, beträchtlich
nummus	Münze, Geld
comitārī	begleiten
sermō, -ōnis m.	Gespräch, Sprache
sermōnem cōnferre	ein Gespräch führen
commūnis, -e	gemeinsam, allgemein
taberna	Kneipe
dēvertere, -vertī, -versum	absteigen, einkehren
5 somnum capere	schlafen gehen
caupō, -ōnis m.	Gastwirt
noctū (Adv.) → nox	nachts
artus, -ūs m.	eng, fest
lassitūdō, -inis f.	Ermüdung, Ermattung
clam (Adv.)	heimlich
vāgīna	Scheide
occīdere, occīdī, occīsum	niederhauen, töten
10 auferre, auferō, abstulī, ablātum	wegbringen, entfernen, rauben
cruentus, -a, -um	blutig, blutbefleckt
multō (Adv.)	viel, um vieles
inclāmāre	(an)schreien, (an)rufen
impedīre	hindern, verhindern
15 adferre, attulī, allātum	herbeibringen
tollere, tollō, sustulī, sublātum	(auf)heben, beseitigen
conclāmāre → clāmāre	laut rufen, zusammenrufen
dēversōrium	Herberge
aliquot (nicht dekliniert)	einige
dēversor, -ōris m.	Gast
cōnsequī, -secūtus, -a sum	verfolgen, einholen
comprehendere, -ndī, -ēnsum	ergreifen, festnehmen
20 dēdūcere, -dūxī, -ductum	wegführen, hinführen
reus	Angeklagter
paulō post (Adv.)	ein wenig später
maleficium	Übeltat
dēprehendere, -ndi, -nsum	ergreifen, ertappen, abfangen
convincere, -vīcī, -victum; → vincere	überführen

50 Am Ziel!

circum (beim Akk.)	um … herum
Mosella	Mosel
vagārī	umherziehen
cūpa	Fass
vīnārius, -a, -um	Wein-
onustus, -a, -um	bepackt, beladen
rēmus	Ruder
pulsus, -ūs m.	Schlag
balneae, -ārum f. (Pl.)	Bad
camīnus	Kamin
vapor, -ōris m.	Dampf, Rauch
fūmidus, -a, -um	rauchend
exspīrāre	ausblasen
5 salīre, saluī	springen, tanzen
vīvus, -a, -um	lebendig, am Leben
gélidus, -a, -um	kalt
brevī (Adv.)	in kurzem, bald darauf
basilica (griech.)	Halle, Basilika

Lesevokabular

splendidus, -a, -um	glänzend, prächtig	
nancīscī, nāncīscor, nā(n)ctus, -a sum	bekommen, (durch Zufall) erlangen; auf etw. stoßen	
nūndĭnae, -ārum f.	Markt(tag), Wochenmarkt	
10 rāpa	Rübe	
importāre	einführen	
vitreum	Glas(-waren)	
cōnficere, -iō, -fēcī, -fectum	vollenden, bewältigen; (hier:) anfertigen	
merx, mercis f.	Ware	
Augusta Trēverōrum	Trier (→ Namen)	
vās, vāsis n.	Gefäß	
vestīmentum	Kleidungsstück	
15 **orīrī**, orior, ortus, -a sum	entstehen, abstammen	
effluere, -flūxī	herausfließen	
perturbāre	beunruhigen, in Verwirrung bringen	
aperta, -ōrum n. (Pl.)	das Freie	
En!	siehe (da)! auf!	
prō(h)	o! ach! bei …!	
pudor, -ōris m.	Scham, Scheu, Ehrgefühl, pro pudor: welche Schande!	
nefārius, -a, -um	frevelhaft, schändlich	
recūsāre	zurückweisen, sich weigern	
20 inūtilis, -e	unnütz, überflüssig	
ūsque (Adv.)	ohne Unterbrechung	
togātus, -a, -um	mit der Toga bekleidet	
interrumpere, -rūpī, -ruptum	unterbrechen	
ineptiae, -ārum f.	Albernheiten, Unsinn	
culpa	Schuld	
exstinguere, -stīnxī, -stīnctum	löschen, tilgen	
25 curvus, -a, -um	krumm	
corrigere, -rēxī, -rēctum → regere	berichtigen, zurechtweisen, gerade biegen	
ēgredī, -gredior, -gressus, -a sum	hinausgehen, verlassen	
stupēre, stupuī	stutzen, erstarren	
exclāmare	(aus)rufen	
amplecti, -plector, -plexus sum	umarmen	

51 Socrates

praefectus → facere	Befehlshaber, Statthalter	
iniussū (Adv.)	ohne Weisung, ohne Befehl	
prōcōnsul, -is m.	Prokonsul	
perpaucī, -ae, -a	sehr wenige	
5 **accūsāre**	anklagen, beschuldigen	
in iūs	vor Gericht	
subdūcere, -dūxī, -ductum	wegschaffen, entziehen (vor etwas: mit Dat.)	
interrumpere, -rūpī, -ruptum	unterbrechen	
marītus	Ehemann	
aegrē (Adv.)	kaum, mit Mühe	
inimīcus, -a, -um (mit Dat.) → amīcus	feindlich, Feind	
10 **rēctē** (Adv.)	richtig	
displicēre	missfallen	
iniūcundus, -a, -um	unangenehm	
obicere, -iciō, -iēcī, -iectum	entgegenwerfen, entgegnen, vorwerfen	
dēserere, -seruī, -sertum	im Stich lassen, verlassen	
audēre, audeō, ausus, -a sum	wagen	
16 **dēprehendere**, -prehendī, prehēnsum	ergreifen, ertappen, abfangen	
vīnārius, -a, -um	Wein-	
frūctuōsus, -a, -um	ertragreich, nützlich	
praepōnere, -pŏsuī, -pŏsitum	vorziehen, an die Spitze stellen, voranstellen	
tolerābilis, -e	erträglich	
perpulcher, -pulchra, -pulchrum	bildschön	
mātrimōnium	Ehe, in m. dūcere: heiraten	
barbarus, -a, -um (griech.)	fremd, ausländisch, unzivilisiert	
21 **vidēre**, vĭdeō, vīdī, vīsum	sehen, (hier:) erleben	
cōgitātiō, -ōnis f.	Überlegung, Gedanke
agnōscere, -nōvī, -nōtum → nōscere	erkennen	
dēferre, -ferō, -tulī, -lātum	hinbringen, melden, berichten	
25 **ēvenīre**, -vēnī, -ventum	ablaufen, sich ereignen	
praetor, -ōris m.	Prätor	
praeesse, -sum, -fuī (mit Dat.)	voranstehen, befehligen	
oblīviō, -ōnis f.	Vergessen, oblīviō praeteritōrum: Amnestie	
māiestās, -ātis f.	Würde, Hoheit; (hier:) Hochverrat, Majestätsbeleidigung	
praecipere, -iō, -cēpī, -ceptum	vorschreiben, verordnen	
arx, arcis f.	Schutzwehr, Burg	
temere (Adv.)	planlos, blindlings	
concedere, -cessī, -cessum	sich entfernen, fortgehen, verlassen	
dīlēctus, -ūs m.	Aushebung, Rekrutierung; dilectum habēre: eine A. durchführen	
parāre	(hier:) rüsten	

30 **interpōnere**, -pōsuī, -positum	dazwischenstellen, einwenden; sē int.: sich einmischen
iocōsus, -a, -um	scherzhaft
īnscrībere → scrībere	daraufschreiben, betiteln
balneum	Bad
venus, veneris f.	Anmut, Liebe
35 **paulum** (Adv.)	ein wenig
mox (Adv.)	bald
convenit, -vēnit, -ventum	(unpers.) es passt
āīs → ait	… sagst du
īnstruere, -strūxī, -strūctum	aufstellen, ausrüsten, unterrichten
40 **an** (indirekte Frage)	ob, ob nicht …?
properāre	eilen, sich beeilen
festīnāre	eilen
fēstum, -ī n.	Fest(tag)
celebrāre	feiern, verherrlichen, zahlreich besuchen
46 **pēs**, pedis m.	Fuß; (hier:) Takt, Versart
pulsāre → pellere	stoßen, prügeln; (hier:) stampfen
tellūs, -ūris f.	Erde, die Mutter Erde
dēlicium	Genuss, Liebstes
blanditiae, -ārum f. (Pl.)	Lockung, Schmeichelei
voluptās, -tātis f.	Freude, Vergnügen, Lust
Latīnus, -a, -um	latinisch, lateinisch
alumna	Zögling, Pflegetochter
pūpa	Puppe, Mädchen
50 **tener**, -nera, -nerum	zart, weich, jugendlich
rūsticulus, -a, -um	ungehobelt
horridus, -a, -um	rau, schrecklich
venustus, -a, -um	anmutig, reizend, lieblich

Lob Triers

armipotēns, -potentis	waffenmächtig
dūdum (Adv.)	längst
gestīre	begehren
Trēvericus, -a, -um	treverisch
solium	Thron, königlicher Sitz
Rhēnus	Rhein
3 **gremium**	Schoß
secūrus, -a, -um	sorglos, sicher
quiēscere, -quiēvī, -quiētum	ruhen
alere, aluī, altum	(er)nähren, großziehen
vestīre, vestiō	kleiden, bekleiden
armāre	bewaffnen, ausrüsten
extendere, -tendī, -tēnsum/-tentum	ausdehnen, ausbreiten
prōcurrere, prōcurrī, -cursum	hervorlaufen
collis, -is m.	Hügel
6 **largus**, -a, -um	freigebig
praelābi, -lābor, -lāpsus, -a sum	vorübergleiten
amnis, -is m.	Strom, Fluss
longinquus, -a, -um	weit entfernt, entlegen
omnigena, ae	allerlei, jeder Art
vectāre	tragen, transportieren
commercium	Handel, (Pl.:) Waren

Die Mosel

Phrygius, -a, -um	phrygisch, aus Phrygien
solum	Boden, Fußboden
lēvis, -e	glatt
cōnserere, -seruī, -sertum	belegen
crūsta	(Marmor-)Platte
tendere, tetendī, tentum	spannen, strecken, streben
marmoreus, -a, -um	marmorn
laqueātus, -a, -um	getäfelt
3 **ast**	aber, doch
dēspectāre	verachten, herabblicken
cēnsus, -ūs m.	Zählung, (hier:) Vermögen
nepōs, nepōtis m.	Enkel, Neffe, (hier:) Verschwender
5 **iactūra** → iacere	Verlust
luxuriārī	üppig (vorhanden) sein, ausschweifen, schwelgen
egestās, -tātis f.; → egēre	Mangel, Armut
sternere, strāvī, strātum	bestreuen, bedecken
solidus, -a, -um	fest, dauerhaft
ūmēre	feucht sein
harēna	Sand, Arena
memor, -oris (mit Gen.)	an etw. denkend
vestīgium	Fußspur
figūra	Gebilde, Gestalt, Abdruck
8 **vitreus**, -a, -um	gläsern, aus Glas
tergum	(hier:) Fläche, Oberfläche
profundum, -ī n.	(Meeres-)Tiefe
sēcrētum	Geheimnis
amnis, -is m.	Strom, Fluss
almus, -a, -um	erquickend
pandī, pānsus/passus sum	(Pass.:) sich öffnen, sich ausdehnen
intuitus, -ūs	Blick
liquidus, -a, -um	flüssig, klar
obtūtus, -ūs m.	Betrachtung, Blick; (hier:) Sicht
āēr, āēris m. (griech.)	Luft
11 **placidus**, -a, -um	sanft, friedlich
ināne, inānis n.	das Leere, Luftraum
dēmergere, -mersī, -mersum	untertauchen, versenken; (Pass.) untergehen

Lesevokabular — Iam mēns avet vagārī ..., 52

dūrāre	dauern, ausdauern, aushalten
intimus, -a, -um	innerster, eng befreundet
vīsus, -ūs *m.*	Anblick
13 arcānum	Geheimnis
penetrāle, ālis *n.*	das Innere, das Geheime
profundum	(Meeres-)Tiefe
vădum	Untiefe, *(hier:)* Gewässer
lēnis, -e	lind, mild
meāre	wandern, gehen; *(hier:)* fließen
lapsus, -ūs *m.*	Gleiten, Bewegung
15 prōdere, prōdidī, prōditum	hervorbringen
caeruleus, -a, -um	himmelblau, dunkelblau
dispergere, -persī, -persum	zerstreuen, ausbreiten

Das Leben am Fluss

1 quippe	freilich, allerdings
tendere, tetendī, tentum	spannen, strecken, streben
ultimus, -a, -um	entferntester, äußerster, letzter
clīvus	Anhöhe, Abhang
cōnserere, -sēvī, -situm	anpflanzen, bepflanzen
margō, -inis *f.*	Rand; *(hier:)* Ufer
3 Lyaeus	*(hier:)* Wein
fluviālis, -e	Fluss-
festināre	eilen, sich beeilen
vertex, -icis *m.*	Gipfel, Höhe
dorsum	Rücken, Kamm
dēiugis, -e	abwärts geneigt
5 stolidus, -a, -um	dumm, albern
viator, -ōris *m.*	Wanderer, Reisender
subiecta, -ōrum *n. (Pl.)*	Niederungen
terere, trīvī, trītum	reiben, verbrauchen, (Zeit) zubringen
nāvita	= nauta
lābī, labor, lāpsus, -a sum	gleiten, stürzen
cultor, -ōris *m.*	Landmann, Bauer
sērus, -a, -um	spät
7 probrum	Vorwurf, Schmähung
adstrepere	lärmend zustimmen
ollis *(altlat.)*	= illīs
rūpēs, -is *f.*	Fels, Klippe
tremere, -muī	zittern, beben
concavus, -a, -um	ausgehöhlt, gekrümmt
amnis, -is *m.*	Fluss, Strom

Iam mēns avet vagārī ...

52 ◆ Die Via Domitiana

quondam *(Adv.)*	einst
piger, pigra, pigrum	faul, träge
axis, -is *m.*	Wagenachse, Himmelspol
nūtāre	schwanken
crux crŭcis *f.*	Kreuz, Kreuzigung, Marter
pendulus, -a, -um	schwebend, ungewiss
viātor, -ōris *m.*	Wanderer
3 sorbēre	(ein)schlürfen, verschlingen
rŏta	Rad
malīgnus, -a, -um	böse, schlecht, karg
Latīnus, -a, -um	latinisch, lateinisch
5 horrēre *(mit Akk.)*	starr sein, (zu-)rück)schaudern vor
nāvigātiō, -ōnis *f.*	Schifffahrt
cursus, -ūs *m.*	Lauf, Kurs
agilis, -e	beweglich, schnell
impedīre	hindern, verhindern
7 tardāre	aufhalten, verzögern
orbĭta	Gleis, Bahn, Pfad
pondus, -eris *n.*	Gewicht
nimius, -a, -um	sehr groß, zu groß, übermäßig
9 rēpere, rēpsī, rēptum	kriechen
languidus, -a, -um	matt, schlaff
quadrupēs, -pĕdis → pēs	vierfüßig, Vierfüßer
statēra	Deichsel, Joch
solidus, -a, -um	fest, dauerhaft, *(hier:)* ganz
terere, trīvī, trītum	reiben, verbrauchen, zubringen
12 tendere, tetendī, tentum/tensum	ausbreiten
volucris, -is *f. (u. m.)*	Vogel
astrum	Stern
penna	Feder
vēlōx, -ōcis	schnell, rasch
carīna	Kiel, Schiff
14 incohāre	beginnen
sulcus	Furche
rescindere, -scidī, -scissum	aufreißen
līmes, līmitis *m.*	Pfad, Trasse
16 ēgestus, -ūs *m.*	Aushub
penitus *(Adv.)*	tief hinein, völlig
cavāre	aushöhlen
mox *(Adv.)*	bald
haurīre, hausī, haustum	schöpfen, aushöhlen
replēre, -plēvī, -plētum	wieder füllen
fossa	Graben
18 grĕmium	Schoß, das Innerste
dorsum	Rücken
solum	Boden, Fußboden

Iam mēns avet vagārī ..., 52

sēdēs, -is f.	(hier:) Platz, Stelle	concitāre	antreiben, aufregen
cubīle, -lis n.	Bett, Lager	īnstīgāre	antreiben
saxum	Fels(block), Stein	multum (Adv.)	viel, oft, sehr
21 tunc (Adv.)	da, zu diesem Zeitpunkt	spīritus, -ūs m.	Hauch, Atem, Geist
umbō, -ōnis	Buckel, Krümmung, Gefälle	18 bacchārī	verzückt, in Ekstase sein
hinc et hinc (Adv.)	hier und da	pectus, -oris n.	Brust
cōgere, coēgī, coāctum	zusammentreiben, sammeln, zwingen	excutere, -cutiō, -cussī, -cussum	herausschlagen, abschütteln
crēber, crēbra, crēbrum	zahlreich, häufig	vādere, vāsī	schreiten, gehen
alligāre	anbinden	illūc (Adv.)	dahin, dorthin
gomphus (griech.)	Pflock, Nagel	īnsidēre, -sēdī, -sessum	drinnen sitzen
23 pariter (Adv.)	gleich, gleichzeitig	pondus, -eris n.	Gewicht
nemus, -oris n.	Wald, Hain	20 incommodus, -a, -um	unbequem
exuere, -uī, -ūtum	entkleiden	immōtus, -a, -um	unbewegt, unbeweglich
scopulus (griech.)	Felsen	minus (Adv.)	weniger
trabs, trabis f.	Balken	→ parvus, -a, -um	
levāre	glätten	urgēre, ursī	drängen, bedrängen
26 ligāre	(ver-)binden	inaequālis, -e	ungleichmäßig
texere, texuī, textum	zusammenfügen, weben	convolvere, -volvī, -volū-tum → volvere	umherrollen
coquere, coxī, coctum	kochen	citius (Adv.)	schneller, zeitiger
pulvis, -veris m.	Staub, Asche	incumbere, -cubuī, -cubitum	schwer lasten (incu-buēre = incubuērunt)
tōfus	Tuff(stein)	dēmergere, -mersī, -mersum	untertauchen, versen-ken; (Pass.) unter-gehen
28 siccāre	austrocknen		
bibulus, -a, -um	durstig, feucht		
lacūna	Lache, Sumpf	22 mōtus, -ūs m.	Bewegung
fluvius	Fluss	aeger, aegra, aegrum	krank, bekümmert
		concutere, -cutiō, -cussī, -cussum	schütteln, erschüttern

53 ◆ „Animum dēbēs mūtāre, nōn caelum!"

		istūc (Adv.)	dorthin
		eximere, -ēmī, ēmptum	wegnehmen, beseitigen
Lūcīlius	Freund Senecas	mūtātiō, -ōnis f.	Veränderung
peregrīnātiō, -iōnis f.	Reise, Auslandsaufent-halt	24 ultimus, -a, -um	entferntester, äußers-ter, letzter
varietās, -tātis f.	Mannigfaltigkeit, Abwechslung	quīlibet, quae-, quod- (quī + libet)	jeder Beliebige
discutere, -cutiō, -cussī, -cussum	zerschlagen, vertreiben	barbaria	die Fremde
trīstitia	Traurigkeit	angulus	Ecke, Winkel
gravitās, -tātis f.	Schwere, Gedrücktheit	conlocārī (coll-)	sich niederlassen, sich ansiedeln
5 vāstus, -a, -um	öde, wüst, ungeheuer weit	hospitālis, -e	gastfreundlich
recēdere, -cessī, -cessum	zurückweichen, sich zurückziehen	quāliscumque, quālecumque	ein wie auch immer beschaffener
quōcumque (Adv.)	wohin auch immer	26 interest	es ist ein Unterschied, es ist wichtig
circumferre, -ferō, -tulī, -lātum	herumtragen	ideō (Konj.)	deshalb
11 iuvāre, iūvī, iūtum (mit Akk.)	unterstützen, helfen	addīcere, -dīcō, -dīxī, -dictum → dicere	hingeben, überlassen
novitās, -tātis f.	Neuigkeit, Neuartigkeit	persuāsiō, -ōnis f.	Überzeugung
cōgnitiō, -ōnis f.	Erkenntnis, Unter-suchung	28 mundus	Welt, Weltall
		liquet	es ist klar
irritum	Erfolglosigkeit	30 subinde (Adv.)	oft
iactātiō, -ōnis f.	Erschütterung, Prahlerei	prior, prius; -ōris	der vorige
quārē (quā rē)	weshalb; daher	taedium	Ekel, Widerwillen
fuga	Flucht	migrāre	auswandern, wandern
13 onus, -eris n.	Last	peregrīnārī	umherreisen
habitus, -ūs m.	Zustand, Verfassung	errāre	irren, sich irren

Lesevokabular

54 ◆ „Iam mēns avet vagārī ..."

avēre	begehren
vagārī	umherschweifen
vēr, vēris *n.*	Frühling
ēgelidus, -a, -um	lau, mild
tepor, -ōris *m.*	Wärme
furor, -ōris *m.*	Raserei, Wut
aequinoctiālis, -e	zur Zeit der Tag- und Nachtgleiche
3 Zéphyrus	Zephyr, Westwind
silēscere → silēre	verstummen
linquere, līquī	zurücklassen, verlassen
Phrygius, -a, -um	phrygisch, aus Phrygien
5 ūber, *Gen.* -eris	reich an, üppig, fruchtbar
aestuōsus, -a, -um	glühend (heiß)
Asia	(→ Namen)
volāre	fliegen, eilen
7 praetrepidāre	im Voraus zittern, in hastiger Eile sein
avēre	begehren
pedes, peditis *m.*	Soldat zu Fuß, Infanterist
vigēscere	lebhaft werden, erstarken
9 coetus, -ūs *m.*	Zusammenkunft, Versammlung
reportāre	zurücktragen, berichten

55 ◆ Abschied von Rom

cōgere, coēgī, coāctum	zusammentreiben, sammeln, zwingen
Athenae, -ārum *f.* (*Pl.*)	Athen
assiduē (*Adv.*)	beharrlich, unablässig
alimentum	Nahrung
Amor, -ōris *m.*	(→ Namen)
5 temptāre	betasten, versuchen
quācumque (*Adv.*)	wie nur immer
fugāre	vertreiben, in die Flucht schlagen
semel (*Adv.*)	einmal
admittere, -mīsī, -missum	zulassen, hinzuziehen
8 seu	oder, oder wenn
amicīre, amicuī, amictum	anziehen, einhüllen
torus	Polster, Bett
Cynthia	*Geliebte des Dichters Properz*
agite!	los!, auf denn!
prōpellere, -pulī, -pulsum	vorantreiben
aequor, -ōris *n.*	Meer, Wasserfläche, Ebene
12 rēmus	Ruder
pār, paris	gepaart, paarweise
sors, sortis *f.*	Los, Schicksal; sortem ducere: das Schicksal auslosen
vicēs (*unvollst. Deklin.*)	Wechsel
linteum	Leinentuch, Segel
mālus, -ī *f.*	Mast
liquidus, -a, -um	flüssig, klar
secundāre	begünstigen
15 valeātis → valēre	lebt wohl! (valete!)
quāliscumque, quālecumque	ein wie auch immer beschaffener
valē → valēre	leb wohl!
rudis, -e	unbearbeitet, roh; (hier:) rau
Hadríacus, -a, -um	adriatisch
18 undisŏnus, -a, -um	wogenrauschend
prex, precis *f.*	Bitte, Gebet
Iōnium (mare)	das Ionische Meer
fessus, -a, -um	ermüdet, erschöpft
Lechaeum	Lechaeum (Hafen von Korinth)
20 sēdāre	beruhigen, (Segel) einziehen
placidus, -a, -um	sanft, friedlich
vēlum	Segel, Tuch
phasēlus	Boot
superesse, -sum, -fuī	übrig sein, überlegen sein, überleben, übertreffen
sufferre, sustulī, sublātum	ertragen
22 Isthmos, -ī *m.*	Isthmus (Landenge, bes. die v. Korinth)
quā (*Adv.*)	wo
Piraeus	Piräus (Hafen v. Athen)
24 scandere, scandī, scānsum	hinaufsteigen
Thēseus, -a, -um	des Theseus (König von Athen)
bracchium	Arm, Hand; (hier:) Mauer
vel ... aut ...	entweder ... oder ...
stadium (griech.)	Stadion, Rennbahn; (hier:) Akademie
ēmendāre	verbessern, läutern
Platō, -ōnis *m.*	(→ Namen)
26 hortus	Garten
Epicūrus	(→ Namen)
Dēmosthenēs, -is *m.*	(→ Namen)
Menander, -drī *m.*	(→ Namen)
sāl, sālis *m.*	Salz, Witz
29 tabula	Tafel, Gemälde
lūmen, lūminis *n.*	Licht, Leuchte, Auge
pingere, pīnxī, -pictum	malen, bemalen
sīve ... seu ...	sei es ... oder ...
ĕbur, ĕbŏris *n.*	Elfenbein
exactus, -a, -um → exigere	vollkommen
manus, -ūs *f.*	(hier:) Arbeit, Werk
31 intervallum	Zwischenraum, Zwischenzeit
profundum, -ī *n.*	(Meeres-)Tiefe
lēnīre	mildern, lindern
tacitus, -a, -um	verschwiegen, schweigsam
sinus, -ūs *m.*	Busen, Brust
33 fātum	Götterspruch, Schicksal
honestus, -a, -um	angesehen, anständig

PE1 – PE6 — Lesevokabular

In dem folgenden **Lesevokabular zu den Pensa exercitanda** findest du alle Wörter angegeben, die in den jeweiligen Übungen zu einem Lesestück vorkommen. Die Angaben **PE1** bis **PE51** beziehen sich also auf die **Lesestücke 1** bis **51** (und **nicht** auf die einzelnen Übungen!).
Auch hier sind die **fett** gedruckten Wörter **Lernwörter**. Sie werden **nur dort** aufgeführt, wo sie das erste Mal vorkommen – danach wird vorausgesetzt, dass du diese Wörter gelernt hast und wiedererkennst. Wenn du einmal ein Lernwort nicht mehr weißt, musst du im *alphabetischen Wörterverzeichnis* (ebenfalls im Teil 1) nachschlagen.
Anders als beim Lesevokabular zu den Lesestücken sind die Wörter hier – wie in einem Lexikon – zu jeder Lesestück-Nummer **alphabetisch** aufgeführt.

PE1

circumcingere umgeben, umschließen
colōna Bäuerin, Pächterin
hortus Garten
lapidōsus, -a, -um steinig, voller Steine
rūsticus, -a, -um Bauer
serva Sklavin, Magd

PE2

cōnspicuus, -a, -um sichtbar, auffällig
domitor, -ōrem Dompteur, Tierbändiger
elephantus *(griech.)* Elefant
fēcundus, -a, -um fruchtbar
fūrunculus Dieb, Spitzbube
gerere tragen
hortus Garten
leō, -ōnem *m.* Löwe
mīrus, -a, -um wunderbar, erstaunlich
Molossus Molosserhund
nam *(Konj.)* denn, nämlich
pater, patrem *m.* ‚Vater'
peregrīnus, -a, -um fremd, ausländisch; Fremder, Ausländer
puella Mädchen
stābulum Stall
vestis, -em *f.* Kleid

PE3

abī *(Imperativ)* geh fort!
adulēscēns, -ntem junger Mann, jung
concurrere zusammenlaufen
fugāre vertreiben, in die Flucht schlagen
fūrunculus Spitzbube
quia weil
stābulum Stall
taberna Laden, Kneipe
venēficus Giftmischer

PE4

aetās, -tātem *f.* Lebensalter, (Zeit)alter
Alpīnus, -a, -um Alpinannus Jahr
argentātus, -a, -um versilbert
betula Birke
capere, capiō nehmen, fassen, fangen
Caucasius, -a, -um kaukasisch
clāmor, -ōrem *m.* Geschrei, Lärm
clēmātis *f.* Waldrebe
dormīre schlafen
en siehe (da)! auf!
Eurōpaeus, -a, -um europäisch
ēvādere herauskommen, entkommen
fēlis, -em *m./f.* Katze
fugere, iō *(mit Akk.)* fliehen, meiden
fūrunculus Dieb, Spitzbube
larus Möwe
lātrāre bellen
lepus, -ōrem *m.* Hase
Molossus Molosserhund
montānus, -a, -um Berg-, Gebirgs-
nocturnus, -a, -um nächtlich
Norvēgicus, -a, -um norwegisch
pendulus, -a, -um hängend, schwebend
Persicus, -a, -um persisch
pēs, pědem *m.* Fuß
posse, possum können; Einfluss haben, gelten
prūnus *f.* Pflaumenbaum
rattus Ratte
silvestris, -e Waldstābulum Stall
subitō *(Adv.)* plötzlich
tacitus, -a, -um verschwiegen, schweigsam; pede tacito: auf leisen Sohlen
ulmus *f.* Ulme
umbra Schatten

PE5

beneficiārius Gendarm, Unteroffizier
canere singen, *(hier:)* krähen
circumstāre um(her)stehen, umringen; circumstantes: die Um(her)stehenden
cūriōsus, -a, -um sorgfältig, neugierig
domitor, -ōrem Dompteur
elephantus *(griech.)* Elefant
gallus Hahn
illūc *(Adv.)* dahin, dorthin
illūdere (mit Akk. oder Dat.) verspotten
iter facere, St. itiner- *n.* eine Reise machen
laudāre loben, preisen
leō, -ōnem *m.* Löwe
mulier, -rem *f.* Frau
populus Volk, Bevölkerung
quis? wer?
quō? wohin?
scrībere schreiben
sē *(Akk.)* sich
taberna Laden, Kneipe
tamen dennoch, (je)doch
tremor, -ōrem *m.* Zittern, Beben

PE6

accipiter, -trem *m.* Habicht
adesse, adsum *(mit Dat.)* anwesend sein, da(bei) sein; beistehen, helfen
aquila *f.* Adler
bonum Gut, das Gute
cārus, -a, -um lieb, teuer, wertvoll
citō *(Adv.)* schnell
commodum Vorteil, Nutzen
computāre → putāre rechnen, berechnen
concordia Eintracht, Einigkeit
cor, St. cord- *n.* Herz

Lesevokabular

cui? *(Dat. von* quis?*)* wem?
culex, -licem *m.* Mücke
cum *(beim Abl.)* mit, zusammen mit
cupere, -iō wünschen, wollen, begehren
dare, dō geben; vītam dare: Leben schenken
dēvorāre verschlingen
discere lernen
discipulus Schüler
dolēre schmerzen, bedauern
elementa, n. *(Pl.)* Buchstaben, Alphabet
ea *(Nom. Sg. f)* sie
fēriae, -ās *f. (Pl.)* Feiertage, Ferien
forīs *(Adv.)* draußen, von draußen
forte *(Adv.)* zufällig
frāter, -trem *m.* Bruder
gaudium Freude
Graecus, -a, -um griechisch, Grieche
grātiās agere Dank abstatten, danken
iuventūs, -tūtem *f.* Jugend
legere lesen
lingua Zunge, Sprache
littera Buchstabe
mittere schicken, werfen, schießen
multum *(Adv.)* viel, oft, sehr
necāre töten
occurrere entgegentreten, begegnen
ŏdiō esse → ŏdium verhasst sein
ŏdiō est mihī → ŏdium ich hasse
officīna Werkstatt
orāre bitten, beten
pactum Vertrag
passer, -rem, *m.* Sperling, Spatz
pāx, pācem *f.* Frieden
porta Tür, Tor
portāre tragen
praeda Beute
prope *(Adv.)* nahe, in der Nähe
quidem wenigstens, allerdings
rārus, -a, -um selten
recitāre (vor)lesen, vortragen
rēx, rēgem *m.* König
Rōmānus, -a, -um römisch, Römer
rūsticus Bauer
sagitta Pfeil
salvē! salvēte! sei(d) gegrüßt! Guten Tag!
sat *(nicht dekliniert)* genug
schola *(griech.)* Schule
stāre, stō stehen
susurrāre flüstern, summen

tacēre schweigen, verschweigen
tam *(Adv.)* so
ubīque *(Adv.)* überall; ubīque terrārum: überall auf der Welt
vēnātor, -ōrem *m.* Jäger
vincere siegen, besiegen
vītis, -em *f.* Weinstock, Rebe

PE 7

attentē *(Adv.)* aufmerksam
stabulum Stall

PE 8

adōrāre anbeten, anflehen
agnus Lamm
animal, St.: -māl *n.* Lebewesen, Tier
apportāre (herbei)bringen
ars, artem *f.* Kunst, Fertigkeit, Eigenschaft
celebrāre feiern
culīna Küche
cūra Sorge, Pflege, Behandlung; X mihi curae est: ich kümmere mich um X
dies, diem *m.* Tag
domitor, -ōrem Dompteur
fēriae, -ās *f. (Pl.)* Ferien
fēstus, -a, -um festlich, Fest-
Iūnō Akk. Iūnōnem (→ Namen)
Iuppiter, Gen. Iovis (→ Namen)
litterae, -ās *f. (Pl.)* Wissenschaft
Minerva (→ Namen)
mulier, -rem *f.* Frau
pārēre gehorchen
penātēs *(Pl.)* Hausgötter
praebēre gewähren
quotannīs *(Adv.)* alljährlich
sacrificāre opfern
summus, -a, -um höchster, oberster
viāticus, -a, -um zur Reise gehörig; cena viātica: Abschiedsessen

PE 9

accurrere herbeieilen
amphora *(griech.)* Amphore
āmūlētum Amulett
cōpia Vorrat, Fülle, Reichtum
illūdere *(mit Akk. oder Dat.)* verspotten
mīles, -itis *m.* Soldat
multitūdō, -inis *f.* Menge
pater, patris *m.* Vater; p. familiās: Familienoberhaupt
porta Tor, Pforte

schola *(griech.)* Schule
ubīque *(Adv.)* überall
vēnātiō, -ōnis *f.* Jagd, Tierhetze
verbum Wort

PE 10

annus Jahr; annorum X esse: X Jahre alt sein
as, assis *m.* As *(Münzeinheit von kleinem Wert)*
auxilia, -ōrum *n. (Pl.)* Hilfstruppen
avāritia Habgier, Geiz
bibere trinken
Cicerō, -ōnis *m.* (→ Namen)
convīva, -ae *m./f.* Gast
Dāmāsippus *Eigenname*
dēlectāmentum Vergnügen, Zeitvertreib; prō dēlectāmentō zum Zeitvertreib
dēpalmāre schlagen *(mit der flachen Hand)*
eius *(Gen. Sg.)* von ihm, von ihr; sein, ihr
esse *(mit Gen.)* jds. Aufgabe/ Pflicht sein
immānis, -e ungeheuer, riesig
inquit *(eingeschoben)* sagt er/sie
iocōsa, -ōrum *n. (Pl.)* Witze, Späße
iocōsus, -a, -um scherzhaft
lēgēs XII tabulārum das Zwölftafelgesetz (die ersten römischen Gesetze aus dem 5. Jh. v. Chr.)
līber, -era, -erum frei
mediocris, -e mittelmäßig, gewöhnlich
ōs, ōris *n.* Mund, Gesicht
palma Hand(innenfläche); palmā suā mit der (eig.: seiner) flachen Hand
pōculum Becher
praebēre → habēre anbieten
prō *(mit Abl.)* für
quadrāgintā *(indekl.)* vierzig
quīnque et vīgintī fünfundzwanzig
sacculus Säckchen
sēcum *(Abl. Sg./Pl.)* bei sich, mit sich
secundum *(mit Akk.)* nach, gemäß
solvere lösen, bezahlen
vēcordia Verrücktheit, Wahnsinn
verberāre schlagen
verberātus, -a, -um geschlagen

PE 11

annus Jahr
auxilia, -ōrum n. (Pl.) Hilfstruppen
avunculus Onkel
brevis, -e kurz
caupō, -ōnis m. Gastwirt
caupōna Wirtshaus
cēnāre essen, speisen
cōgitātiō, -ōnis f. Gedanke, Überlegung
crēdibilis, -e glaubhaft, glaublich
cubiculum Schlafzimmer
dēfessus, -a, -um müde, erschöpft
dēfodere, iō vergraben
dēversōrium Herberge
efficāx, -ācis wirksam
exemplum Beispiel
faustus, -a, -um glücklich, gesegnet
fēlix, -īcis glücklich
fortis, -e tapfer, mutig
gaudēre, gaudeo sich freuen
habitāre wohnen
hŏc Nom./Akk. Sg. n. dies
iterum wieder, zum zweiten Mal
līber, -era, -erum frei
longus, -a, -um lang, weit
Megara, -ōrum (Pl.) Eigenname
multa nox tiefe Nacht
necāre töten
omnis, -e jeder, ganz; (Pl.) alle
praeceptum Lehre
quod da, weil
reperīre (wieder) finden
sērō (Adv.) spät, zu spät
somnium Traum
somnum capere, -iō einschlafen
tīrō, -ōnis m. Rekrut, Anfänger
vesper, -erī Abend
vīlla Landhaus, Landgut

PE 12

accipere, -iō (an)nehmen
animus Geist, Seele, Mut; (hier:) Charakter
anteā (Adv.) vorher, früher
aquila Adler
asinus Esel
bis (Adv.) zweimal
bōs, bovis m./f. Rind
caelum Himmel, Wetter
cantāre singen
coepit er, sie, es hat angefangen
columba Taube

cornīx, -īcis f. Krähe
deripere, dēripiō entreißen
dīmidium Hälfte
facilis, -e leicht
factum das Getane
figūra Gebilde, Gestalt
fiunt (sie) werden
gerere tragen
hospitium Gastfreundschaft, Herberge
illūdere (mit Akk. oder Dat.) verspotten
īnsolentia Unverschämtheit
ipsam (Akk. Sg. f.) selbst
īrātus, -a, -um zornig, aufgebracht
is ... quī derjenige, der ...
Iuppiter, Iovis (→ Namen)
leō, -ōnis m. Löwe
licet es ist erlaubt/möglich
mare, -is n. Meer
mors, -rtis f. Tod
movēre bewegen
multum (Adv.) viel, oft, sehr
negōtium Geschäft, Aufgabe, Arbeit
niger, -gra, -grum schwarz
nimium (Adv.) zu sehr
nimius, -a, -um zu groß, übermäßig
nōn iam (Adv.) nicht mehr
ornāre schmücken
pāvō, -ōnis m. Pfau
penna Feder
perpetuus, -a, -um fortdauernd, beständig
plūma Feder
procul (beim Abl.) fern (von), aus der Ferne; procul negotiis: fern von (allen) Arbeiten
quam (Adv.) wie
reddere zurückgeben
rēgīna Königin
repetere (wieder) aufsuchen, wiederholen; (hier:) zurückverlangen
rūs (Akk.) aufs Land
saepe (Adv.) oft
stultus, -a, -um töricht, dumm
tam (Adv.) so
tolerāre ertragen, erdulden
trāns (beim Akk.) über ... hinaus, jenseits von
turpis, -e schändlich, hässlich
vester, -tra, -trum euer
volāre fliegen, eilen

PE 14

accipere annehmen, vernehmen

annus Jahr
asinus Esel
bibulus, -a, -um trinkfreudig; Säufer
cēdere gehen, weichen
clārus, -a, -um hell, klar, berühmt; clāra vōx: laut
cōnfectus, -a, -um → cōnficere annīs cōnfectus: erschöpft, altersschwach
cōnsistere stehen bleiben, Halt machen
cubiculum Schlafzimmer
dēfessus, -a, -um müde, erschöpft
digitus Finger, Zehe
dīmidium Hälfte
equus Pferd
fŏrum Marktplatz, Öffentlichkeit
hospita Wirtin
hospitium Gastfreundschaft, Herberge
invītāre einladen
libenter (Adv.) gern
līberāre befreien
lūdere spielen
lūdibriō habēre Spaß treiben (mit jd.)
lūdibrium Spiel, Spott
malus, -a, -um schlecht
media nox Mitternacht
molestus, -a, -um beschwerlich, lästig
mōnstrāre zeigen
mors, -rtis f. Tod
onus, -eris n. Last
partēs, -ium f. (Pl.) Partei
patrēs, -um m. („Väter":) Senatoren, Vorfahren
paulō post (Adv.) (um) ein wenig später
primus, -a, -um erster
rūsticus Bauer
saccus (griech.) Sack
superbus, -a, -um hochmütig, stolz
taberna Kneipe
tamen dennoch, (je)doch
templum Heiligtum, Tempel
ūsque ad (beim Akk.) bis zu
vacāre (mit Abl.) frei sein von
vesper, -erī Abend; sub vesperum: gegen Abend
viātor, -ōris m. Wanderer, Reisender

PE 16

abdere verbergen, verstecken
Actium (→ Namen)

Lesevokabular — PE 16 – PE 19

adminiculum   Stütze
adquīrere   (hinzu)erwerben, gewinnen
Aenēās, -ae (→ *Namen*)
ambitiō, -ōnis f.   Ehrgeiz
animadvertere   achtgeben, bemerken
Aquīnum (→ *Namen*)
arma, -ōrum n. (Pl.)   Waffen, Geräte
aut ... aut ...   entweder ... oder ...
avāritia   Habgier, Geiz
bōs, bovis m./f.   Rind
Capua (→ *Namen*)
Carthāgō, -inis f. (→ *Namen*)
Casīnum (→ *Namen*)
cōgnōvī   ich habe kennengelernt, erfahren
concitāre   antreiben, aufregen
cōnservus   Mitsklave
cōnstāre *(mit AcI)*   feststehen
copiae, -ārum f. (Pl.)   Truppen, Streitkräfte
crēdulus, -a, -um   (leicht)gläubig, vertrauensselig
Crēta   Kreta
Cūmae, -ārum (→ *Namen*)
Dēlus, Dēlī f.   Delos (→ *Namen*)
dīvīnitus *(Adv.)*   durch göttliche Eingebung, Fügung
effugere, -iō *(mit Akk.)*   entfliehen, entkommen
esse *(mit Dat.)*   haben, gehören
Eunus   *Eigenname*
exīstimāre   (ein)schätzen, meinen, halten für
fānāticus, -a, -um   rasend, fanatisch
flamma   Flamme, Feuer
fundere   gießen, ausgießen, zerstreuen
furor, -ōris m.   Raserei, Wut
horribilis, -e   schrecklich
immō *(Adv.)*   ja (sogar), ja vielmehr
imperāre *(mit Dat.)*   befehlen, beherrschen
īnsīgne, -gnis n.   Kennzeichen, Ehrenzeichen
īnspīrāre   einatmen, *(hier:)* verschlucken
invictus, -a, -um   unbesiegt, unbesiegbar
iūs, iūris n.   Recht
Lāvīnium (→ *Namen*)
libenter *(Adv.)*   gern
lībertās, -tātis f.   Freiheit
libīdō, -dinis f.   Lust, Begierde
lūnāris, -e   Mond-, *(hier:)* monatlich

Minturnae, -ārum (Pl.) (→ *Namen*)
mīrāculum   Wunder
mūtus, -a, -um   stumm
nex, necis f.   Tod, Mord
nomen, -inis n.   Name
nonne? *(im Fragesatz)*   nicht? doch wohl?
nōs (Nom./Akk.)   wir, uns
nūndīnae, -ārum f.   Markt(tag), Wochenmarkt
nūntius   Bote, Nachricht
nux, nucis f.   Nuss
ōrātiō, -ōnis f.   Rede
ornāre   schmücken
partēs, -ium f. (Pl.)   Partei
permultī, -ae, -a   sehr viele
plaustrum   (Last-)Karren (zweirädrig)
potestās, -tātis f.   Macht, (Amts-)Gewalt
praeesse, -sum *(mit Dat.)*   voranstehen, befehligen
praeter *(beim Akk.)*   an ... vorbei; außer
prōvincia   Amtsbereich, Provinz
putāre   glauben, meinen, halten für
quidem   zwar, wenigstens, allerdings
sē (Akk./Abl.; Sg./Pl.)   sich
sēmivōcālis, -e   (nur) halb mit Sprache begabt
servīre   Sklave sein, dienen
sexāgintā *(indekl.)*   sechzig
Sicilia   Sizilien
simulāre   vortäuschen
spes, -eī f.   Hoffnung
stīpāre   zusammenpressen, vollstopfen; stīpāvit: er hat vollgestopft
sulphur, -uris n.   Schwefel
Syria (→ *Namen*)
Syrus, -a, -um   (ein) Syrer
Thrācia   Thrakien (→ *Namen*)
timor, -ōris m.   Furcht, Angst
Trōia   Troja (→ *Namen*)
vīcus, -ī m.   Dorf
vōcālis, -e → vōx   mit Stimme begabt

PE 17

agere, ēgī   treiben, betreiben, (ver)handeln
clādēs, -is f.   Unglück, Niederlage, Katastrophe
dē *(beim Abl.)*   von, von ... herab; über
discere, didicī   lernen

elementa, -ōrum n. (Pl.)   Buchstaben, Alphabet
fēriae, -ārum f. (Pl.)   Ferien
herī *(Adv.)*   gestern
legere, lēgī   lesen, sammeln
liber, -brī m.   Buch
manēre, mānsī   bleiben, warten
mordēre, momordī   beißen
mūsica   Musik
novus, -a, -um   neu
nūntius   Bote, Nachricht
ōrātiō, -ōnis f.   Rede
Pompē(i)ī   Pompeji (→ *Namen*)
renovāre   erneuern
schola *(griech.)*   Schule
Via Lāta   „Broadway"
vīsitāre   besuchen

PE 19

abscondere, -condī *und* -condidī   verbergen
adesse, -sum, adfuī *(mit Dat.)*   anwesend sein, da(bei) sein, beistehen, helfen
adōrāre   anflehen
adspicere = **aspicere** -iō, aspexī   anschauen, erblicken
adsurgere, -surrēxī   sich erheben
adversus, -a, -um   gegenüberstehend, feindlich, ungünstig
aegrōtus, -a, -um   krank
aestuāre   glühen, kochen; aestuans: keuchend, glühend, brennend
aeternus, -a, -um   ewig, unvergänglich
amphitheātrum *(griech.)*   Amphitheater
avunculus   Onkel
cadere, cecĭdī   fallen
cālīgō, -ginis f.   Dunkel, Finsternis; Rauch, Qualm
capere, -iō, cēpī   nehmen, fassen, fangen
circum *(beim Akk.)*   um ... herum
clārus, -a, -um   hell, klar, berühmt
claudere, -sī   abschließen, einschließen
colligere, -lēgī   sammeln, folgern
columna   Säule
concĭdere, -cidī   zusammenfallen, -brechen
cōnsīdere, -sēdī   sich niederlassen, sich lagern
corruere, -ruī   einstürzen
crassus, -a, -um   fett, plump; (caligo) dicht
crēdibilis, -e   glaubhaft, glaublich

crūdēlis, -e grausam
dūcere, dūxī ziehen, führen
ēdere, ēdidī herausgeben, vollbringen; veranstalten
effūgere, -iō, fūgī entfliehen, entkommen
effulgēre, -fulsī hervorleuchten, aufstrahlen
exīre, -eō, -iī herausgehen
exoptāre herbeiwünschen, sehnen
explicāre erklären
fēlīx, -īcis glücklich, Glück bringend, erfolgreich
fēmina Frau
fīnīre begrenzen, beenden
flamma Flamme, Feuer
frīgidus, -a, -um kalt
frūstrā (Adv.) vergeblich, umsonst
fuga Flucht
gladiātorius, -a, -um Gladiatoren-
haurīre, hausī schöpfen
herī (Adv.) gestern
hortus Garten
humī (Adv.) am Boden, zu Boden
immortālis, -e unsterblich
īnfāns, -ntis m./f. Kleinkind
invalidus, -a, -um schwach
invius, -a, -um unwegsam, unzulänglich
linteum Leinentuch, Segel
lūdere, lūsī spielen
mātūrus, -a, -um reif, (früh-)zeitig
medicus Arzt
Mīsēnum (→ Namen)
mittere, mīsī werfen, schicken
mundus Welt, Weltall
nātūra Natur, Wesen
nōscitāre → cog-nōscere (wieder) erkennen
novissimus, -a, -um neuester; letzter
nūper (Adv.) neulich, unlängst
nusquam (Adv.) nirgends
odor, -ōris m. Geruch
pellere, pepulī stoßen, schlagen
percutere, -iō, -cussī erschüttern, schleudern
permanēre, -mānsī verweilen, fortdauern
pēs, pedis m. Fuß
philosophus (griech.) Philosoph
pila Ball, Kugel
pius, -a, -um fromm
placēre gefallen; placet (unpers.:) es beliebt, man beschließt

Plīnius (→ Namen)
plūres, -ra; -rium mehrere
Pompē(i)ī, -a, -um (→ Namen)
Pompeiānus, -a, -um pompejanisch
poscere, poposcī fordern
posse, possum, potuī können
proximum Nähe, Nachbarschaft
quondam (Adv.) einst
recubāre, -cubuī (zurückgelehnt) liegen
redīre, -eō, -iī zurückgehen, zurückkehren
scrībere, scrīpsī schreiben
semel (Adv.) einmal; semel atque iterum immer wieder
Sōcratēs, -is (→ Namen)
spectāculum Schauspiel
statua Standbild, Statue
stomachus (griech.) Magen; (hier:) Kehle, Luftröhre
stupēre, stupuī stutzen
sulphur, -uris n. Schwefel
super (beim Akk.) über, auf
superstes, -itis überlebend
ullus, -a, -um (überhaupt) ein, irgendein
vāstus, -a, -um wüst, stürmisch, weit
vertere, vertī (sich) wenden, drehen; in fugam vertere: in die Flucht schlagen
Vesuvius (→ Namen)
vīlla Landhaus, Landgut
vīsitātor, -ōris m. Besucher
vispillō, -ōnis m. Leichenträger

PE 20

abīre, -eō, -iī weggehen
alere, -uī nähren, ernähren, großziehen
amīca Freundin
Asia Kleinasien (!)
cāseus Käse
circumīre, -eō, -iī (mit Akk.) herumgehen, bereisen
corruere, -ruī (einstürzen), pleite sein
cottidiānus, -a, -um täglich
dēns, dentis m. Zahn
domus, -ūs f. Haus
emere, ēmī kaufen; emptus, -a, -um gekauft
Ephesus, f. (→ Namen)
faustus, -a, -um günstig
fēlīx, -īcis glücklich, Glück bringend, erfolgreich
fīnis, -is m. Grenze, (Pl.) Gebiet

fortūnātus, -a, -um glücklich, begütert
Gallī, -ōrum Gallier
gallus Hahn
gaudiō esse (mit Dat.) Spaß machen, erfreuen
Germānī, -ōrum Germanen
glōriōsus, -a, -um ruhmreich, prahlerisch
Helvētiī, -ōrum Helvetier
horreum Scheune, Lagerhaus
ignōtus, -a, -um unbekannt
iocōsus, -a, -um scherzhaft
Italicus, -a, -um italisch
leō, -ōnis m. Löwe
litterae, -ārum f. Brief
modo (Adv.) eben (gerade), nur
negōtium Geschäft, Aufgabe, Arbeit
niger, -gra, -grum schwarz
niveus, -a, -um (schnee-)weiß
nuntiāre verkünden, melden
officīna Werkstatt
Oh o! ach!
opus, -eris n. Werk, Arbeit
Palaestriō, -ōnis m. Eigenname
patria Vaterland, Heimat(stadt)
Philocomasium f. Eigenname
placēre gefallen; (unpers.:) es beliebt, man beschließt
Plautus (→ Namen)
proelium Kampf
quidem zwar, wenigstens, allerdings
ratiō, -ōnis f. Berechnung, Methode, Vernunft, Grund
reliquus, -a, -um übrig
rūsticus, -a, -um ländlich, bäurisch; Bauer
Scēledrus Eigenname
situs, -a, -um gelegen, liegend
studiōsus Student
urbānus, -a, -um städtisch, fein
urbs, urbis f. (Haupt-)Stadt
vendere, -didī verkaufen
vīctus, -ūs m. → vīvere Lebensunterhalt, Nahrung

PE 23

aedīlis, -is m. Ädil
āēr, āëris m. (griech.) Luft
agere, ēgī, actum (be)treiben, (ver)handeln
āit, āiunt sagt(e) er/sie, sag(t)en sie
Anaxagorās, -ae m. (→ Namen)
antīquus, -a, -um alt, altertümlich
atrōx, atrōcis schrecklich, grässlich

Lesevokabular

caedēs, -is *f.* Morden, Schlachten, Gemetzel
calidus, -a, -um warm
cantāre singen
castra nautica *n. (Pl.)* Marinestützpunkt
coelum *(mittellat.)* = caelum
colligere, -lēgī, -lectum sammeln, zusammenbringen, folgern
committere, -mīsī, -missum → mittere veranstalten, beginnen
commūnis, -e gemeinsam, allgemein
compōnere, -pŏsuī, -pŏsitum „zusammensetzen": ordnen, schlichten; abfassen
concurrere, -currī, -cursum zusammenlaufen
conicere, -iō, -iēcī, -iectum werfen
convocāre zusammenrufen
dēflēre, -flēvī, -flētum beweinen
Dēmocritus Demokrit (→ *Namen*)
dēportare fortschaffen
dīvidere, -vīsī, -vīsum trennen, teilen
ēdere, ēdidī, ēditum herausgeben, vollbringen, veranstalten
elementum Grundstoff, Element
epistula *(griech.)* Brief
erunt → esse sie werden sein
Eumenēs, -is (→ *Namen*)
exilium Verbannung
facere, -iō, fēcī, factum tun, machen, herstellen
facile *(Adv.)* leicht
facilis, -e leicht
fictilis, -e tönern, aus Ton
flūmen, -minis *n.* Fluss, Strom
frangere, frēgī, fractum zerbrechen
frīgidus, -a, -um kalt
gladiātorius, -a, -um Gladiatoren-
Hannibal, -balis *m.* (→ *Namen*)
(h)ūmidus, -a, -um feucht
indīviduus, -a, -um unteilbar; individua corpora: Atome
īnfīnītus, -a, -um unbegrenzt
ingenium Begabung, Anlage, Talent
initium Eingang, Anfang
invĕnīre, -vēnī, -ventum finden, erfinden
iubēre, iussi, iussum befehlen, auffordern

Iūnius, -a, -um Juni-
Kalendae, -arum Kalenden *(der erste Monatstag)*
lascīvia Ausgelassenheit, Zügellosigkeit
lavāre, lāvī, lautum waschen
lavārī, lautus, -a sum baden
legere, lēgī, lectum lesen, sammeln
lēgēs XII tabulārum das Zwölftafelgesetz
levis, -e leicht, leichtsinnig, *(hier:)* geringfügig
Līvinēius *Eigenname*
lūdere, lūsī, lūsum spielen
lūdibrium Spiel, Spott
miscēre, -uī, mixtum mischen
mōtus, -ūs *m.* Bewegung; terrae mōtus: Erdbeben
multāre bestrafen
nauticus, -a, -um See-
nāvālis, -e See-
navis, -is *f.* Schiff
neglegere, -lēxī, -lectum vernachlässigen, nicht beachten
Nūcerīnī (→ *Namen*)
Nūcerīnus (→ *Namen*)
oppidānus, -a, -um städtisch
ostendere, -ndī, -ntum zeigen, darlegen
perterritus, -a, -um sehr erschreckt
petere, petīvī, petītum angreifen
Pompēiānī (→ *Namen*)
postquam *(Konj.)* nachdem
postrēmō *(Adv.)* zuletzt, schließlich
praeficere, -iō, -fēcī, -fectum an die Spitze stellen, voranstellen
prīdiē Kalendās Iūniās am 31. Mai (→ CG S. 69)
probrum Vorwurf
proelium Kampf
Prūsiās, -ae *m.* (→ *Namen*)
puppis, -is *f.* Achterdeck, Schiff
quālitās, -tātis Beschaffenheit, Eigenschaft
quam ob rem? *(Adv.)* weswegen, weshalb? deshalb
quot? *(indekl.)* wie viele?
referre, referō, rettulī, relātum bringen, berichten; se referre: sich zurückziehen
relinquere, -līquī, -lictum zurücklassen, verlassen
rīdēre, rīsī, risum lachen, verspotten
salīre, saluī springen, tanzen
saxum Fels(block), Stein

scapha *(griech.)* Kahn, Boot
schola *(griech.)* Schule
scīlicet (< scīre licet) natürlich, selbstverständlich, nämlich
scrībere, scrīpsī, scriptum schreiben
senātus, -ūs *m.* Senat
sententia Meinung, Ansicht
sepelīre, -sepelīvī, sepultum bestatten
serpēns, -ntis *m./f.* Schlange
siccus, -a, -um trocken
simplex, -plicis einfach, natürlich
sōlus, -a, -um allein
spectāculum Schauspiel
spectātor, -ōris *m.* Zuschauer
splendēre glänzen
sūmere, sūmpsī, sūmptum nehmen; *(hier:)* greifen zu
tabellārius Briefbote
tantum *(Adv.)* nur
tradere, -didī, -ditum übergeben, überliefern, berichten
tunc *(Adv.)* damals, da
ūnicus, -a, -um einzig, ungewöhnlich
ūniversus, -a, -um gesamt, allgemein
urbs, urbis *f.* (Haupt-)Stadt
ūrere, ussī, ustum (ver)brennen, versengen
vānitās, -ātis *f.* Nichtigkeit, Eitelkeit
vās, vāsis *n.* Gefäß
vēlum Segel; Pl. Sonnensegel
vēnātiō, -ōnis *f.* Jagd, Tierhetze
venēnātus, -a, -um giftig; serpens v.: Giftschlange
vertere, vertī, versum (sich) wenden, drehen
vidēre, vīdī, vīsum sehen
vitreus, -a, -um gläsern, aus Glas
vitrum Glas, Kristall
vulnerāre verwunden

PE 24

ait, aiunt er, sie, es sag(t)e; sie sag(t)en
animus Geist, Seele, Mut
cantus, -ūs *m.* Gesang
carmen, -inis *n.* Lied, Gedicht
cēra Wachs
constringere, -strīnxī, -strictum zusammenschnüren, festbinden
cupidus, -a, -um *(mit Gen.)* begierig
delectāre erfreuen, unterhalten

faber, -brī *m.*   Handwerker
initium   Eingang, Anfang
Lucilius   (→ *Namen*)
mālus   Mast
mīlitāre   Soldat sein, dienen
novitās, -tātis *f.*   Neuigkeit, Neuartigkeit
obīre, -eō, -iī, -ītum (*mit Akk.*)   entgegengehen; mortem obīre: den Tod finden, sterben
obtūrāre   verstopfen
permultī, -ae, -a   sehr viele
prōdesse, -sum, -fuī (*mit Dat.*)   nützen, nützlich sein
quemque (*Akk. Sg. m./f.*)   jeden, jede
scientia   → scīre   Wissen, Kenntnis, Wissenschaft
Sīrēnĕs, -um   (→ *Namen*)
socius   Gefährte, Begleiter, Bundesgenosse
suāvis, -e   süß, angenehm
suāvitās, -tātis *f.*   → suāvis   Reiz, Lieblichkeit
varietās, -tātis *f.*   Vielfalt

PE 25

agitāre   eifrig betreiben, erwägen; hin und her bewegen, antreiben
amīcitia   Freundschaft
bis (*Adv.*)   zweimal
cadere, cecidī, cāsum   fallen
cavāre   aushöhlen
cōnsulere, -uī, -sultum   um Rat fragen, sorgen für
cūra   Sorge, Pflege, Behandlung
cūrae esse   kümmern um; X mihi cūrae est: ich kümmere mich um X
fit   (er, sie, es) wird, es geschieht
gaudēre, gaudeō   sich freuen
gerere, gessī, gestum   tragen, ausführen
gutta   Tropfen
igitur (*Adv.*)   also, folglich
illūdere, -lūsī, -lūsum (*mit Akk. oder Dat.*)   verspotten
in diēs   von Tag zu Tag
inopia   Mangel, Not
īrātus, -a, -um   zornig, aufgebracht
īre, eō, iī, ītum   gehen, fahren, reisen
magis (*Adv.*)   mehr, eher; magis magisque   mehr und mehr
māgnus, -a, -um   groß; māgna vox: laut

mōs, mōris *m.*   Sitte, Brauch
nervus   Muskel
ob (*beim Akk.*)   wegen
ōmittere, -mīsī, -missum   loslassen, aufgeben, (*hier:*) wegwerfen
persaepe (*Adv.*)   sehr oft
perscrībere, -scrīpsī, -scrīptum   aufschreiben, genau aufzeichnen
pīlum   Wurfspieß
probāre   prüfen, beweisen
regere, rēxī, rēctum   lenken, leiten
rēs familiāris   Hauswesen, Vermögen
rēs gestae   Taten
rēs pūblica, reī pūblicae *f.*   Gemeinwesen, Staat
rēs rūsticae   Landwirtschaft
rēvērā (*Adv.*)   wirklich, tatsächlich
saepe (*Adv.*)   oft
statuere, -uī, -ūtum   aufstellen, beschließen
suāvis, -e   süß, angenehm
vehiculum   Fahrzeug; (*hier:*) v. rērum: Frachtschiff, v. vectōrum: Passagierschiff

PE 26

adhibēre, -hibuī, -hibitum   hinzuziehen, anwenden
advolāre   herbeieilen
Alexandrīnus, -a, -um   alexandrinisch; Alexandriner
ante (*Adv.*)   vorher, zuvor
Aristarchus   (→ *Namen*)
attonitus, -a, -um   bestürzt, entsetzt
avunculus   Onkel
circum (*beim Akk.*)   um … herum
cōnspicere, -iō, -spēxī, -spectum   erblicken
cōnstāre, -stat, -stitit (*mit AcI*)   es steht fest
creāre   hervorbringen, erschaffen
crūdēlis, -e   grausam
doctus, -a, -um   gelehrt, gebildet
ēicere, -iciō, -iēcī, -iectum; → iacere   hinauswerfen, (sē) ē.: herausstürzen
gubernātor, -ōris *m.*   Steuermann
immōbilis, -e   unbeweglich
intuērī, intuitus, -a sum   betrachten, anschauen

inūsitātus, -a, -um   ungewöhnlich
invehī, -vehor, -vectus, -a sum   jmd. anfahren, (be)schimpfen
īrātus, -a, -um   zornig, aufgebracht
labefactāre   erschüttern, zum Einsturz bringen
māgnitūdō, -tūdinis *f.*   Größe
mathēmaticus (*griech.*)   Mathematiker
mīrāculum   Wunder
mōlēs, -is *f.*; → molestus   Masse, Steindamm
movēre, mōvī, mōtum   bewegen, (*Pass.*) sich bewegen
nūbēs, -is *f.*   Wolke
obīre, -eō, -iī, -ītum (*mit Akk.*)   entgegengehen; mortem obīre: den Tod finden, sterben
ophthalmicus (*griech.*)   Augenarzt
(h)oplómachus (*griech.*)   schwer bewaffneter Gladiator
opprimere, -pressī, -pressum   bedrängen, unterdrücken
orīrī, orior, ortus, -a sum   sich erheben, entstehen
Polýdamus   *Eigenname*
princeps, -cipis *m.*   „Erster", Fürst, Kaiser, Princeps
restāre, -stō, -stitī   übrig bleiben
ruīna   Einsturz
sōlus, -a, -um   allein
spēlunca   Höhle
stultitia   → stultus   Torheit, Dummheit
sustentāre   hochhalten, (er)tragen
tyrannus (*griech.*)   Gewaltherrscher, Tyrann
umerus   Schulter
vēlōciter (*Adv.*)   schnell, rasch

PE 27

angelus (*griech.*)   Gottesbote, Engel
Aquārius   Wassermann
aspectus, -ūs *m.*   Anblick, Aussehen
Bavāria   Bayern
Bavārus   Bayer; bayerisch
castellum   Festung, Bollwerk
caupō, -ōnis *m.*   Gastwirt
crassus, -a, -um   fett, plump
cupīditās, -tātis *f.*   Wunsch, Begierde
dēdūcere, -dūxī, -ductum   wegführen, hinführen
digitus   Finger, Zehe

Lesevokabular

PE 27

dīligenter *(Adv.)* sorgfältig
dolor, -ōris *m.* Schmerz
ĕdere, ēdī, ēsum essen, verzehren
ēvellere, -vellī, -vulsum herausziehen
exīstimāre (ein)schätzen, meinen
iēiūnus, -a, -um nüchtern, hungrig
imprīmis *(Adv.)* besonders, vor allem
intellegere, -lēxī, -lēctum erkennen, verstehen
intuērī, intuitus, -a sum (an-)schauen, betrachten
īrātus, -a, -um zornig, aufgebracht
leō, -ōnis *m.* Löwe *(Sternbild)*
lingua Zunge, Sprache
mĕdicus dentārius Zahnarzt
metropolis, -is *f. (griech.)* Hauptstadt
minimus, -a, -um der kleinste
mōnstrāre zeigen (auf)
monumentum Denkmal
museum *(griech.)* Museum, Bibliothek
natiō, -ōnis *f.* Volk(sstamm), Herkunft
observāre beobachten, beachten
palātium Palast
Pēgasus Pegasus
pergere, perrēxī, perrectum fortsetzen, weitermachen
perītia Kenntnis, Erfahrung
permovēre, -mōvī, -mōtum bewegen, veranlassen
pervĕnīre, -vēnī, -ventum hinkommen, (hin)gelangen
platĕa Straße, Gasse
pons, -ntis *m.* Brücke
quārē (quā rē) weshalb? daher
rādīcitus *(Adv.)* mit der Wurzel
repetere, rĕpetō, -petīvī, -petītum zurückkehren
sacer, -cra, -crum geweiht, heilig, verflucht
sententia Meinung, Ansicht
sigillum Siegel
sīgnificāre bezeichnen
statiō, -ōnis *f.* Standort, (Wach-)Posten, Wache
status, -ūs *m.* Zustand, Lage
tardus, -a, -um langsam, träge
Taurus Stier *(Sternbild)*
terminus Grenzstein, Grenze
Ursa māior Großer Bär *(Sternbild)*
virgō, -ginis *f.* Jungfrau *(Sternbild)*

PE 28

applaudere, -sī, -sum Beifall klatschen
bipēs, -pĕdis zweifüßig
Caesar (→ *Namen*)
Claudius (→ *Namen*)
Crassus (→ *Namen*)
crocodīlus *(griech.)* Krokodil
currere, cucurrī, cursum laufen, eilen
dēfīnīre bestimmen, definieren
dēfīnītiō, -ōnis *f.* Definition
dictāre → dīcere diktieren
differentia Unterschied
Diógenēs, -is (→ *Namen*)
doctus, -a, -um gelehrt, gebildet
dūcere, dūxī, ductum ziehen, führen; glauben, meinen
duodēquīnquāgintā (IIL) 48
ēgredī, -ior, -gressus, -a sum hinausgehen, verlassen
ēlinguis, -e → lingua sprachlos, stumm, ohne Zunge
epistula *(griech.)* Brief
ex(s)culpere, -sculpī, -sculptum auskratzen
exstruere, -strūxī, -strūctum errichten
flēre, flēvī, flētum (be-)weinen
fluviālis, -e Fluss-
gallus Hahn
gaudēre, gaudeō, gavīsus, -a sum sich freuen
gladiātor, -ōris *m.* Gladiator
hiāre den Rachen aufsperren
hirūdō, -dinis *m.* Blutegel
immānis, -e ungeheuer, riesig
implectere, --, -plexum verflechten, umschlingen
īnficere, -ficiō, -fēcī, -fectum (ver)mischen, überziehen
ingredī, -dior, -gressus, -a sum hineingehen, betreten
innatāre hinein-, heranschwimmen
lātus, -a, -um weit, breit
lībertus der Freigelassene
longus, -a, -um lang, weit
Marathōnius, -a, -um marathonisch, bei Marathon
marīnus, -a, -um Meer-, See-
metus, -ūs *m.* Furcht, Besorgnis
mīlle centum sescentī (MCLX) 1160
minimus, -a, -um der kleinste
mōnstrāre zeigen (auf)
mōlēs, -is *f.;* → molestus Masse
mōnstrum (Wunder-)Zeichen, Ungeheuer
novem (IX) neun
nūdāre entblößen
nūntius Bote, Nachricht
observāre beobachten, beachten
onerāre beladen, belasten
penna Feder
permāgnus, -a, -um riesig
philosophus *(griech.)* Philosoph
Platō, -ōnis (→ *Namen*)
plaustrum Lastwagen
Plīnius (→ *Namen*)
plūma Feder
pōmum Obstfrucht, (Pl.) Obst
prōdūcere, -dūxī, -ductum → dūcere vorführen
pūrgāre reinigen
rōstrum Schnabel, Schnauze
schola *(griech.)* Schule
septem (VII) sieben
sescentī, -ae, -a (DC) 600
Spartiātae, -ārum *m.* die Spartaner (→ *Namen*)
specīficus, -a, -um besondere, eigentümlich
squālor, -ōris *m.* Schmutz
stadium *(griech.)* Stadion, Rennbahn
Tiberius (→ *Namen*)
trecentī, -ae, -a (CCC) 300
victōria → vincere Sieg
vigil, -ilis *m.* Wächter

PE 29

āctum → agere Tat, Verhalten
docēre, docuī, doctum lehren, unterrichten
documentum Lehre, Beispiel
effūtīre ausschwatzen, nachplappern
Eōus, -a, -um Morgen-; östlich; Eōus orbis: Morgenland
grex, gregis *m.* Herde, Schar, Trupp
imitāns, -ntis nachahmend
mox *(Adv.)* bald
praecinere, -cinuī vorhersagen
psittacus Papagei
recipere, -iō, -cēpī, -ceptum zurücknehmen, *(hier:)* übernehmen
referre, -ferō, rettŭlī, relātum *(hier:)* Antwort geben, erwidern
solēre, soleō, solitus, -a sum gewohnt sein, pflegen

PE 30

articulātiō cubitī Ellenbogengelenk
clāvicula Schlüsselchen, Schlüsselbein
costa Rippe
cranium *(griech.)* Schädel
digitus Finger, Zehe
discus *(griech.)* Diskus, Scheibe
femur, femoris *n.* (Ober-)Schenkel
fībula Spange, Wadenbein
(h)umerus Oberarm(bein)
intervertebrālis, -e zwischen den Wirbeln liegend; discus intervertebrālis: Bandscheibe
mandibula Unterkiefer
maxilla Oberkiefer
nasālis, -e Nasen-
ŏs, ŏssis *n.* Knochen; ŏs sacrum: Kreuzbein, ŏssā digitōrum: Fingerknochen
patella Kniescheibe
radius Speiche
scapula Schulterblatt
sternum Brustbein
tibia Schienbein
ulna Ellenbogen, Elle
vertebra Wirbel, Gelenk

PE 31

aeternus, -a, -um ewig, unvergänglich
agrestis, -e ländlich
aureus, -a, -um golden, vergoldet
domāre, domuī, domitum bezwingen, besiegen
edāx ,edācis gefräßig, verzehrend, nagend
ferus, -a, -um wild, roh
Latium *(→ Namen)*
operīre, -ruī, -rtum bedecken, verbergen, verschließen
patria Vaterland, Heimat(stadt)
possidēre, -sēdī, -sessum besitzen
rudis, -e unbearbeitet, roh
simplicitās, -tātis Schlichtheit
victor, -ōris *m.* Sieger

PE 32

abicere, -iō, -iēcī, -iectum wegwerfen, ablegen
abigere, -ēgī, -āctum forttreiben, vertreiben
accēdere, -cessī, -cessum herantreten, hinzukommen
aedificāre → aedificium bauen
Aegyptus *f.* Ägypten
aliter *(Adv.)* anders
altitūdō, -dinis *f.* Höhe, Tiefe
ancilla Magd, Dienerin
apportāre herbeibringen
Artemisia *(→ Namen)*
artifex, -ficis *m.* Künstler
asportāre wegbringen
astāre, -stitī dabeistehen, stehen bleiben
aurum Gold
Babylōnius, -a, -um babylonisch; Babylonier
cadāver, -ris *n.* Leichnam, Kadaver
Caesar Nĕrŏ Nero *(→ Namen)*
Cāria Karien *(→ Namen)*
celeber, -bris, -bre berühmt, weit verbreitet, viel besucht
celebritās, -tātis *f.* (hier:) Gesellschaft, Öffentlichkeit
centum sēdecim (CXVI) 116
centum septendecim (CXVII) 117
centum sexāginta septem (CLXVII) 167
cōgnātiō, -ōnis *f.* Verwandtschaft
colossus Koloss, Riesenstandbild
columna Säule
commodus, -a, -um angemessen, gefällig, angenehm
coniungere, -iūnxī, -iūnctum → iungere verbinden, vereinigen
convīvium Gastmahl
cor, cordis *n.* Herz
creāre hervorbringen, erschaffen; *(hier:)* gebären
damnāre verurteilen, (capitis) zum Tode verurteilen
decus, -oris *n.* Anstand, Ehre, Zierde
dēdicāre weihen, widmen
dēfungī, -fungor, -functus, -a sum verscheiden, sterben
Diāna *(→ Namen)*
dīligere, -lēxī, -lēctum hoch achten, lieben
ebur, eboris *n.* Elfenbein
ēdere, ēdidī, ēditum herausgeben, vollbringen, veranstalten; *(hier:)* von sich geben
ēmicāre, -micuī, -micātum aufleuchten, aufblitzen
Éphesus, *f.* *(→ Namen)*
Euphrātēs, -is *m.* Euphrat
exstruere, -strūxī, -strūctum errichten
fēminīnus, -a, -um weiblich
fidēlis, -e treu
fit (es) geschieht
gnātus = natus, -a Sohn, Tochter; nātī, -ōrum: Kinder
gracilis, -e schlank, dünn
gynaecōnītis, -tidis *f. (griech.)* Frauengemach
Halicarnassus, -ī *f.* *(→ Namen)*
hau *(Adv.)* = haud: nicht
hortus Garten
horunc = hōrum
hospita Wirtin
incessus, -ūs *m.* Gehen, Zugang
incola, -ae *m./f.* Einwohner
innatāre hinein-, heranschwimmen
intentus, -a, -um aufmerksam
interior, -ius; -ōris innerer
Iuppiter, Iovis *(→ Namen)*
lāna Wolle
lepidus, -a, -um zierlich, geistreich
linquere, līquī zurücklassen, verlassen
locāre (auf)stellen, vermieten
maestus, -a, -um traurig
marītus Ehemann
māter , -tris familiās Herrin (des Hauses, vgl. pater familiās)
mausōlēum *(griech.)* (prächtiges) Grabmal
mirābilis, -e wunderbar
multō *(Adv.)* viel, um vieles
nōmināre (be)nennen
numerus (An)Zahl, Reihe
observāre beobachten
Olympia, -ōrum *n.* *(→ Namen)*
opus, -eris *n. (hier:)* Bauwerk, Kunstwerk
paullum, -a, -um = paulum: (nur) wenig
pellegere, -lēgī, -lēctum = perlegere: mustern, genau betrachten
pēnsilis, -e aufgehängt, Hänge-
Pharus, -ī *f.* *(→ Namen)*
Phīdiās, -ae *m.* *(→ Namen)*
prōferre, -ferō, -tulī, -lātum hervorheben, vorführen
pudet, puduit *(unpersönl.:)* es erfüllt mit Scham; me pudet: ich schäme mich
putāre glauben, meinen; *(Passiv:)* gelten
pȳramis, -idis *f.* die Pyramide
quartus, -a, -um der vierte
quīntus, -a, -um der fünfte
rēgīna Königin
Rhodius, -a, -um rhodisch, von Rhodos

Lesevokabular — PE 32 – PE 33

Rhodus, -ī f. (→ Namen)
salīre, saluī springen, tanzen
salutāre grüßen, begrüßen
secundus, -a, -um der zweite, günstig, glücklich
sedēre, sēdī, sessum sitzen
Semīramis, -idis f. (→ Namen)
septem sieben
septimus, -a, -um der siebte
sepulcrum Grab, Grabmal
sermō, -ōnis m. Gespräch, Sprache
sextus, -a, -um der sechste
simulācrum Bildnis
sitis, -is f. Durst
Sol, -is m. Sol (Sonnengott)
spectāculum Schauspiel
stătua Standbild, Statue
suprā (beim Akk.) über, auf, oberhalb
tenēre (hier:) einnehmen
tertius, -a, -um der dritte
Tiberis, -is m. (Akk.: -im) Tiber (→ Namen)
trecentī vīgintī septem (CCCXXVII) 327
ultimus, -a, -um letzter
ululātus, -ūs m. Geheule, Jammern
versārī sich aufhalten; sich bewegen in

PE 33

āctus, -ūs m. Tätigkeit, Handlung
adfīgere, -fīxī, -fīxum anheften
adstāre, -stō, -stitī (mit Dat.) dabeistehen
adventus, -ūs m.; → advenīre Ankunft
afferre, afferō, attulī, allātum herbeibringen; melden
afficere, -iō, -fēcī, -fectum versehen mit etwas, antun, erfüllen (mit)
alter, -era, erum der eine (von zweien), der andere, der zweite
Antōnius Hybrida (→ Namen)
bona, -ōrum n. (Pl.) das Hab und Gut; Vermögen
brevis, -e kurz
caedes, -is f. Morden, Gemetzel, Schlacht
Caesar, -ris m. (→ Namen)
Chrīstiānī, -ōrum (griech.) Christen
Cicerō, -ōnis m. (→ Namen)
clāritūdo, -dinis f. Helligkeit, Glanz
cōgere, coēgī, coāctum zusammentreiben, sammeln, zwingen
cōgitātiō, -ōnis f. Gedanke, Überlegung
cōnfingere, -fīnxī, -fictum → fingere erfinden, erdichten
cōnstituere, -uī, -ūtum aufstellen, festsetzen, beschließen; constitūtus, -a, -um: (hier:) angesiedelt, wohnend
cōnsul, -is m. Konsul
contrōversia Meinungsverschiedenheit, Streit
convīva, -ae m./f. Gast
convīvium Gastmahl
cūriōsus, -a, -um sorgfältig, neugierig
dēpellere, -pulī, -pulsum vertreiben
dī, Gen. deōrum = dei
dīligenter (Adv.) sorgfältig
discurrere, discurrī, discursum hin und her laufen, sich ausbreiten
distringere, -strīnxī, -strictum vielseitig beschäftigen
dīvitiae, -ārum f. (Pl.) Reichtum
dīxerim: ut prope dīxerim fast möchte ich sagen
equitātus, -ūs m. Reiterei
errāre irren, sich irren
ex (mit Abl.) aus, heraus; (hier:) von … an
fallere, fefellī, (deceptum) täuschen, betrügen
famēs, famis f. Hunger
fās (göttliches) Recht; fas est: es ist erlaubt
fore (Inf. d. Nachz. zu esse → CG 12.3.2) = futurum, -am, -um esse: sein werden
glōriārī (mit Abl.) sich rühmen
honor, -ōris m. Ehre, Ehrenamt
īnfundere, -fūdī, -fūsum eingießen, einströmen
inpudenter/impudenter (Adv.) unverschämt
inquiētus, -a, -um unruhig
inquīrere, -quīsīvī, -quīsītum untersuchen, nachforschen
īnservīre → servīre zu Diensten stehen, sich fügen
intendere, -ndī, -tentum anspannen, richten auf, beabsichtigen
interesse, -sum, -fuī dabei sein, zugegen sein
invītāre einladen
irrīdēre, -rīsī, -rīsum verlachen, verspotten
iussū (Abl.) auf Befehl
labōrāre (hier:) sich bemühen, darauf hinarbeiten
laedere, laesī, laesum verletzen
Macedonēs, -um m. Makedonier (→ Namen)
mīrārī sich wundern, bewundern
molestus, -a, -um lästig
mōnstrum (Wunder-)Zeichen, Ungeheuer
morbus Krankheit
mōs, mōris m. Sitte, Brauch
nōsse (=nōvisse), nōvī, nōtum → cog-nōscere kennen
nusquam (Adv.) nirgends
obīre, -eō, -iī, -itum (mit Akk.) entgegengehen; (hier:) aufsuchen; suum diem obīre: dem letzten Tag entgegengehen, sterben
occultus, -a, -um verborgen, geheim
occurrere, occurrī, -cursum entgegentreten, begegnen
odor, -ōris m. Geruch
pariter (Adv.) gleich, ohne Unterschied
patī, patior, passus, -a sum (er)leiden, (er)dulden, (zu)lassen
Philippus (→ Namen)
pōns, pontis m. Brücke
portentum Vorzeichen; Missgeburt, Scheusal
praesēns, -ntis anwesend, gegenwärtig
prīmō (Adv.) anfangs, zuerst
prope (Adv.) beinahe
pūnīre → poena bestrafen, strafen
quantō (beim Komparativ) um wie viel
quidem zwar, wenigstens, allerdings
repente (Adv.) plötzlich, unerwartet
Rhēnus Rhein
sānāre heilen
scīlicet (< scīre licet) natürlich, selbstverständlich, nämlich
sēcrētum Geheimnis
sescentī et nōnāgintā (DCXC) 690
singulī, -ae, -a einzelne, je ein
sīquidem wenn wirklich, wenn nämlich
spargere, sparsī, sparsum (aus)streuen, (aus)gießen

speculātor, -ōris *m.* → spectāre Zuschauer, Aufseher
sufficere, -iō, -fēcī, -fectum standhalten, genügen
superbia Hochmut, Stolz
superbus, -a, -um hochmütig, stolz
surgere, surrēxī, surrectum aufstehen, sich erheben
tenebrae, -ārum *f. (Pl.)* Dunkelheit
trāns *(beim Akk.)* über … hinaus, jenseits von
ubīque *(Adv.)* überall
ūniversum Weltall
vertere, vertī, versum (sich) wenden, drehen; (tergum) fliehen
violāre verletzen

PE 35

abdūcere, -dūxī, -ductum wegführen, entführen
abesse, -sum, āfuī abwesend sein, fehlen
adīre, -eō, -iī, -itum herangehen, aufsuchen, bitten
advocāre herbeirufen
aestās, -tātis *f.* Sommer
arma, -ōrum *n. (Pl.)* Waffe, Gerät
armāre bewaffnen, ausrüsten
avidus, -a, -um gierig
cantāre singen
colere, -uī, cultum bearbeiten, pflegen, verehren
cōnferre, -ferō, -tulī, collātum zusammentragen, vergleichen
cōnsentīre, -sēnsī, -sēnsum übereinstimmen, zustimmen
convocāre zusammenrufen
cubīle, -lis *n.* Bett, Lager
decēdere, -cessī, -cessum weggehen
dēcurrere, -currī, -cursum herablaufen
dēfendere, -ndī, -ēnsum verteidigen, schützen
dēportāre fortschaffen
dēsinere, -siī, -situm aufhören, ablassen
dēvorāre verschlingen
dolus List
ēditor, -ōris *m.* Veranstalter
ēligere, -lēgī, -lēctum auswählen, aussuchen
ēvenīre, -vēnī, -ventum ablaufen, sich ereignen
exīre, -eō, -iī, -itum (her)ausgehen

exportāre herausschaffen, ausführen
famēs, famis *f.* Hunger
fatīgāre ermüden
gladiātor, -ōris *m.* Gladiator
impōnere, -posuī, -positum *(mit Dat.)* einsetzen, auferlegen
importāre einführen
incēdere, -cessī, -cessum; → cēdere (einher)schreiten, gehen, vorbeiziehen
incurrere, -currī, -cursum hineinlaufen
induere, -duī, -dūtum bekleiden; anziehen, anlegen
intermittere, -mīsī, -missum unterbrechen
invādere, -vāsī, -vāsum eindringen, angreifen
iugulāre erdrosseln
Nerō, -ōnis *m.* (→ Namen)
observāre beobachten
ovis, ovis *f.* Schaf
pāscī, pāscor, pāstus, -a sum weiden
pāstor, -ōris *m.* Hirte
pellis, -is *f.* Fell, Haut
pīlum Wurfspieß
praecēdere, -cessī, -cessum *(mit Akk.)* vorangehen, übertreffen
praedīcere, -dīxī, -dictum → dīcere vorhersagen, vorschreiben
praeficere, -iō, -fēcī, -fectum an die Spitze stellen, voranstellen
praetermittere, -mīsī, -missum vorbeigehen lassen, übergehen
sēcūrus, -a, -um sorglos, sicher
spectātor, -ōris *m.* Zuschauer
theātrum *(griech.)* Theater
unguis, -is *m.* Nagel, Kralle
vigil, -ilis *m.* Wächter
vulpēs, -is *f.* Fuchs

PE 36

abigere, -ēgī, -āctum forttreiben, vertreiben
absolvere, -solvī, solūtum loslösen; beenden
accurrere, -currī, -cursum herbeieilen
admovēre, -mōvī, -mōtum heranbringen, hinzuziehen
aegrōtus, -a, -um krank
Aenēās, -ae *m.* (→ Namen)
aerārium Staatskasse
alveāria, -ōrum *n.* Bienenstöcke

annuus, -a, -um jährlich
apis, is *f.* Biene
atquīn *(Konjunktion)* aber doch, allerdings
bīnī, -ae, -a *(Pl.)* je zwei, zwei
Caesar, -ris *m.* (→ Namen)
Caesar Augustus Augustus (→ Namen)
capitāneus Offizier
castra, -ōrum *n. (Pl.)* Lager
causa Ursache, Grund
celer, -ris, -re schnell
clam *(Adv.)* heimlich
cōnsul, -is *m.* Konsul
convertere, -vertī, -versum umwenden; sē convertere: sich verändern, wandeln
cōpiae, -ārum *f. (Pl.)* Truppen
Cyrīnus/Quirīnus (→ Namen)
dēficere, -iō, -fēcī, -fectum abfallen, schwinden, fehlen
Dēmosthenēs, -is *m.* (→ Namen)
dēscrībere, -scrīpsī, scrīptum aufschreiben, beschreiben, in Listen erfassen; ut dēscrīberētur: auf dass geschätzet würde *(Luther)*
dēscrīptiō, -ōnis *f. (hier:)* Schätzung, Zählung
dominātiō, -ōnis *f.* Gewaltherrschaft
dux, dūcis *m.* Führer, Feldherr, *(hier:)* Herzog
ēdictum → dīcere Anordnung
equus Pferd
excūsātiō, -ōnis *f.* Entschuldigung
facere, -iō, fēcī, factum *(hier:)* zu etw. wählen
fugāre vertreiben, in die Flucht schlagen
fugere, -iō, fūgī, fugitum *(mit Akk.)* fliehen, meiden
fūr, fūris *m.* Dieb
fūrtum Diebstahl
Gallia Gallien
Gisebertus *Eigenname*
grex, gregis *m.* Herde; Schar; Trupp
grundītus, -ūs *m.* Grunzen
Henrīcus *Eigenname*
hiems, -mis *f.* Winter, Kälte
illūdere, -lūsī, -lūsum *(mit Akk. oder Dat.)* verspotten
impellere, -pulī, -pulsum anstoßen, veranlassen
incertus, -a, -um unsicher, ungewiss
indīgnārī, -dīgnor, -dīgnātus, -a sum sich entrüsten

Lesevokabular — PE 36 – PE 38

inīre, -eō, -iī, -itum hineingehen, beginnen; cōnsilia inīre: Pläne fassen
initio (Adv.) → initium anfangs
invĕnīre, -iō, -vēnī, -ventum finden, erfinden
invītus, -a, -um unwillig, ungern
īrātus, -a, -um zornig, aufgebracht
Lōthāringia Lothringen
Lotharingius, -a, -um lothringisch
lōtium Urin
M. Crassus (→ Namen)
nāris, -is f. Nase
natāre schwimmen
novus, -a, -um neu
occāsiō, -ōnis f. Gelegenheit
odor, -ōris m. Geruch
offendere, -fendī, -fēnsum anstoßen, beleidigen
olēre riechen, stinken
opprimere, -pressī, -pressum überfallen, überraschen
parcus, -a, -um sparsam, spärlich
pēnsiō, -ōnis f. Zahlung
Pompēius (→ Namen)
porcus Schwein
praeda Beute
praeses, -sidis m. → sedēre Vorgesetzter, Statthalter
prōcessus, -us m. Krankheitsverlauf, Heilungsprozess
profugus, -a, -um flüchtig
prōvidēre, -vīdī, -vīsum vor(her)sehen, sorgen für, sich kümmern um
rādīx, -īcis f. Wurzel
rēgius, -a, -um königlich
Rĕmus (→ Namen)
restituere, -uī, -ūtum wiederherstellen
Rhēnus Rhein
rīpa Ufer
Rōmulus (→ Namen)
sucula Schweinchen
superbia Hochmut, Stolz
superbus, -a, -um hochmütig, stolz
Syria Syrien
Tarquinius Superbus (→ Namen)
Tencterī, -ōrum m. (→ Namen)
Theutonicī, -ōrum m. (hier:) die Germanen
Theutonicus, -a, -um (mittellat.) deutsch
Titus (→ Namen)
trānsilīre, -uī → salīre (hin-)überspringen

trānsīre, -eō, -iī, -itum hinübergehen, überschreiten, vorbeigehen
Trōiānī, -ōrum m. (→ Namen)
ūniversus, -a, -um gesamt, allgemein
ūrīna Harn, Urin
Ūsipitēs, -um (→ Namen)
vagārī umherziehen
vectīgal, -gālis n. Steuer, Abgabe
ventilāre anfachen, behandeln
Vespasiānus (→ Namen)
vexāre quälen
vīcīnus, -a, -um benachbart; Nachbar
vīsitāre besuchen

PE 37

Archelāus (→ Namen)
differre, differō, distulī, dīlātum aufschieben; (inter sē) sich unterscheiden
festīnāre eilen, sich beeilen
garrulus, -a, -um geschwätzig, Schwätzer
initium Eingang, Anfang
lentē (Adv.) langsam
Macedonēs, -um m. Makedonier (→ Namen)
maior, māius; -ōris größer
minor, minus; -ōris kleiner, geringer
Quirītēs, -ium Quiriten (Anrede der röm. Bürger)
rādere, rāsī, rāsum kratzen, rasieren
rogāre fragen, bitten
tacitus, -a, -um verschwiegen, schweigsam
tōnsor, -ōris m. Barbier
venter, -tris m. Bauch

PE 38

ācer, ācris, ācre spitz, scharf; feurig
amīca Freundin
āthlēta, -ae m. (griech.) Athlet
caecus, -a, -um blind
certāmen, -minis n. Wettstreit, Kampf
dare, dĕdī, dătum geben; (hier:) vollbringen, machen
formōsus, -a, -um wohlgestaltet, schön
fortis, -e stark, mutig
īnscrībere, -scrīpsī, -scrīptum → scrībere daraufschreiben, betiteln

loquāx, -ācis geschwätzig, redselig
mālus Mast
multō (Adv.) viel, um vieles
nūgātōr, -ōris m. Schwätzer, Aufschneider
pugil, -lis m. Faustkämpfer, Boxer
saltus, -ūs m. Sprung; saltūs dare: Sprünge machen
sē iactāre sich brüsten, prahlen
sentīre, sēnsī, sēnsum fühlen, (be)merken, verstehen
stultus, -a, -um töricht, dumm
superbus, -a, -um hochmütig, stolz
tangere, tetigī, tāctum berühren
ūber, Gen. -eris reich an, üppig, fruchtbar
ultimus, -a, -um entferntester, äußerster, letzter
ultrīx, -icis f. Rächerin, Bestraferin; ultima ultrix: Jüngstes Gericht
undōsus, -a, -um wogend
ūniversum Weltall
ūniversus, -a, -um gesamt, allgemein
vacuus, -a, -um (mit Abl.) leer, frei von
vānitās, -ātis f. Nichtigkeit, Eitelkeit
vāstāre verwüsten
vellem ... vītārēs ich wünschte, ... du entgingest
vēlōciter (Adv.) schnell, rasch
venerārī verehren
venter, -tris m. Bauch
Vĕnus, Veneris f. Venus (Liebesgöttin; hier:) Liebe
venustus, -a, -um lieblich, reizend
vērnāns, -ntis blühend, leuchtend
Vesŭvius (→ Namen)
vetustus, -a, -um alt
viātor, -ōris m. Wanderer, Reisender
vicissitūdō, -dinis f. Wechsel, Abwechslung
vindex, -icis m. Beschützer, Rächer, Richter
vīnētum Weingarten
virēns, -entis grün, blühend
virētum grüner Platz, Wiese
vīrulentus, -a, -um giftig
viscera, -rum n. Eingeweide
volūbilis, -e wandelbar, unbeständig

voluntās, -tātis f. Wille, Zustimmung
voluptās, -tātis f. Freude, Vergnügen, Lust
vomere, vomuī, vomitum ausspeien
vorāginōsus, -a, -um voller Abgründe, abgrundtief
vorāre verschlingen
vorāx, -ācis gefräßig
vulcānius, -a, -um vulkanisch
vultur, -ris m. Geier

PE 39

acerbus, -a, -um herb, bitter
adscrībere, -scrīpsī, scrīptum zuschreiben
age! Los!
ambitiōsus, -a, -um ehrgeizig
an *(nach Verben des Fragens)* ob, ob nicht
antepōnere, -pōsuī, -pōsitum vorziehen
appetere, -petīvī, -petītum begehren
ārdēre, ārsī, ārsum brennen
avārus, -a, -um habgierig, geizig
barbarus, -a, -um *(griech.)* fremd, ausländisch, unzivilisiert
bōs, bovis m./f. Rind
cāsū *(Adv.)* zufällig
cōgere, coēgī, coāctum zusammentreiben, sammeln, zwingen
concordia Eintracht, Einigkeit
cōnsuētūdō, -tūdinis f. Gewohnheit, Brauch
crūdelis, -e grausam
cutis, -is f. *(griech.)* Haut
damnōsus, -a, -um schädlich, verderblich
dēlectātiō, -ōnis f. Vergnügen, Genuss, Zeitvertreib
dēsidēre, -sēdī, -sessum untätig herumsitzen
dīlābī, -lāpsus, -a sum zerfallen
discordia Zwietracht, Uneinigkeit
discus *(griech.)* Diskus
ēlevāre aufheben, herabsetzen; verbis ēlevāre: mit Worten beschönigen
ēligere, -lēgī, -lēctum auswählen, aussuchen
exemplum Beispiel
exercitātiō, -ōnis f. Übung
facilis, -e leicht
famēs, famis f. Hunger
fortis, -e tapfer, mutig

galea Helm
gladiātor, -ōris m. Gladiator
homicīdium Mord
immō vērō *(Adv.)* ja (sogar), ja vielmehr
increpāre, -crepuī, -crepītum jd. anfahren, schelten; *(hier:)* sausen
indīgnārī, -dīgnor, -dīgnātus, -a sum sich entrüsten
indīgnātus, -a, -um entrüstet
īnflāre, -flō aufblasen
inhūmānus, -a, -um unmenschlich, hart
īnstituere, -uī, -ūtum unterweisen, (aus)bilden
intendere, -ndī, -ntum (an-)spannen; *(hier:)* blähen
invidia Neid, Missgunst
lātus, -a, -um weit, breit, groß
leō, -ōnis m. Löwe
luxuriōsus, -a, -um ausschweifend, übermütig
māgnitūdō, -tūdinis f. Größe
mālle, mālō, māluī lieber wollen, vorziehen
mātūrus, -a, -um reif, (früh-)zeitig
meditātiō, -ōnis f. Nachdenken
merīdiānus, -a, -um mittäglich, Mittag-
merīdiēs, -diēī m. Mittag
merus, -a, -um unvermischt, rein
mora Aufenthalt, Verzögerung
mūnīmentum Schutz
nātus Sohn; *(hier: Pl.)* Kinder
negārunt = negaverunt
nīsus, -ūs m. Anstrengung
novissimē *(Adv.)* → novus zuletzt, jüngst
novus, -a, -um neu
nudus, -a, -um nackt, unverhüllt
obicere, -iō, -iēcī, -iectum entgegenwerfen, vorwerfen
pallium Mantel
pariēs, -ětis m. Wand
pellis, -is f. Fell, Haut
perferre, -ferō, -tulī, -lātum ertragen, aushalten
philosophus *(griech.)* Philosoph
plāga Schlag, Hieb
potius *(Adv.)* lieber
prātum Wiese
propior, propius; -ōris näher
quō *(Adv.)* wozu?
quondam *(Adv.)* einst
rāna Frosch
redīre, -eō, -iī, -ītum zurückgehen, zurückkehren

redundāre überfließen
repellere, repellō, reppulī, repulsum zurücktreiben, abweisen
rugōsus, -a, -um faltenreich
rumpere, rūpī, rūptum (zer-)brechen, zerreißen
salīre, saluī springen, tanzen
satisfacere, -iō, -fēcī, -factum Genugtuung, Genüge leisten
scūtum Schild
sēsē = sē: sich
simul ut sobald (als)
spectāculum Schauspiel
spectātor, -ōris m. Zuschauer
stultus, -a, -um dumm, töricht
subrēpere, -rēpsī, -rēptum (sich) einschleichen
summus, -a, -um oberster, höchster; s. vis: äußerste Kraft
tangere, tetigī, tāctum berühren
tunc *(Adv.)* damals, da
tunica Tunika, Untergewand, Hemd
turpiter *(Adv.)* → turpis, -e hässlich, schändlich, unsittlich
ūnctiō, -ōnis f. Salbung; Einreiben mit Öl *(vor der sportlichen Übung)*
ursus Bär
ūsus, -ūs m. Gebrauch, Nutzen; *hier:* Übung
ūtilitās, -tātis f. Nutzen, Vorteil
ūva Traube
valēre Einfluss haben, Macht haben, wert sein, gelten
validus, -a, -um gesund, stark
vel ... vel ... *(Konj.)* entweder ... oder ...
vīnea Weingarten; Weinstock
vītāre (ver)meiden, aus dem Wege gehen
vitium Fehler, Untugend, Schaden
voluptās, -tātis f. Freude, Vergnügen, Lust
vulpēs, -is f. Fuchs

PE 40

abdūcere wegführen, entführen
absque *(beim Abl.)* fern von, ohne, außerhalb
āctiō, -ōnis f. Tätigkeit, Gerichtsverhandlung, Rede
Aegyptī(ī) die Ägypter
aeternus, -a, -um ewig, unvergänglich

Lesevokabular — PE 40 – PE 42

Apollō, -inis m. (→ Namen)
aquila   Adler
assiduus, -a, -um   beständig, unablässig
Assos   Stadt in Kleinasien
ave   sei gegrüßt!
calciāmentum   Schuh(werk)
circā (beim Akk.)   um … herum
clāvus   Nagel
color, -ōris m.   Farbe
compōnere, -pŏsuī, -positum   ordnen, schlichten, abfassen; (hier:) bauen
cōnscrīptiō, -ōnis f.   Schriftstück, Urkunde
cōnsūmere, -sūmpsī, -sūmptum   verbrauchen, verzehren
cōpiae, -ārum f. (Pl.)   Truppen, Streitkräfte
corruptīvus, -a, -um   empfängnisverhütend
crāstinum   der morgige Tag
cremāre   verbrennen
damnāre   verurteilen, (capitis) zum Tode verurteilen
dēnuō (Adv.)   von neuem, nochmals
dēpōnere, -pŏsuī, -pŏsitum   niederlegen, aufgeben
diaetātiō, -ōnis f.   (natürliche) Lebensweise, (sanfte) Verordnung
fármacum/phármacon (griech.)   Gift, Heilmittel
flamma   Flamme, Feuer
foedus, -eris n.   Vertrag, Bündnis; foedus facere: Vertrag, Bündnis schließen
gerere, gessī, gestum   führen; bellum gerere: Krieg führen
gladiātor, -ōris m.   Gladiator
ibidem (Adv.)   ebendort, an derselben Stelle
immolāre   opfern
indīcere, -dīxī, -dictum → dīcere   ansagen, ankündigen; bellum i.: Krieg erklären
Indus   Fluss in Indien
interīre, -eō, -iī, -itum   zugrunde gehen, untergehen
invītāre   einladen
itaque (Adv.)   daher, und so
iūdicium   Gericht, Urteil; Ansicht, Meinung
Iugurtha, -ae m.   König der Numider
iūrāmentum   Eid
iūrāre   schwören
iuvāmentum   Hilfe, Linderung
iuxtā (beim Akk.)   (dicht) neben, in der Nähe

māgnitūdō, -tūdinis f.   Größe
morī, morior, mortuus, -a sum   sterben
mortālis, -e   sterblich, tödlich
mox (Adv.)   bald
mundus   Welt, Weltall
nāscī, nascor, natus, -a sum   geboren werden, entstehen; (hier:) vorkommen
nīdus   Nest
oboedīre → audīre   gehorchen, sich fügen
opus est (mit Abl.)   es ist notwendig, man braucht
orīrī, orior, ortus, -a sum   sich erheben, entstehen
os, ossis n.   Knochen
per (beim Akk.)   durch, durch … hindurch, (hier:) bei
Persae, -ārum m.   die Perser
pessārium   Pessar, ‚Mutterring'
phoenīx, -īcis m. (griech.)   der Sagen-Vogel Phoenix
possibilitās, -ātis f. → posse   Möglichkeit, Fähigkeit
postrēmō (Adv.)   zuletzt, schließlich
prōclāmāre   ausrufen
prōnūntiāre   verkünden, bekannt machen
pullus   Junges, junges Tier (Huhn)
pūrus, -a, -um   rein
quīngentī, -ae, -a   fünfhundert
Remediātia   Personifikation des remedium: Heilmittel
respuere, -spuī   ausspucken, (hier:) abstoßen
sacrum   Heiligtum, Opfer; sacrum ferre: ein Opfer darbringen
Sānitia   Personifikation der sānitās: Gesundheit
sarcóphagus (griech.)   Fleisch verzehrend, (hier:) Fleischfresser
secundum (mit Akk.)   an … entlang, nach, gemäß
servitūs, -tūtis f.   Knechtschaft
Spartiātae, -ārum m.   die Spartaner (→ Namen)
sūmptuōsus, -a, -um   aufwändig
Trōas, -adis f.   Landschaft in Kleinasien
ubicumque (Adv.)   wo auch immer, überall
ūllus, -a, -um   (irgend)ein
ūniversus, -a, -um   gesamt, allgemein
vermiculus   Würmchen
vetus, veteris   alt

PE 42

āla   Flügel
alibī (Adv.)   anderswo
Austria   Österreich
bis (Adv.)   zweimal
Ceres (→ Namen)
comprehendere, -ndī, -nsum   ergreifen, festnehmen
concludere, -clūsī, -clusum   (ab)schließen, folgern, beweisen
conditiō/condiciō, -ōnis f.   Bedingung, Lage, Stellung
consentīre, -sēnsī, -sensum   übereinstimmen, zustimmen
conservāre   bewahren
consumere, -sumpsī, -sumptum   verbrauchen, verzehren
dēcipere, -iō, -cēpī, -ceptum   täuschen, betrügen
decus, -oris n.   Anstand, Ehre, Zierde; Ruhm
dēfinīre   bestimmen, definieren
dēnotāre   bezeichnen, ankündigen
dēsīgnāre   bezeichnen, bestimmen
dōnāre → dōnum   schenken
dubium   Zweifel
ecclēsia (griech.)   Kirche
educāre   aufziehen, erziehen
ēlīmināre   ausstoßen, beseitigen
excūsāre   entschuldigen, vorschützen
eximius, -a, -um   außerordentlich
fātum   Götterspruch, Schicksal
fundere, fūdī, fūsum   gießen, ausgießen, zerstreuen, verschwenden
genetrīx, -īcis f.   Gebärerin, Mutter
iānua   Tür, Tor
implōrāre   anflehen
importāre   einführen
impossibilis, -e   unmöglich
incertus, -a, -um   unsicher, ungewiss
inpetrāre = impetrāre   erlangen, durchsetzen
iūs, iūris n.   Recht
laus, laudis f.   Lob, Ruhm
lēx, lēgis f.   Gesetz, Gebot
libertās, -tātis f.   Freiheit
marīnus, -a, -um   Meer-, See-
martyr   (Blut-)Zeuge, Märtyrer
multiplicāre   vervielfältigen, vermehren
mundus   Welt, Weltall

PE 42 – PE 44 — Lesevokabular

nĕbula Nebel
nec = neque: und nicht, auch nicht
niger, -gra, -grum schwarz
nix, nivis f. Schnee, Schneemasse
nōmināre (be)nennen
nūbere, nūpsī, nūptum (mit Dat.) heiraten (nur von der Frau)
obligātiō, -ōnis f. Verpflichtung
obstāre, obstitī entgegenstehen, behindern
oceanus Ozean, (Welt)Meer
omnipotēns, -entis allmächtig
parere, -iō, peperī, partum gebären, hervorbringen, erwerben
peperēre = peperērunt
Phōcas, -ātis m. oström. Kaiser
plŭvia Regen
poena Strafe, Buße
posteritās, -ātis f. → post Nachwelt
prīncipium Anfang, Grundlage
proelium Kampf
prūdēns, -ntis klug, umsichtig
quartus, -a, -um der vierte
quisquis, quidquid wer/was auch immer; jeder, der/alles, was
rēctē (Adv.) richtig
refōrmāre umgestalten
resistere, -stitī widerstehen
respicere, -iō, -spexī, -spectum zurückschauen, berücksichtigen, sorgen für
reus Angeklagter
scandere, scandī, scānsum hinaufsteigen, be-, ersteigen
spiritus, -ūs m. Hauch, Atem, Geist
spurcitia Schmutz, Anstößigkeit
stabilis, -e fest, standhaft
tolerāre ertragen, erdulden
versus, -ūs m. Vers

PE 43

amīca Freundin
āmūlētum Amulett
animadvertere, -vertī, -versum (hier:) einschreiten gegen, (be)strafen
arma, -ōrum n. (Pl.) Waffen, Gerät
aureus, -a, -um golden; (hier:) Goldstück
cantāre singen
castra, -ōrum n. (Pl.) Lager
celeritās, -tātis f.; → celer Schnelligkeit
circumstāre, -stĕtī, -stătum um(her)stehen, umringen
citāre antreiben; equō citātō: im Galopp
classis, -is f. (hier:) (Schul-)Klasse
Claudia Eigenname
coemētērium Friedhof
collēga, ae m. Kollege, Kamerad
comitātus, -ūs m. Begleitung, Geleit
cōnscendere, -endī, -ēnsum besteigen
cum ... tum ... wenn ..., dann ...; sowohl ... als auch ...
dētrahere, -trāxī, -trāctum herabziehen, abreißen
ēdere, ēdidī, ēditum herausgeben, veranstalten; (hier:) vollbringen, bewirken
ēicere, -iciō, -iēcī, -iectum; → iacere hinauswerfen, (sē) ē.: herausstürzen
epíscopus (griech.) Bischof
equus Pferd
exemplum Beispiel, Vorbild
falsus, -a, -um falsch
firmāre festigen, (be)stärken
frūmentārius, -a, -um zum Getreide gehörig, Getreide-
fuga Flucht
glaciēs, -ēī f. Eis
glōria Ruhm, Ehre
horridus, -a, -um rau, schrecklich
imperātōrius, -a, -um des Feldherrn, Feldherrn-
insīgne, -gnis n. Kennzeichen, Ehrenzeichen
Lārīsa (→ Namen)
laus, laudis f. Lob, Ruhm
mīrāculum Wunder
nancīscī, nāncīscor, nā(n)ctus, -a sum bekommen, (durch Zufall) erlangen
natāre schwimmen
nocturnus, -a, um nächtlich
noster, -tra, -trum unser; nostrī, -ōrum m. (Pl.): die Unsrigen, unsere Leute
permittere, -mīsī, -missum überlassen, erlauben
Pompēius (→ Namen)
porta decumāna (hinteres) Lagertor
praeceptor, -ōris m. Lehrer
praecipuē (Adv.) vor allem, besonders
prōtinus (Adv.) vorwärts, sofort
prūdentia → prōvidēre Klugheit, Umsicht
pūnctum Punkt, Augenblick; in horac puncto: pünktlich
quīnquāgintā (indekl.) (L) 50
rēctē (Adv.) richtig
rēctor, -ōris m. Lenker, Leiter
sacerdōs, -dōtis m./f. Priester
schola (griech.) Vorlesung, Schule
sepelīre, sepelīvī, sepultum bestatten
sepultūra Begräbnis
sēriō (Adv.) ernsthaft, streng
suus, -a, -um sein, ihr, (hier:) seine Leute
testāmentum Testament
trigintā (indekl.) (XXX) 30
tūtor, -ōris m. Beschützer
vallum Wall
vendere, -didī, -ditum verkaufen
versārī sich aufhalten, sich bewegen in
victor, -ōris m. Sieger

PE 44

Alexander, -drī (→ Namen)
(ali)quis, (ali)quid (irgend)jemand, (irgend)etwas (→ N 3.7)
āēr, āĕris m. (griech.) Luft
Augustus (→ Namen)
commūnis, -e gemeinsam, allgemein
Croesus Krösus (→ Namen)
daps, dapis f. Speise
epulae, -ārum f. (Pl.) Mahl (-zeit), Essen
Fescennīnus, -a, -um aus Fescennia (hier: versus F.: Spottlieder)
frequēns, -ntis zahlreich, häufig
genū, -ūs n. Knie
iūdiciō convenīre gerichtlich belangen
merīdiānus, -a, -um mittäglich, Mittag-
nē mit Konj. (nach Ausdrücken des Fürchtens:) dass
pānis, -is m. Brot
Parmeniō, -ōnis m. Eigenname
philosophus (griech.) Philosoph
piscārī fischen
Polliō, -ōnis m. (→ Namen)
praetōrium Amtshaus, (Herren-)haus
prōscrībere, -scrīpsī, -scriptum öffentlich bekannt machen, ächten
quandō (Adv.) wann

Lesevokabular

replēre, -plēvī, -plētum (an-)füllen
reus Angeklagter
rūs, rūris n. Land, Feld
saepe (Adv.) oft
servāre beachten, Acht geben auf
Sōcratēs, -is m. (→ Namen)
subīre, -eō, -iī, -ītum darunter gehen, sich aussetzen
triumvirālis, -e des Dreimännerkollegiums, der Triumvirn
tunc (Adv.) damals, da
verriculum Fischerreuse; v. dūcere: e. Reuse auslegen
versus, -ūs m. Vers
vīvus, -a, um lebendig, am Leben

PE 45

Babylōnius, -a, -um babylonisch; Babylonier
carpere, -psī, -ptum pflücken, abreißen; (hier:) genießen
crēdulus, -a, -um (leicht)gläubig, vertrauensselig
dēbilitāre schwächen
dī, Gen. deōrum = deī
invidus, -a, -um missgünstig, feindlich
Iuppiter, Iovis (→ Namen)
iustus, -a, -um gerecht
Leuconoē griech. Eigenname
liquāre flüssig machen, klären
melior, melius; -oris besser
nefās n. (undekl.) Unrecht, Frevel
oppōnere, -pōsuī, -pōsitum entgegensetzen, -stellen
posterus, -a, -um nachfolgend
pūmex, -micis m. /f. Bimsstein, Lava(stein)
quaesieris = quaesiveris
quam (Adv.) wie, als; (hier beim Superlativ:) möglichst
resecāre, -secuī, -sectum zurückschneiden
sapere, sapiō, sapīvī schmecken, verständig sein
seu ...seu ... ... oder sei(en) es ...
superbus, -a, -um hochmütig, stolz
temptāre betasten, versuchen
temptaris = temptaveris
tribuere, -uī, -ūtum zuteilen, zuweisen
Tyrrhēnus, -a, -um tyrrhenisch, etruskisch
ultimus, -a, -um letzter

PE 46

abstrahere, -trāxī, -trāctum wegziehen
advocāre herbeirufen
advolāre herbeieilen
agāsō, -ōnis m. Eselstreiber
Alexander, -drī m. (→ Namen)
aliquot (nicht dekliniert) einige
amīcitia Freundschaft
amplus, -a, -um weit, groß
animō dēficere, -iō, -fēcī, -fectum den Mut verlieren
aprīcārī sich sonnen
ārdēre, ārsī, ārsum brennen
arrigere, -rēxī, -rēctum aufrichten, „spitzen"
artifex, -ficis m. Künstler
asinus Esel
Athēnae, -ārum f. (Pl.) Athen (→ Namen)
attentus, -a, -um aufmerksam
Campus Mārtius Marsfeld
Carthāgō, -inis f. (→ Namen)
causa Grund, Ursache; Streitsache: (hier:) Prozessrede
claudus, -a, -um lahm, hinkend
clītellae, -ārum f. (Pl.) Packsattel
colere, colō, coluī, cultum bewirtschaften, pflegen, verehren
colloquī → loquī sich besprechen, sich unterhalten
condūcere, -dūxī, -ductum anwerben, mieten
cōnsentīre, -sēnsī, -sēnsum übereinstimmen, zustimmen
cōnsīdere, -sēdī, -sessum sich niederlassen, sich lagern
contegere, -tēxī, -tēctum → tegere bedecken
cōntiō, -ōnis f. (< *conventiō) (Heeres-)Versammlung
convalēscere, -valuī stark werden, sich vermehren
coorīrī, -orior, -ortus, -a sum entstehen
cum (Konj. mit Konjunktiv) (zeitlich:) als, nachdem
cupīdō, -dinis f. Begierde, Leidenschaft
decerpere, -cerpsi, -cerptum → carpere abpflücken, abreißen
dēlīberāre → līberāre überlegen, bedenken
Dēmosthenes, -is m. (→ Namen)
dēnsus, -a, -um dicht
dēpendēre → pendēre herabhängen
dētrahere, -trāxī, -trāctum herabziehen, abreißen, wegschleppen
Diógenēs, -is m. (→ Namen)
diūtius (Adv.) länger
dōlium Fass
dubitāre → dubius zweifeln, zögern
excellere hervorragen, sich auszeichnen
fidēs, fideī f. Treue, Zuverlässigkeit, (hier:) Ehrenwort
fīdūcia Zuversicht
fragor, -ōris m. Krachen, Getöse
furiōsus, -a, -um rasend, wütend
Hamilcar, -caris m. (→ Namen)
Hannibal, -balis m. (→ Namen)
Hispānia Spanien
īgnōtus, -a, -um unbekannt
immolāre opfern
invidēre, -vīdī, -vīsum (m. Dat.) jdn. beneiden
invītāre einladen, auffordern
iocus Scherz, Spaß
īrātus, -a, -um zornig, aufgebracht
Iuppiter, Iovis (→ Namen)
iūrāre schwören
iūs, iūris n. Recht, (hier:) Gericht; in ius: vor Gericht
IX (novem) neun
Lacedaemonius, -a, -um spartanisch, Spartaner
libet, libuit es beliebt, es gefällt
linteum Leinentuch, Segel
locāre (auf)stellen, vermieten
longitūdō, -tūdinis f. Länge
medicīna Heilkunst, Arznei
medium Mitte, Mittel
mercēnārius Tagelöhner, Lohnarbeiter
mora (hier:) Zeitraum, Zeit
nātus (mit Akk.) alt (an Jahren)
-ne (angehängt) ob (im Gliedsatz)
nōnnumquam (Adv.) manchmal
nūbēs, -is f. Wolke
obstāre, obstitī entgegenstehen, behindern
operīre, -ruī, -rtum bedecken, verbergen, verschließen
opus, -eris n. Werk, Arbeit
ostentāre zeigen, hinweisen
pariēs, -ētis m. Wand
Parrhēsius (→ Namen)
paulisper (Adv.) ein Weilchen
paulum (Adv.) ein wenig
pendēre, pendō, pependī, pēnsum (auf-)hängen

pendēre, pependī hängen, schweben
perīclitārī in Gefahr sein, riskieren
philosophus *(griech.)* Philosoph
pīctura Gemälde
pingere, pīnxī, pictum malen, bemalen
posterus, -a, -um nachfolgend
prīncipium Anfang, Grundlage
prōmuntōrium Vorgebirge, Bergvorsprung
prope *(Adv.)* nahe, in der Nähe
prōspectus, -ūs *m.* Aussicht, Anblick
puerulus → puer kleiner Junge, Kind
recēnsēre, -uī, -cēnsum mustern
reliquus, -a, -um übrig
rēs dīvīna: gottesdienstliche Handlung, Opfer
Rhodus, -ī *f.* (→ Namen)
Rōmulus (→ Namen)
rūsticus, -a, -um ländlich; bäurisch, Bauer; res rustica: Landwirtschaft
sacrificāre opfern
salīre, saluī springen, tanzen
saltāre springen, tanzen
salūber, -bris, -bre heilsam, gesund
sēcēdere, -cessī, -cessum weggehen, sich entfernen
stupēre, stupuī starr sein, staunen
tabula Tafel, Gemälde
tenuis, -e dünn, fein
Thrasō, -ōnis *m. Eigenname*
ūniversus, -a, -um gesamt, allgemein
ūrere, ussī, ustum (ver)brennen, versengen
uter, utra, utrum (→ N 3.8) wer (von beiden)?
utpote *(Adv.)* nämlich, ja
ūva Traube
vetāre, vetuī, vetītum verbieten, verhindern
victōria → vincere Sieg
vīsere, vīsī besichtigen, besuchen
vītis, -is *f.* Weinstock, Rebe
Zeuxis, -is/-idis *m.* (→ Namen)

PE 47

acta, -orum *n. (Pl.)* Verfügungen, Verordnungen

admittere, -mīsī, -missum zulassen, hinzuziehen
aes, aeris *n.* Kupfer, Bronze
audītōrium Hörsaal
augustus, -a, -um erhaben
candidātus, -a, -um weiß gekleidet; Amtsbewerber
charta Blatt Papier, Urkunde
circumdare, -dō, -dēdī, -dātum umgeben
colōnia Siedlung
commūnis, -e gemeinsam, allgemein
concordāre übereinstimmen, harmonieren
dēclārāre öffentlich erklären, verkünden
dicāre weihen
dīvus, -a, -um göttlich, vergöttlicht
ductus, -ūs *m.* Führung, Leitung
ēdictum Anordnung
ēgressus, -ūs *m.* Ausgang, *(hier:)* Ausritt
ēmerērī, -mereor, -meritus, -a sum ausdienen, abdienen
equitāre reiten
equus Pferd
Eurōpa *der Kontinent Europa*
feudalis zum Lehnswesen gehörig
feudum Lehngut
Germānicus, -a, -um germanisch; *(hier:)* deutsch
glaciēs, -ēī *f.* Eis
glōria Ruhm, Ehre
glōriārī sich rühmen
impossibilis, -e unmöglich
ingressus, -ūs *m.* Eintritt, Zugang
līberālis, -e freigebig
lībertās, -tātis *f.* Freiheit
maledīcere, -dīxī, -dictum → dīcere schlecht reden, beleidigen
medicīna Heilkunst, Medizin
monumentum Denkmal
Napolius Napoleon
nātūrālis, -e Natur-, natürlich; res nāturāles: Naturwissenschaft
occāsus, -ūs *m.* Untergang
philosophia *(griech.)* Philosophie
professor, -ōris *m.* Lehrer, Professor
prōflīgāre niederschlagen
puter, -tris, -tre mürbe, locker
quadrupedāns, -antis → pēs auf vier Füßen gehend, galoppierend

quamvīs *(Konj. mit Konjunktiv)* wie sehr auch, obwohl
quatere, quatiō, -, quassum schütteln, erschüttern
renāscī, -nāscor, -nātus, -a sum wieder geboren werden
semel *(Adv.)* einmal
sonitus, -ūs *m.* Laut, Geräusch
super *(beim Abl.)* über, oben auf
temptāre betasten, versuchen
terribilis, -e schrecklich
theologia *(griech.)* Theologie
trimēstris, -tre dreimonatig
tuba Tuba
ungula Huf, Pferd
Venetī, -ōrum *m. (hier:)* Venetier, Einwohner von Venedig
Věnětia *(hier:)* Venedig
Vespasiānus (→ Namen)
veterīnārius, -a, -um Tier-

PE 48

aciēs, aciēī *f.* Schlachtordnung, Heer
adhaerēre, -haesī, -haesum *(mit Dat.)* an etw. hängen, haften
adulēscentia Jugend
agger, aggeris *m.* Dammerde, Erdwall
ambulāre spazieren gehen
Augusta Raurica Kaiseraugst (→ Namen)
brevī *(Adv.)* in kurzem, bald darauf
brevitās, -tātis *f.* Kürze
cavēre, cāvī, cautum *(mit Akk.)* sich hüten, sich vorsehen vor
Caesar, -ris *m.* (→ Namen)
clam *(Adv.)* heimlich
cohortārī, -ātus, -a sum ermuntern, Mut machen
cōnstāre, -stitit feststehen, *(hier:)* gleichbleiben
dēgere verbringen, verleben
dēlīberātiō, -ōnis *f.* Überlegung
dēligere, -lēgī, -lēctum wählen, auswählen
dexter, -t(e)ra, -t(e)rum rechts
digitus Finger, Zehe
Diógenēs, -is *m.* (→ Namen)
dōlium Fass
ecclēsia *(griech.)* Kirche
ēmundāre säubern
en! siehe (da)! auf!
ēvādere, -vāsī, -vāsum herauskommen, entkommen
exonerāre entleeren, entlasten
faucēs, -cium *f. (Pl.)* Rachen, Schlucht

Lesevokabular

ferrī fortgerissen werden, sich fortreißen lassen
Flōrentia Florenz
fugāre vertreiben, in die Flucht schlagen
Germānus, -a, -um germanisch, Germane
gula Kehle, Schlund
horribilis, -e schrecklich
humī *(Adv.)* am Boden, zu Boden
īgnōrantia → īgnōrāre Unkenntnis
illūdere, -lūsī, -lūsum *(mit Akk. oder Dat.)* verspotten
impedīre hindern, verhindern
incursus, -ūs m. Ansturm
inīre, -eō, -iī, -ītum hineingehen, beginnen
īnstruere, -strūxī, -strūctum aufstellen, ausrüsten, unterrichten
lacessere, lacessīvī, lacessītum reizen
lapideus, -a, -um steinern, aus Stein
lātrīna Klo(ake), Toilette
leō, -ōnis m. Löwe
līgnum Holz, Holzstück
mātūtīnus, -a, -um Morgen-, morgendlich
Mediōlānum Mailand
mentīrī lügen, vorgeben
mercātūra Handel
merx, mercis f. Ware
minitārī drohen
mollīre erweichen, besänftigen, verweichlichen
mordēre, momordī, morsum beißen
morsus, -ūs m. Biss
negōtiārī Geschäfte machen, Handel treiben
ōtiōsus, -a, -um unbeschäftigt, untätig, friedlich
parātus, -a, -um → parāre bereit
paulō *(Adv.)* (um) ein wenig
perclaudere, -clausī, -clausum verschließen
perīculōsus, -a, -um gefährlich, riskant
perna Hinterkeule, Schinken
perpetuitās, -ātis f. Fortdauer, Beständigkeit
philosophus *(griech.)* Philosoph
plērumque *(Adv.)* meistens
posterus, -a, -um nachfolgend
praecipuē *(Adv.)* vor allem, besonders
probāre prüfen, beweisen
properāre eilen, sich beeilen
prōpōnere, -pōsuī, -pōsitum ausstellen, aufstellen, (sich) vorstellen
prōsternere, -strāvī, -strātum niederstrecken; (sē p.:) sich niederwerfen
pulsāre → pellere schlagen, prügeln
quoniam *(Konj.)* da ja
quotannīs *(Adv.)* alljährlich
recēdere, -cessī, -cessum zurückweichen, sich zurückziehen
rēvērā *(Adv.)* wirklich, tatsächlich
revocāre zurückrufen
scorpiō, -ōnis m. *(griech.)* Skorpion
sēcēdere, -cessī, -cessum weggehen, sich entfernen
serēnus, -a, -um heiter, hell
somnium Traum
spectāculum Schauspiel
spongia *(griech.)* Schwamm
supervacuus, -a, -um überflüssig
tendere, tetendī, tentum spannen, strecken, streben
torquēre, torsī, tortum drehen
ursus Bär
venter, -tris m. Bauch
vestīmentum Kleidungsstück
vexillum Fahne

PE 50

acūtus, -a, -um scharf(sinnig)
adeō *(Adv.)* so sehr
adipīscī, adipīscor, adeptus, -a sum erringen, erlangen
aeternus, -a, -um ewig, unvergänglich
Āmēn Amen *(hebräisch:)* fürwahr! es geschehe!
āvolāre wegfliegen, davoneilen
Carthāgō, -inis f. (→ *Karte*)
cāseus Käse
Cerēs, Cereris f. (→ *Namen*)
cēterum *(Adv.)* übrigens, im Übrigen
collēctiō, -ōnis f. Schluss(folgerung)
comedere, -ēdī, -ēsum aufessen, verzehren
Cynicus, -a, -um kynisch (von Diogenes begründete Philosophenschule)
Dārīus (→ *Namen*)
dēlābī, -lābor, -lāpsus -a sum (herab-)gleiten
Diógenēs, -is m. (→ *Namen*)
dubium Zweifel
exedere, -ēdī, -ēsum verzehren, ausessen
exonerāre entleeren, entlasten
exsistere, -stitī hervortreten, eintreten
flagrāre lodern, brennen
flectere, flexī, flexum beugen, biegen
hāctenus *(Adv.)* bis jetzt, insofern
immergere, -mersī, -mersum eintauchen
implōrāre anflehen
incola, -ae m./f. Einwohner
ineptiae, -ārum f. Albernheiten, Unsinn
inopia Mangel, Not
interere, -trīvī, -trītum (hin-)einreiben, einbrocken
iuventūs, -tūtis f. Jugend
longīnquus, -a, -um weit entfernt, entlegen
lōtium Urin
Lūcius Calpurnius *römischer Konsul 133 v. Chr.*
minimē *(Adv.)* am wenigsten, ganz und gar nicht
mox *(Adv.)* bald
mūs, mūris m. Maus
mūscipulum Mausefalle
neglegēns, -entis nachlässig
occīdere, occīdī, occīsum niederhauen, töten
patrēs, -um m. („Väter":) Senatoren, Vorfahren
Persae, -ārum m. die Perser
perstāre, -stitī fortbestehen
pēs, pedis m. Fuß; *(hier:)* Takt, Versart
plācāre besänftigen
portentum Vorzeichen
praedīcere, -dīxī, -dictum → dīcere vorhersagen
prandēre, prandī, prānsum frühstücken, essen
pūblicum Öffentlichkeit
Pūblius Mūcius *römischer Konsul 133 v. Chr.*
puerīlis, -e kindlich, jungenhaft
pulsāre → pellere schlagen, prügeln; *(hier:)* stampfen
quandō *(Adv.)* wann, *(hier:)* irgendwann
quīnque fünf
quisque, quaeque, quidque (ein) jeder, *(beim Superlativ:)* gerade der
quisquis, quidquid wer auch immer; jeder, der

rāna Frosch
ratiōcinārī (be)rechnen
rōbur, -boris n. Kraft
rōdere, rōsi, rōsum (an)nagen
sagitta Pfeil
Scythae, -ārum m. (→ Namen)
Sibyllīnus, -a, -um sibyllinisch → Sibylla (→ Namen)
spernere, sprēvī, sprētum verachten, ablehnen
syllaba Silbe
syllogismus Syllogismus, logischer Schluss
tellūs, -ūris f. Erde
tener, -nera, -nerum zart, weich
Tiberius Gracchus (→ Namen)
trēcentī, -ae, -a dreihundert
Trēveris Trier
trīstitia Traurigkeit
ut (Konj. mit Indikativ) („wie":) als (temporal)
ut (Konj. mit Konjunktion) (konzessiv:) auch wenn
venter, -tris m. Bauch
vīcus Dorf
vincula, -ōrum n. (Pl.) Gefängnis
vinculum Band, Fessel
virga Rute
voluntās, -tātis f. Wille, Zustimmung

PE 51

acquiēscere, -quiēvī, -quiētum ausruhen
adventus, -ūs m. → advenīre Ankunft
aequē ...ac (Adv.) in gleicher Weise wie
Augusta Raurica Kaiseraugst (→ Namen)
Augusta Trēverōrum Trier
bāca Beere
bibliothēca Bibliothek
Bīthūnus oder Bīthȳnus, -a, -um bithynisch (→ Namen)
cachinnus lautes Gelächter
Campānia (→ Namen)
caroenum (auf die Hälfte eingekochter) Most
Chrīstiānus (griech.) christlich; Christ
cōmoedia (griech.) Komödie
concīsus, -a, -um gehackt
conterere, -trīvī, -trītum fein mahlen, zerreiben
Cūmae, -ārum f. (→ Karte)
cūra Sorge, Pflege, Behandlung
decūriō, -ōnis m. Vorsteher, Ratsherr
dēversōrium Herberge
ēmicāre, -micuī, -micātum aufleuchten, aufblitzen
epistula (griech.) Brief
erus Herr
exstruere, -strūxī, -strūctum errichten
extenterāre ausnehmen, entkernen
fessus, -a, -um ermüdet, erschöpft
formāre bilden, gestalten
Germania (→ Namen)
gladiātorius, -a, -um Gladiatoren-
Hamburgēnsis, -e hamburgisch, Hamburger
Hannibal, -balis m. (→ Namen)
horreum Scheune, Lagerhaus
incidere, -cidī (hier:) auf jdn. stoßen
īnfundere, -fūdī, -fūsum eingießen
intus (Adv.) drinnen
inventor, -ōris m. Erfinder
invīsere, -vīsī, -vīsum aufsuchen, erblicken
involvere, -volvī, -volūtum einwickeln, umwickeln
īrātus, -a, -um zornig, aufgebracht
isicium Fleischbällchen
lacus, -ūs m. See, Teich
Lār, Laris m. Lar (Hausgott); Haus, Wohnung
linquere, līquī zurücklassen, verlassen
liquāmen, -minis n. Fischsauce
liquēns, -entis flüssig, klar
Lȳdia (→ Namen)
medulla Mark, Kern
mirteus/mu(y)rteus, -a, -um von Myrten
mōnstrāre zeigen
Mosella Mosel
Mōstellāria Komödie d. Plautus
negōtiātor, -ōris m. Händler
Neptūnus Neptun (→ Namen)
noctū (Adv.); → nox nachts
nucleus Nuss
ocellus Äuglein
ōmentātus, -a, -um in Fettnetz gewickelt
ōmentum Fettnetz, Wursthaut
onus, -eris n. Last
ōrāculum → ōrāre Götterspruch, Orakelstätte
Ōstia (→ Karte)
paenīnsula Halbinsel
paene (Adv.) beinahe, fast
peregrīnus, -a, -um fremd, ausländisch; Fremder, Ausländer
piper, -ris n. (griech.) Pfeffer
pulpa Fleischstück, Filet
pusillus, -a, -um klein
quīcumque, quae-, quod- wer auch immer; jeder, der
Raetia (→ Namen)
Rhēnus Rhein
repōnere, -pŏsuī, -pŏsitum zurücklegen, niederlegen
scrīptor, -ōris m. Verfasser, (Geschichts-)Schreiber
silīgineus, -a, -um aus Weizen(mehl)
Sirmiō, -ōnis f. (→ Namen)
Sōcratēs, -is m. (→ Namen)
spēlunca Höhle
stāgnum Teich
subassāre schwach (an)braten
Tarquinius Prīscus (→ Namen)
terere, trīvī, trītum reiben, verbrauchen, zubringen
Thūnia/Thȳnia nördliches Bithynien (Kleinasien)
tūtum Sicherheit, sicherer Ort
Ulpius, -a, -um des Ulpius (Traianus)
vāstus, -a, -um wüst, stürmisch, weit
venustus, -a, -um lieblich, reizend
vīsitāre besuchen

Register zum Cursus grammaticus

A
a-Deklination 1.6; 4.1.2
a-Konjugation 1.3
   Präs. Aktiv V 1.2
   Präs. Passiv V 1.3
abhängiger Fragesatz 14.2.1; 15.7.2
abhängiger Wunschsatz 13.2; 15.7.2
Ablativ 4.1
   Kasussignale 4.1.1
   Funktionen 4.1.3
   Abl. locativus 4.1.3
   Abl. temporis 4.1.3
   Abl. instrumentalis 4.1.3; 6.5.4; 6.6
   Abl. modi 4.1.3
   Abl. separativus 4.1.3; 6.5.4
   Abl. qualitatis 13.3
   als Wertangabe 6.6
   als adv. Bestimmung 4.1.3
   als Objekt 4.1
   als Separativus beim Komparativ (A. comparationis) 11.1.2
Ablativus absolutus 10
   Satzwertigkeit 10.1
   Sinnrichtungen 10.2
   Übersetzung 10.2
   mit Adjektiv oder Substantiv 10.3
   Klammerstellung 10.4
   Vergleich mit Participium coniunctum 10.5
AcI ↗ Akkusativ mit Infinitiv
Adjektive
   Formen: a-/o-Deklination 1.9
   3. Deklination 3.4
   als Attribut 1.9.1
   als Prädikatsnomen 1.11
Adverb 3.5
   Steigerung 11.1
adverbiale Bestimmung 2.1; 4.1.3; 10.1; 14.1; 14.2.2
Adverbialsätze
   Temporalsatz 14.2.3
   Adversativsatz 15.3
   Finalsatz 14.1
   Konditionalsatz 13.1.3
   Konsekutivsatz 14.2.2
   Konzessivsatz 14.2.3
   Bedingungssatz: ↗ Konditionalsatz
Akkusativ
   Kasussignale 1.6.2
Akkusativ mit Infinitiv (AcI) 2.1
   Ableitung 2.1
   Übersetzung 2.1
   AcI-Auslöser 2.1
   Reflexivität im AcI 2.1
aliquis N 3.7
alius ↗ solus
alter ↗ solus
Attribut
   Kongruenz 1.9.1
   Genitivattribut 3.3.2

B
Bedeutungsteil 1.1
Befürchtungssatz ↗ Wunschsatz, abhängiger
Begehrssatz ↗ Wunschsatz, abhängiger

C
Consecutio temporum 15.6
cum (Konjunktion) 14.2.3
   mit Indikativ
   mit Konjunktiv
   Übersicht 14.3

D
Dativ 2.2
   Kasussignale 2.2.1
   Dativobjekt 2.2.2
   Dat. finalis 2.2.2
   des Besitzers 2.2.2
   Dat. auctoris 15.1.4
Datum ↗ Anhang S. 68
Deklination ↗ a-/o-Dekl.; dritte Dekl.; u-Dekl.; e-Dekl.
deklinierter Infinitiv ↗ Gerundium
Demonstrativpronomen 6.2; 6.3
Deponentien 7.5
dominantes Attribut ↗ Gerundivum
Doppelfrage 14.2.1
dritte Deklination 1.6; 4.1.2
   Adjektive 3.4
   i-Stämme 7.3
Dubitativus (Konjunktiv) 15.2
dum 15.4.2

E
e-Deklination 7.2
e-Konjugation 1.3
Elativ ↗ Superlativ
esse V 1.1; V 3.6; V 4.5
Explikativsatz (Erläuterungssatz) 15.4.2; 15.5.4; 15.7.2

F
fieri 9.2
finale Sinnrichtung beim
   Partizip der Nachzeitigkeit Aktiv 12.3.2
   Relativsatz im Konjunktiv 14.1
   Gerundivum 15.1
Finalsatz 14.1; 15.7.2
Folgesatz: ↗ Konsekutivsatz
fore 12.1.1
Fragepronomen ↗ Interrogativpronomen
Fragesatz, abhängiger (indirekter) 14.2.1; 15.7.2
Futur 12.1
   Formen 12.1.1
   Funktionen 12.1.2
   Übersetzung 12.1.2
   Signale 12.1.1
   Partizip der Nachzeitigkeit Aktiv 12.3
   umschreibendes Futur 12.3.2
   Infinitiv der Nachzeitigkeit Aktiv 12.3.2
Futur II ↗ Perfektfutur

G
Genitiv 3.3
   Kasussignale 3.3.1
   Kasus des Bereichs 3.3.2
   des Besitzers 3.3.2
   Gen. qualitatis 3.3.2
   Gen. partitivus 3.3.2
   Gen. obiectivus 4.3
   Genitivattribut 3.3.2
   Prädikatsnomen bei esse 11.2
   bei Adjektiven 3.3.2
Genus verbi 8.1; 9.1.2
Genus 1.8
Gerundium 7.1
Gerundivum 15.1
   Formenbildung 15.1.1
   Bedeutung 15.1.2
   als dominantes Attribut 15.1.3
   mit finaler Sinnrichtung 15.1.4
   – mit ad und causā
   – als Prädikatsnomen bei esse
   – prädikativ
Geschlecht
   grammatisches 1.8
   biologisches 1.8
Gleichzeitigkeit
   Partizip der G. (PGA) 9.1
Gliedsätze
   cum im adverbialen G. 14.3
   Konjunktiv im G. 13.2; 14; 15.4
   Zeitverhältnis 15.6

H
Herkunftsangabe 4.1.3
Hypotheticus ↗ Irrealis (Konjunktiv)

I
i-Stämme der 3. Dekl. 7.3
i-Konjugation 1.3
Imperativ 1.4
Imperfekt 5.3
   Formen 5.3.1
   Funktion von Imperfekt und Perfekt 5.4
Indikativ 12.4.1
indirekter Fragesatz 14.2.1
Infinitiv
   deklinierter Infinitiv (Gerundium) 7.1
   der Gleichzeitigkeit 1.5
   der Nachzeitigkeit 12.3.2
   der Vorzeitigkeit 5.2.1
Inhaltssätze 2.1; 13.2

Register zum Cursus grammaticus

Interrogativpronomen
  adjektivisches N 3.2.2
  substantivisches N 3.2.2
ipse 9.3; N 3.4
Irrealis 13.1.3
is, ea, id 6.2.1
  Stellvertreter 6.3.1
  Demonstrativpronomen 6.3.1
  Besitzverhältnis 6.3.1

K

kausale Sinnrichtung im Relativsatz 15.5.2
Kausalsatz 14.2.3
Klammerstellung (Abl. abs.) 10.4
KNG (Kasus-Numerus-Genus Kongruenz) 1.9.1
Komparation (Steigerung) 11.1
  Adjektive 11.1
  – Positiv 11.1.1
  – Komparativ 11.1.2
  – Superlativ 11.1.3
  Adverbbildung 11.1.2; 11.1.3
  verschiedene Stämme 11.1.4
Konditionalsatz (Bedingungssatz) 13.1.3
  Realis
  Irrealis (Hypotheticus)
  Potentialis
Konjugationsklassen 1.3
Konjunktionen
  adversativ 15.3
  final 15.7.1
  kausal 14.2.3
  konditional 13.1.3
  konsekutiv 15.7.2
  konzessiv 14.2.3
  temporal 14.2.3
  optativ 15.7.2
  Befürchtung 15.7.2
Konjunktiv
  der Gz I 12.5.1
  der Gz II 13.1.1
  der Vz I 12.5.2
  der Vz II 13.1.2
  Funktionen im Hauptsatz 12.5.3; 13.1.3; 15.2; 15.4
  – Optativus 12.5.3
  – Potentialis 12.5.3
  – Irrealis (Hypotheticus) 13.1.3
  – Dubitativus 15.2
  – Prohibitivus 12.5.3
  Funktionen im Gliedsatz 13.2; 14; 15.3; 15.4; 15.5
  – abhängiger Wunschsatz 13.2.1
  – Finalsatz 14.1
  – Konditionalsatz 13.1.3
  – Temporalsatz 14.2.3
  – abhäng. (indirekter) Fragesatz 14.2.1
  – Adversativsatz 15.3

  – Explikativsatz 15.5.4
  – Kausalsatz 14.2.3
  – Konsekutivsatz 14.2.2
  – Konzessivsatz 14.2.3
  in Relativsätzen 14.1; 15.5
  Zeitverhältnisse 15.6
  Zusammenfassung 15.4
Konjunktiv im Deutschen 14.2.1 (Anm.); 15.4
Konjunktiv Perfekt ↗ Konjunktiv der Vz I
Konnektor 10.2; 13.2; 14.1
Konsekutivsatz 14.2.2; 15.7
Konzessivsatz 14.2.3; 15.5.3

L

Lokativ 4.2

M

malle V 3.5
Maskulina der o-Dekl. auf -er 1.6.1
reflexives (intransitives) Passiv 6.5.3
memini 8.3
Modus als Ausdruck der Redeabsicht 12.4.1; 15.4.1
multifunktionales cum 14.2.3; 14.3
multifunktionales ut 15.7

N

NcI ↗ Nominativ mit Infinitiv
nd-Formen I ↗ Gerundium
nd-Formen II ↗ Gerundivum
Negation in konj. Sätzen 13.2.1; 14.1; 14.2.2; 15.7.2
nolle V 3.5
Nominativ mit Infinitiv (NcI) 7.6
nostrum (Gen. partitivus) 6.4 (Anm.)
novisse 5.2.3
nullus ↗ solus
Numerus ↗ KNG-Kongruenz

O

o-Deklination 1.6
Objekt
  Ablativ 4.1.3
  Dativ 2.2.2
  Genitiv 4.3; 8.3
Objektsatz 3.1.1
Optativus (Konjunktiv) 12.5.3; 15.4.2
Ortsangaben bei Städtenamen 4.2

P

Participium coniunctum 8.1
  satzwertige Ergänzung 8.1.1
  Sinnrichtungen 8.1.1
  Übersetzung 8.1.1
  als Attribut 9.1.2
Partizip der Gleichzeitigkeit

Aktiv (PGA) 9.1
Partizip der Nachzeitigkeit
  Aktiv (PNA) 12.3
  Formen 12.3.1
  mit finaler Sinnrichtung 12.3.2
Partizip der Vorzeitigkeit
  Passiv (PVP) 6.5.2
Passiv
  Präsens 6.5.1
  Perfekt 6.5.2
  Plusquamperfekt 6.5.2
  Imperativ 12.5.3 (Anm.)
  Imperfekt 6.5.1
  reflexives Passiv 6.5.3
  Sprecherintention 6.5.4
  Täterverschweigung 6.5.4
  Übersetzung 6.5.3
  unpersönliches Passiv 6.5.3
Perfekt
  Aktiv 5.2
  – Endungen/Formenbildung 5.2.1
  – Stämme 5.2.1
  Passiv 6.5.2
  Vergleich mit Imperfekt 5.4
  Konjunktiv Perfekt ↗ Konj. der Vz I
Perfekta mit Präsensbedeutung 5.2.3
Perfektfutur (Futur II) 12.2
  Formen 12.2.1
  Bedeutung 12.2.2
Personalpronomen 6.4; N 3.6
  der 3. Person 6.3.1; N 3.6
Plusquamperfekt 5.3.2
  Verwendung 5.3.2
Positiv 11.1.1
posse V 1.1
Possessivpronomen 3.3.2; 6.3.1
Potentialis (Konjunktiv) 12.5.3; 13.1.3
Prädikat 1.9.1
Prädikativum 7.4
Prädikatsnomen bei esse 1.11; 11.2
Präposition 4.1.3; 7.1; 15.1.3; 15.1.4
Präsens (Formen)
  Aktiv 1.2
  Passiv 6.5.1
Prohibitivus ↗ Optativus

Q

quam beim Komparativ 11.1.2
qui, quae, quod ↗ Interrogativpronomen, ↗ Relativpronomen
quis, quid N 3.2.2, N 3.7

R

Realis 13.1.3
Redeabsicht: ↗ Modus
Reduplikation 5.2.1
Reflexivverhältnisse 2.1; 3.3.2